商权天下
日本商业500年

陈润 / 著

中华工商联合出版社

图书在版编目（CIP）数据

商权天下：日本商业 500 年/陈润著 . -- 北京：

中华工商联合出版社，2017.2

（全球商业史）

ISBN 978 - 7 - 5158 - 1887 - 0

Ⅰ. ①商… Ⅱ. ①陈… Ⅲ. ①商业史—日本 Ⅳ. ①F733.139

中国版本图书馆 CIP 数据核字（2016）第 321713 号

商权天下：日本商业 500 年

作　　者：	陈　润
出 品 人：	徐　潜
策划编辑：	李红霞
责任编辑：	李红霞
封面设计：	周　琼
责任审读：	李　征
责任印制：	迈致红
出版发行：	中华工商联合出版社有限责任公司
印　　刷：	廊坊市印艺阁数字科技有限公司
版　　次：	2017 年 5 月第 1 版
印　　次：	2022 年 6 月第 2 次印刷
开　　本：	710mm×1000mm　1/16
字　　数：	220 千字
印　　张：	15.5
书　　号：	ISBN 978 - 7 - 5158 - 1887 - 0
定　　价：	62.00 元

服务热线：010 - 58301130
销售热线：010 - 58302813
地址邮编：北京市西城区西环广场 A 座
　　　　　19 - 20 层，100044
http：//www. chgslcbs. cn
E—mail：cicap1202@ sina. com（营销中心）
E—mail：gslzbs@ sina. com（总编室）

工商联版图书

凡本社图书出现印装质量问题，请与印务部联系。
联系电话：010 - 58302915

"全球商业史"总序：
世界历史就是一部全球商业史

一

全球商业史的起源可以追溯到公元前 3000 年，美索不达米亚人遵循商业约定，苏美尔人在幼发拉底河和底格里斯河做生意的过程中建立起契约精神，连当时的亚述人都遵从合约。腓尼基人和雅典人带着这类商业机制漂洋过海，推动地中海沿岸商人信守契约。不过，公司的发明却属于罗马人，他们还想出部分公司法的原始概念，整合家族资源以合伙方式建立公司，聘用专业人士管理决策。

罗马帝国衰亡后，商业中心转往东方。在此后数百年间，商业史的演进与海权争霸、大国崛起的路径密不可分。哥伦布、麦哲伦、达·伽玛等航海家相继发现新大陆的背后，是东印度公司、莫斯科公司、哈德逊海湾公司、非洲公司、维吉尼亚公司、马萨诸塞公司等商业机构与政府联手掘取财富的雄心，政治家大国崛起和商人富可敌国的梦想高度一致，并同步实现。由此，葡萄牙、西班牙、荷兰、英国、法国、德国、美国、日本通过海战称霸和殖民统治迈入强国之列。

16 世纪之后，葡萄牙和西班牙以航海冒险野蛮掠夺率先崛起。信用体系和市场经济健全的荷兰后来居上。法国靠霸道和优雅独领风骚，时尚风潮席卷全球。英国借工业革命和科技创新傲视群雄两个世纪。美国诞生于殖民掠夺之中，却在 1776 年建国后的两百多年引领全球商业发展。日本称雄的起点是 1853 年因"黑船事件"被迫开国，由此走上"脱亚入欧"和富民强国之路。统一的德意志帝国直到 1871 年才建立，先后两次挑起世界大战，每次都因失败衰落却又迅速复兴，"工业精神"是长盛不衰的基因。

从这个意义来说，世界历史就是一部全球商业史。

纵观当今时势，全球商业引擎还是美国。IBM 和惠普的崛起意味着计算机时代到来，此后的互联网浪潮则催生出一批财富新贵，美国人始终以科技创新和商业变革掌控全球经济走向和财富命脉。与此同时，在 20 世纪 80 年代，有"亚洲四小龙"之称的韩国、新加坡、中国台湾、中国香港的经济腾飞震惊全球，中国以改革开放厚积薄发，并与巴西、俄罗斯、印度等新经济体一起飞速增长。这时候，大量跨国企业诞生，经济全球化和互联网化打破时间和空间界限，万象更新。

共享与多赢成为新时代的商业主流，跨界融合不断增强，爆炸式增长成为常态，大公司以多元化和国际化做大做强的传统路径被颠覆，新型企业以并购换时间，以扩张换空间，其诞生十年的规模和市值往往能超过老牌公司百年的积累，行业巨头轰然坍塌的悲剧与日俱增，王者更替的频率越来越快，许多百年企业盛极而衰，亡也忽焉。

尽管商业思维和经营规则正发生急剧变化，但将视野放大到全球格局与千年长河，有些规律始终未变，比如契约精神、信用体系、创新观念、商业逻辑、管理思想等。商业史如悠悠长河，波涛滚滚向前，时代变局与技术革命不断孕育新的繁荣，也泯灭昔日荣光，兴勃衰亡的故事每日上演。

二

全球商业史是一部大公司发展史，也是一部顶级企业家的创业史、成长史。

观察全球千亿美元市值公司的创业、变革史是研究全球商业史的重要方法之一。实际上，这套"全球商业史"系列图书中所讲述的诸多公司及其创始人，都在这全球千亿美元市值企业的研究范围之内。

1366年，一家名叫邓翁的私人啤酒作坊在比利时鲁汶市创办。这一年，意大利的乔凡尼·德·美第奇年仅6岁，31年后美第奇银行横空出世；欧洲最古老的私人公司斯道拉恩索获得瑞典皇家特许权已19年，特权带来的垄断资源令人艳羡。

在那个年头，包括邓翁啤酒、美第奇、斯道拉恩索在内，全球商业的主流是专卖权和特许经营，市值最大的公司都依附于统治权力之下，只是命运各有不同。邓翁啤酒在此后600多年间不断并购、重组、扩张，逐渐发展成拥有300多个品牌、成千上万家酒厂的百威英博公司，2014年以1 789亿美元成为全球千亿美元市值企业中历史最久远的一家。

在此期间，1668年诞生的默克公司至今基业长青，弗雷德里克·雅各布·默克收购德国法兰克福南40公里达姆施塔特的"天使药房"是这家企业的开端，后来由制药到化工，历三四百年风雨，市值1 696亿美元。

1781年，第一家纯由美国人创办的公司北美银行诞生，3年后，美国银行的前身马萨诸塞州银行创立，到2014年已创下1 625亿美元市值。不过，当时最热门的还不是银行业，到1800年全美境内335家商业公司中，从事运河及收费桥梁、公路的运输公司最多，银行业次之，制造与贸易仅占4%。

此后，自1800年至2016年的两百多年里，全球大企业的发展变迁史一共经历过六次大的浪潮。

第一次浪潮出现在1847—1852年。1847年，维尔纳·冯·西门子和机械师约翰·乔治·哈尔斯克共同创造西门子公司的前身西门子·哈尔斯克电报机制造公司，生产由西门子本人设计的指针式发报机。同一年，菲利普·莫里斯在伦敦邦德街开办一家出售烟草和卷烟的烟草店，经过半个多世纪的流转，1919年被美国股东收购，5年后万宝路诞生。1849年，查尔斯·辉瑞向父亲借2 500美元，与表哥查尔斯·厄哈特在纽约曼哈顿一座红砖小楼里建立查尔斯·辉瑞公司，生产碘酒制剂、柠檬酸及驱虫塔糖等。三年之后，亨利·威尔斯及威廉姆·法高在加利福尼亚州旧金山创办威尔斯法高银行（富国银行），从事速递服务和银行业务。

英国第一次工业革命从18世纪60年代开始，到19世纪40年代基本完成，但菲利普·莫里斯公司的诞生与此并无关联，倒是能侧面反映鸦片战争的时代因由。西门子诞生时，法拉第提出发电机理论基础已有16年，尽管以电力广泛运用为标志的第二次工业革命尚未到来，但德国正处在技术革新和发明狂热的社会变革期。包括默克公司在内的全球最早的制药领先企业都诞生于莱茵河流域，辉瑞两位创始人生于德国，19世纪40年代初期到美国发展，制药技术和商品化能力都是优势。富国银行成立于美国淘金热时期，安全可靠的运送和方便快捷的汇兑是发迹重要原因。总体而言，四家巨头在五年内密集诞生，并没有明显的共同特征和因由。

第二次浪潮出现在1882—1886年。1882年，石油大王洛克菲勒通过多年兼并与收购建立标准石油公司，这是美国乃至全球首家现代托拉斯企业，埃克森美孚公司即脱胎于此。第二年，哥德利布·戴姆勒创办戴姆勒公司，1886 年他将发动机安装在四轮马车上获得成功，世界上第一辆四轮汽车因此诞生。1885 年 12 月，美国亚特兰大的药剂师约翰·彭伯顿与三个合伙人成立彭伯顿化学公司，四人享有均等股份，这就是后来的可口可乐公司。1886 年，担任过战地医疗工作的罗伯特·伍德·强生将军与两个弟弟一起，在美国新泽西州的新布鲁斯威克创建强生公司，生产无菌外科敷料。

这段时期正是美国的"镀金时代"（1877 年到 1893 年）。南北战争之后，钢铁、铁路、石油等行业都得到井喷式的发展，洛克菲勒的财富狂飙就受益于此。英国医生约瑟夫·李斯特在南北战争时发现手术室内通过空气传播的细菌，这正是罗伯特·伍德·强生创业的理论基础。可口可乐源于古柯葡萄酒，19 世纪中期美国开始约束酗酒，彭伯顿为避开禁酒令的限制而改良成糖浆饮料上市销售。戴姆勒是四家公司中唯一的非美国企业，1867 年，德国工程师奥托制造出往复活塞式四冲程内燃机，十年后他宣布放弃四冲程内燃机专利，这是戴姆勒诞生的重要契机和德国汽车工业腾飞的历史性事件。

第三次浪潮出现在 1909—1912 年。1909 年，威廉·诺克斯·达西建立英国波斯石油公司，这就是英国石油公司的前身。1911 年，华尔街金融家弗林特投资霍列瑞斯的 CTR 公司，3 年后托马斯·约翰·沃森加入，十年后更名为国际商业机器公司（IBM）。1912 年，中国银行与联邦银行这两大金融机构分别在中国和澳大利亚成立，前者是中华民国成立后的改组产物，后者成立后 50 年间也曾担负中央银行的职能。

与前三次浪潮明显不同，从第四次浪潮开始，千亿美元市值企业每次集中出现都具有明显的行业、国家特征，我们可以据此捕捉到历次浪潮带来的变革与机遇。

第四次浪潮出现在 1975—1978 年。1975 年，比尔·盖茨与保罗·艾伦在华盛顿州的雷德蒙德市创办微软。第二年愚人节那天，史蒂夫·乔布斯与史蒂夫·沃兹尼亚克、龙·韦恩一起创办苹果电脑公司。又一年，拉里·埃里森与鲍勃·迈纳、爱德华·奥茨在硅谷创办软件开发实验室（甲骨文公司前身）。美国连续三年诞生三家全球顶级高科技公司，与以电子计算机发展为代表的"第三次工业革命"（信息革命）密不可分，而 1971 年纳斯达克资本市场问世也起到推波助澜的作用。另外，Visa 与家得宝分别创办于 1976 年、1978 年，二者所处的金融与零售、快消依然是美国的创业热土。值得注意的是，这五家企业都诞生于美国，从某种程度上意味着商业史已悄然进入美国称霸的时代。

第五次浪潮接踵而至，出现在 1984—1987 年，与第四次浪潮之间没有年代分际。1984 年，中国工商银行成立，承担起原中国人民银行的工商信贷和储蓄业务。同一年，在大洋彼岸的美国，斯坦福大学的昂纳德·波萨克和桑德拉·勒纳夫妇创办思科系统公司。第二年 7 月，52 岁的艾文·马克·雅各布与安德鲁·维特比等 6 位朋友创办高通，在无线通讯领域独步天下。1987 年，吉利德科学公司在加利福尼亚州诞生，从事药品开发和销售。同年，美国德州仪器公司的三号人物张忠谋回到台湾，在新竹科学园区创办台湾积体电路制造公司（台积电）。

五家企业有三家是通信、半导体所在的高科技领域，而且分属于美国和中国（包括台湾地区）。1984 年后来被称为"中国公司元年"，联想、海尔、万科等一大批大公司都在这一年成立，而美国的思科、戴尔、高通等也诞生于 1984 年，这似乎预示着中国已赶上全球商业潮流，而且在下一次浪潮到来时会有更大的爆发。

第六次浪潮出现在 1998—2000 年，这是时间离今天最近、千亿美元市值公司出现最多的一次，两年间有 8 家公司密集问世。1998 年底，腾讯与阿里巴巴先后诞生，中国互联网领域的两大巨头自此笑傲江湖，两个月之前，拉里·佩奇和谢尔盖·布林租用朋友的车库创办谷歌。1999年、2000年，中国石油与中国移动相继成立，这两家巨型央企都是中国国企改制的时代产物，为2001年中国加入WTO提前布局。1999年，德国的赫司特与法国的罗纳普朗克合并成立赛诺菲－安万特公司。第二年，另一家生物医药公司葛兰素史克由因葛兰素威康与史克合并而成。同一年，美国的贝尔大西洋公司与GTE合并成立威瑞森。

这8家公司，中国企业占据半壁江山，互联网企业又二分其一。美国企业有两家，分别为互联网、通信行业。英法两国各占一家，都是生物医药公司。以此观之，那几年在全球范围流行的"中国崛起"的说法并非毫无根据，敏锐的商业观察家已经洞悉未来世界格局。从商业趋势来看，并购已成为企业做强做大的重要途径，全球化时代已经到来。

六次浪潮已基本描绘出近几百年间全球商业史的流变曲线，将时代变革、商业趋势和国家实力的沉浮起落速写呈现。不过，浪潮之外，如果将全球大企业发展史与更多权威排行榜数据相联系、对比，还会有更隐秘的商业逻辑浮出水面。

三

纵观2014年全球69家千亿美元市值企业，美国以34家独霸榜首，中国以9家位居次席，英、德两国各占5家，瑞士3家，荷兰、法国、澳大利亚各两家，日本、韩国、印度、比利时、丹麦、西班牙、巴西各有一家企业入选。

在全球69家千亿美元市值企业中，诞生于19世纪之前的仅有百威英博、默克、美国银行三家，数百年长盛不衰的秘密与所处行业有莫大关系，这三者所在的零售快消和生物医药以及金融至今仍是热门领域。

在千亿美元市值公司榜单中，金融和生物医药、能源矿业、零售快消分别以 14 家、10 家、10 家、8 家位居前四位行业。这种惊人的一致绝非巧合，背后蕴含的商业法则和经济规律值得探究。

以千亿美元市值企业数量与国家经济发展水平关联度来看，虽然不是严格对应，但基本相符。根据国际货币基金组织 2014 年 4 月 8 日公布的 2013 年世界各国 GDP 排名显示，位列前十位的分别为美国、中国、日本、德国、法国、英国、巴西、俄罗斯、意大利和印度。千亿市值企业数量与 GDP 排名前四位有三个相同，美国、中国、德国，这说明只有经济强国才能造就高市值公司，反之亦然。不过，日本与英国的这两项数据形成较大反差，也说明大量非高市值企业也可以成就经济强国，但市场经济一定发达。俄罗斯、意大利 GDP 高却无千亿市值企业，而瑞士、荷兰、澳大利亚、韩国等却相反，这与国土面积、人口基数等有直接关系，大国小企和小国大企的现象还将长期存在。

世界 500 强企业是千亿美元市值企业的摇篮，两者之间的对比或许更能反映各国的经济结构和企业实力。2014 年 7 月 7 日《财富》世界 500 强排行榜发布，美国有 128 家企业上榜，中国 100 家，其后分别为日本 57 家、法国 31 家、德国 28 家、英国 27 家、韩国 17 家、瑞士 13 家、荷兰 12 家。这项排名与世界 GDP 排名更吻合，前六位基本一致，只是德国与法国互换位置。与千亿美元市值企业榜单对照，更能体现日本、法国、韩国的世界 500 强企业多而千亿市值企业少，说明这些国家很多行业的市场集中度不高，而瑞士、荷兰更均衡。

从千亿美元市值企业榜单、世界 GDP 排行以及世界 500 强排行三项数据对比分析，不难发现经济发展水平越高、世界 500 强越多的国家千亿美元市值企业越多，同样，没有哪个国家企业发展水平低、市值规模小而经济发达，三者之间是互相促进、发展的因果联系。

从行业分布来看，全球 69 家千亿美元市值企业中，金融以 14 家位居第一，能源矿业与生物医药各以 10 家并列第二，其后是零售快消 8 家，互联网、通信各 5 家，多元制造、汽车各 3 家，消费电子、软件服务、半导体、传媒、烟草各 2 家，化工 1 家。将这组数据结合时代变迁来看，在过去六七百年间，金融、能源矿业、生物医药、零售快消四大领域长盛不衰，因为流动性、同质性高，容易形成寡头地位，形成高溢价。互联网、通信两大新兴产业因后来居上，汽车等制造业有所下滑，传媒、烟草、化工等传统产业已今非昔比。

2014 年世界 500 强榜单也印证了这一点，以银行为代表的金融业 55 家，炼油企业 40 家，车辆与零部件 33 家，其后分别是采矿、原油生产、食品店和杂货店以及人寿与健康保险、电信等，半导体、软件等行业位居末席。虽然行业划分标准略有不同，但金融、能源矿业、零售快消、生物医药依然是强势行业。因此，世界 500 强与千亿美元市值公司的主要行业没有太大变化。

与 GDP 排名和世界 500 强排行榜一样，千亿美元市值企业发展史也是商业潮流和经济趋势、投资方向的晴雨表、风向标，真实反映国家经济实力和产业分布格局。如果延伸到更长远的历史跨度去考量，这就是一张近代全球商业史最珍贵的底片。

同样，以史为鉴，思辨得失，总结规律，这正是"全球商业史"系列图书的首要意义和价值所在。

陈　润
2017 年 1 月 18 日凌晨于北京

序　言

"最熟悉的陌生人"

整个2015年，有499万中国大陆游客前往日本，消费约794亿元人民币，比2014年增加两倍以上。而2015年前往日本的海外游客为1 973万人次，消费约1 953亿元人民币。换句话说，每四位前往日本的游客中就有一位中国人，他们的消费能力是同行各国游客平均水平的1.6倍。更惊人的数据是，2011年访日中国游客只有45万人，4年间增长11倍多。

有日本媒体人士对比评论道："以前他们（中国游客）进商店会说，除了这个、那个要，别的不要；现在他们说，除了这个、那个不要，其他全要！"2015年，"去日本买只马桶盖"现象引发中日产品品质大讨论，事后发现产自中国杭州。其实，日本的电饭锅、空气清新剂、指甲剪、剃须刀等产品许多都是由中国厂家代工，日元贬值、消费退税、极致服务、品牌口碑等是中国游客赴日"疯抢"日货的原因。

与中国游客赴日游玩、爆买的火热场面相比，日本人到中国旅游的数量并无明显变化，最近三年始终保持在260万人次左右的规模。与此同时，中日贸易额开始下降，2015 年降至约 3 033 亿美元，同比减少 11.8%，6 年来首次降低两位数。更严峻的是，2014 年日本对华投资减少 38.8%，2015 年再度下降 29%。

除了中日两国关系趋冷之外，日本经济增长乏力也是经济交往低迷的重要原因。过去三年半时间，日本 GDP 从 517.4 万亿日元增长至 530.2 万亿日元，累计增长 2.5%，年均增幅仅为 0.7%。日本央行公布的 2015 年一季度企业状况调查报告显示，日本企业信心几乎降至三年来最低。这一点在最近三年的世界 500 强榜单中有所体现，从 2014—2016 年日本上榜企业数量分别为 57 家、54 家、52 家，逐年下降，除了几家汽车厂商排名比较稳定之外，索尼、松下、东芝等老牌日企排名都出现大幅度下滑。

在经历长达 20 多年的经济通缩之后，没有人知道这个全球第三大经济体、世界 500 强公司数量全球第三的国家能否扭转颓势，从停滞状态中走出困境。

即便寒风凛冽、满目萧瑟，日本经济还远未到崩溃的时刻。紧随美国、中国之后，作为全球第三大经济强国，日本依然在世界商业版图中占据举足轻重的地位。在全球范围内，丰田、本田、日产、日立、索尼、松下、东芝、软银、三菱、富士通、永旺、普利司通、三井住友等日本品牌依然拥有广泛影响力，这些公司也是世界 500 强榜单的常客。在中国，许多日企都是改革开放之初就进入中国市场的最早一批外资企业，至今仍为国人所熟知。

一份被中国媒体忽视的榜单从侧面反映出日本企业的生命力。在汤森路透发布的《2015 全球创新企业百强》榜单中，日本以 40 家公司入围高居榜首，美国以 35 家排名第二，而中国内地公司榜上无名。毫无疑问，日本和美国依然是这个星球最具创新力的两个国家，它们在化学、半导体、电子元件以及汽车领域的创新正在建立竞争优势。

另外，欧盟委员会旗下调研机构 IRI 发布的《2014 欧盟企业研发投入排行榜》显示，在全球研发投入最多的 2 500 家企业中，美国有 807 家企业，欧盟有 633 家，日本有 387 家，中国有 199 家。2015 年这份榜单的经济体排名依然未变，只是数量有变化：美国 829 家，欧盟 608 家，日本 360 家，中国 301 家。如果按照国家排名，美国与日本始终排名前两位。

不过，消费者对日本产品的创新力还缺乏感知，甚至产生日本企业衰败的错觉，原因在于大部分日本厂商隐居幕后，由以往的 B2C 模式转向 B2B 模式。尽管苹果公司打败了日本手机品牌，但 iPhone6 和 iPhone6Plus 配备的 1 300 个电子部件中有大约 700 个为日本制造，超过一半。全球计算机硬盘驱动器马达有大约 75% 由日本电产掌控，调整汽车后视镜的微型电机有 90% 左右由万宝至垄断，用于制造液晶显示屏的蚀刻器有 80% 由东京电子生产，电动机碳刷市场 70% 由 Covalent 材料公司制造，三菱化工几乎垄断生产 LED 灯泡的红磷光材料市场，京瓷称霸全球集成电路部件领域。村田公司占据全球电容器市场 40% 的份额，再加上东京电气化学工业公司和太阳诱电公司的规模，日本企业在电容领域的全球市场占有率高达 80%。无处不在的日本制造不仅重新划分全球制造格局，还在不知不觉中改变人们的生活。

《日本第一：对美国的启示》作者——美国哈佛大学的"中国先生"傅高义教授曾说过："中国在经济上的飞速发展令世界瞩目，并已经取代日本成为 GDP'世界老二'。尽管在经济总量上超过了日本，但中国仍然应该学习日本在发展过程中'做得比美国好的地方'，而非'学美国不好的地方'。"中国与日本是一衣带水的近邻，两国之间的交往、认知并非从现在开始，但日本企业于我们而言，的确又是"最熟悉的陌生人"。

重新认识日本，先从浩荡壮阔的日本商业 500 年历史开始。

日本商业史的七大阶段

在地理位置上，日本与英国相似，都是孤悬海外的岛国，英国是最先实现工业现代化的西方国家，而地处欧亚大陆东北端的日本是最早实现工业现代化的东方国家，这并非巧合。在商业环境上，日本与近邻韩国相似，多灾多难，韩国多战乱、政变、危机等动荡，日本经常遭受地震、火山、台风的侵袭，忧患意识和家国情怀浓厚，财阀的力量比韩国有过之而无不及。在商业文化上，日本与德国相近，重视科技创新，崇尚工匠精神，超过 90% 都是中小企业，许多都是员工人数在十人以下的小公司，却拥有生产日本航天工程零部件的高超技艺，令人震惊。另外，日本国土面积约 37.77 万平方公里，与德国的 35.7 万平方公里亦非常接近。

这种似是而非的景象恰好说明日本商业史的丰富庞杂。过去 500 年间，在政变、战争、技术革命、国际贸易、商业浪潮等因素内外交织的影响下，日本商业史精彩纷呈、兴衰沉浮的故事绵延不断。梳理发展脉络，归纳商业特征，大致可以分为七大阶段。

第一阶段，从 1600 年到 1852 年，萌芽生长。从 1185 年"源平合战"结束到 1867 年幕府倒台，日本先后经历了镰仓、室町、德川三个幕府、长达 682 年的幕府统治时期。不过，日本商业直到 17 世纪初的德川幕府时期才渐渐萌芽，住友小次郎政友、鸿池善右卫门以及三井高俊父子都是那个时期飞黄腾达的商业代表。彼时商人还是日本社会的末流阶层，但是到 18 世纪初，"大阪商人一怒，天下诸侯惊惧"的说法家喻户晓。到幕府晚期，田中久重通过引进国外先进技术发家，伊藤忠兵卫以时靠跨国贸易建立商业帝国，外贸兴盛，商人阶层已经崛起。

第二阶段，从 1853 年到 1913 年，开放与启蒙。1853 年，"黑船事件"打破日本闭关锁国的政策，开放港口贸易。1868 年年初，标志日本开放的明治维新拉开序幕。岩崎弥太郎获得国家支持，以船运起家创立三菱；安田善次郎靠帮助政府发行"太政官札"纸币，成立安田银行；中上川彦次郎受政府之命接管三井银行，带领三井财阀进入中兴盛世。在此期间，"日本现代企业之父"涩泽荣一不仅辞官下海，践行"实业救国"理想，还在 70 岁之后写就日本商业启蒙读物《论语与算盘》，这本书以"义利合一"改变日本国民经商不道德的价值观，对日本商业、经济产生深远影响。

第三阶段，从 1914 年到 1945 年，经济危机与战争。1914 年前后，第一次世界大战前夕，丰田佐吉、早川德次、小平浪平、铃木道雄等发明家纷纷创业，日后的丰田、夏普、日立、铃木等享誉全球的品牌由此起步。不过，他们将在随后 30 年间经受战火与经济危机的洗礼。1914 年、1939 年先后爆发两次世界大战，其间日本还经历 1923 年关东大地震、1929 年全球经济危机的创伤，丰田、松下、夏普、三菱、三井等所有日本公司的命运都伴随时局盛衰起落，在悬崖边缘生存的考验令这些未来之星浴火重生，生机焕发。

第四阶段，从 1946 年到 1970 年，崛起复兴。战后的日本满目疮痍，1950 年爆发的朝鲜战争带来复苏机会，美军庞大的战备物资需求拉动日本经济发展，超过千亿日元的滞销商品一售而空，日本工业部门拿到的采购订单高达1 134亿日元。从 20 世纪 60 年代开始，日本每年 GDP 增长率都保持在 9% 左右，成为世界上增速最快的国家。稻盛和夫以阿米巴哲学和"关爱、利他"思想管理京瓷；《阿信》电视剧原型和田加津以坚韧勤劳经营八佰伴；土光敏夫以"挑战式经营"的理念重振东芝；佐川清凭"脚夫精神"创办佐川捷运。日本企业家在精神文化和哲学思想层面百花齐放，以东西方融合的文化经营企业。同时，索尼、本田、三洋、日清食品、YKK拉链等企业开始在全球市场开疆拓土，大张旗鼓地走上国际化道路。

第五阶段，从1971年到1989年，顺势腾飞。经过战后30年的发展和积累，日本知名企业已发展壮大，中东石油危机导致国内经济不景气，一些企业深陷破产倒闭的境地，并购、扩张、国际化的风潮盛行，日本企业开始腾飞。京瓷通过并购实现电子技术与陶瓷技术的跨界整合，东邦相互银行将32家处于绝境的银行收归麾下。同时，丰田汽车在美国市场独占鳌头，任天堂成为全球游戏娱乐业巨头，八佰伴在东南亚及巴西等发展中国家遍地开花。遗憾的是，1993年和田加津去世，4年后八佰伴破产，留给世人无限回忆和商界深刻反思。

第六阶段，从1990年到2000年，逆风飞扬。其实准确而言，这十年通常被称作"沉默的十年"或者"消失的十年"。1990年，日元、股票、债券同时贬值，日本进入漫长的低增长时代，1990—2000年，日本GDP年均增长率1.6%，美国为3.1%，而中国高达10.15%。不过，正是在这段时期，一些日本企业抓住机会逆风飞扬。在经历1980—1987年的倒闭危机之后，吉野家于1990年挂牌上市，插上资本翅膀起飞；软银在1994年上市，1995年因投资雅虎一战成名；同一年，优衣库上市，柳井正触底反弹；索尼在1989年收购美国哥伦比亚等电影公司，此后陷入亏损泥潭，新任CEO出井伸之启动改革计划；几乎同一时期，丰田也开始变革，公司上下重回创业状态，业绩持续增长。

第七阶段，从2001—2015年，互联网时代与全球化。在一片悲歌之中，索尼、松下、夏普、东芝等老牌家电企业逐渐淡化"家电"标签，转型到医疗、生命科学、人工智能等领域，业务转向2B市场。与此同时，柳井正、孙正义等中生代企业家凭借互联网机遇和全球化战略而不断成功，三木谷浩史、田中良和两位中生代则分别通过电子商务、社交网络成为财富新贵。日本商业史已经进入无相无形阶段，商业模式多样，公司文化多元，互联网与全球化已打破商业的时间、空间界限，一切规则被重构，商业思想被颠覆，新的轮回由此开启。

回望 500 年日本商业史，地处海陆之间，文化东西方交融，既受到外部各种潮流冲击，也由此快速完成现代化进程。尽管饱受地震、台风等自然灾害侵袭，并且在很长一段时期处于战争阴霾的非正常状态之中，但日本却在二三十年间脱颖而出，快速崛起，此后一直繁荣昌盛，与世界经济强国逐渐抗衡的实力使其成为全球经济强国。这种举世瞩目的现象确实值得深入思考和研究，而日本企业家精神及其背后不可忽视的文化力量也值得关注。

日本企业家精神

放眼全球商界，如果要研究基业长青的长寿基因，非日本企业莫属。

韩国银行在 2008 年 5 月 14 日发布的《日本企业长寿的秘密及启示》报告书显示，在全球 41 个国家中有 5 586 家企业寿命超过 200 年，日本以 3 146 家居全球首位，其中有 7 家企业历史超过 1000 年，超过 500 年的有 39 家。紧随其后，德国有 837 家，荷兰有 222 家，法国有 196 家，中国大陆仅有 9 家。另外，今天世界上最长寿的企业前三位都在日本："金刚组"排第一，创办于公元 578 年；"甲州西山温泉庆云馆"排第二，创业于公元 705 年；"千年之汤古"位居第三，创业于公元 717 年。几乎都诞生于"飞鸟时代"，存活时间超过 1300 年。

这份报告还分析出，在日本 200 年以上的长寿公司中，员工人数不超过300人的中小企业占89.4%，大部分为制作食品、料理、酒类、药品以及与传统文化相关的行业。报告总结出日本企业长寿的五大原因：重视本业；诚信经营；透彻的匠人精神；超越血缘关系选择继承人；保守的企业经营作风。无论世界风云变幻，商业趋势流变，日本长寿企业始终牢记经验和教训，坚守初心。

长寿的秘诀看似与经营管理相关，实际是一种精神传承。

日本在上千年的历史中一直受中国文化影响，但近代被美国打开国门并在实行明治维新之后，日本实行国家资本主义制度逐渐西化，完成武士道精神向企业精神转型，不过东方文化仍有所保留。涩泽荣一就主张"现代企业应建立在《论语》与算盘的基础上"。

虽然都尊崇儒学，熟读《论语》，但日本与中国却有不同，著名社会学家森岛通夫曾说："如果一个人将德川时代的日本同当时的中国相比，他一定会得出这样的结论，中国是一个文官的儒教国家，日本是一个军人的儒教国家。"他进一步分析说："以'仁'为主要美德的中国儒教非常适合中国的统治体制。根据日本的儒教，'忠'即是为主人献身，是它的主要美德，这是和武士统治一致的。因此，每个国家的统治体制是和各自的思想体系一致的。"中国从儒学到"仁"，日本却更强调"忠"，前者走向人道主义，后者拥抱民族主义。这种区别也体现在企业家精神上，日本企业家都有威权主义色彩，喜欢家长式管理风格，而且都有强烈的民族意识、家国情怀。

与西方的骑士不同，日本的武士实为家臣，没有领地。在日本经济"起飞"进程中，政府将企业赠予武士，因此日本企业家并未将企业看成个人私产，尽管武士成为企业家，并以西方管理思想经营企业，但日本企业家精神与欧美国家的企业家精神存在本质差异。一直以来，日本政府和企业家都是利益共同体，财阀因此成为日本商业典型特色。尤其是

1880 年以后，政府将官办企业以低廉价格转给私人，财阀由此飞黄腾达。在财阀垄断体制中，日本企业界建立起年功序列制及终身雇佣制，并且完成所有权与经营权分离的现代管理制度。三井、三菱、住友、安田等财阀的历史都可以追溯到几百年之前。当然，财阀对经济的负面作用亦不可忽视。

日本"忠"的思想体系还积淀出工匠精神。无论匠人还是农夫、商贾，人们都认为本职工作是"天职"，必须对天忠诚，用心工作。500 年来，日本经历战争、动荡、变革，可民间"荣辱、贵贱、信誉"的主流价值观始终未变。工匠们将产品视作人格和信誉，商贾将服务品质和店铺招牌视作生命，他们不论富贵，不看地位，倾力在喜欢的行业不断修行，日渐精进，将"荣辱、贵贱、信誉"视作人生最宝贵的财富和遗产。日本中小企业遍布，很多小店都有几百年历史，还别无分店，只因秉承工匠精神，全心投入，持之以恒，精益求精，这正是日本企业长盛不衰的秘诀。

当然，工匠精神既离不开文化土壤的滋养，也依靠强有力的制度保障。在日本，蓝领工人与白领一样受尊重，甚至收入更高，日本蓝领工人在全世界都处于很高的薪资水平，一名高级技术工人的月薪足够支撑全家开支。而且技校毕业生就业率远高于大学生，达到98%以上。尽管在学前和学校教育体系中不会教给学生职业技能，但教育部门会培养学生的匠人精神，激发他们钻研技术的兴趣。

事实上，工匠精神不仅依靠文化和制度，也无法短期形成，需要几代人的传承和发扬。无论在日本的工厂还是商场，不管是产品还是服务，都能感受到日本人专注如一、出类拔萃、追求极致的工匠精神。可以毫不夸张地说，工匠精神是日本企业家精神的核心，也是日本现代商业的灵魂。

　　当今世界人心浮动，机会遍地，"把企业当猪养"的论调甚嚣尘上，许多企业家、创业者追求快速成功，融资、上市的浪潮风起云涌。少有人关注基业长青、长盛不衰的话题，反而习惯性将数十年甚至上百年历史的优秀公司打上传统企业烙印，冷眼视之。其实，我们正稀缺专注如一、持之以恒、毫不动摇的精神。

　　这正是重读日本商业史、感悟日本企业家精神的价值与意义。

目 录

第1章
幕府时期的"非主流"商人

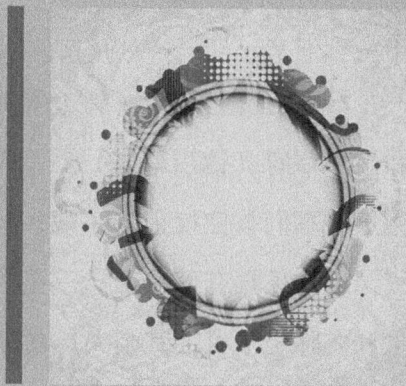

　　1185 年，日本历史上有名的"源平合战"结束，这场战争由贵族之间的争权夺利引发，激战厮杀之后，武将源赖朝打败各派势力，逼死战功显赫的兄弟源义经，登上权力巅峰。1192 年，源赖朝建立镰仓幕府，日本由中央贵族掌权的时代就此终结，在贵族时代地位卑微的武士站到政治舞台的中心，成为政权主宰。

　　在 1185—1867 年长达 683 年的时间里，日本一直处于封建政权的统治之下。跟中国封建王朝不同的是，日本的实际权力不是由皇家独揽，而是旁落幕府手中，以武士阶层的代表"征夷大将军"为首，天皇这个名义上的君主只是一种象征。

　　在这漫长的 700 年里，日本文化经过洗礼、融合、升华。当权的武士们鄙视贵族阶层的奢靡享乐之风，他们推崇"忠君、节义、廉耻、勇武、坚忍"等精神，这种思想结合儒学、佛教、禅宗、神道等各种思想，慢慢形成独具日本特色的"武士道"精神，直接或间接影响着日本的未来。

日本历史上经历了镰仓幕府（源氏幕府）、室町幕府（足利幕府）和江户幕府（德川幕府）三个幕府时代的更迭。到德川幕府时代，作为德川将军们掌控权力的手段，日本的阶级分化达到白热化的程度。在阶级结构的顶端有两个人，一是天皇，二是将军，他们分别是名义上的君主和实际统治者。其余人口划分为四个阶级：士（武士、士兵）、农（农夫、农民）、工（手艺人、制造者）、商（商人）。商人处于社会阶层的最底层，地位比没有身份的"非人""贱民"稍微高一丁点儿。

这是一种被意识形态和政治强权重压形成的卑贱地位，日本商人积蓄的力量，如同被挤压到极致的弹簧，随时都可能反弹出令人震撼的威力。"非主流"时代，商业变局暗流奔涌，商人命运跌宕起伏。

住友小次郎政友生于 1585 年，此时日本正处于动乱的战国时代。1573 年，织田信长高举起义大旗，结束了室町幕府的统治，日本陷入全面的战乱之中，各路豪杰四处攻城略地，德川家康最终胜出，1603 年上任征夷大将军，日本局势得以稳定。在战乱烽火中，住友小次郎政友出生成长于武士家庭，还不至于遭受普通民众颠沛流离、饥寒交迫的命运，却亲眼看着至亲的伯伯、叔叔、哥哥在战争中流血丧命，听到一个又一个死亡噩耗。住友小次郎政友内心深处充满恐惧，他一次又一次地梦到自己披甲上阵，迎面是敌人手中亮闪闪、带着血腥味的屠刀。

内心的恐惧令住友小次郎政友长期处于精神萎靡之中，他长到十几岁仍然身材瘦弱，而且毫无人生目标，整天在街头游荡。冥冥之中似有天意，有一天，住友小次郎政友结识"涅槃宗"的空源和尚，"一切众生悉有佛性，如来常住无有变易"的佛经让住友小次郎政友醍醐灌顶，瞬时顿悟。他与空源一见如故，每天朝夕相处，探讨佛法，树立信仰，住友小次郎政友重获新生。

可惜好景不长。1616年，德川家康将军决定继续打压天皇的影响力，因为天皇是涅槃宗的忠实信徒，德川家康选择向涅槃宗下手。政治斗争永远充满野蛮和暴力，德川家康的部下冲进寺庙，把和尚们赶到郊区，一番迫害之后，和尚要存活只有一条出路：将涅槃宗归入天台宗，取消涅槃宗的门户。对于信徒来说，精神上的摧毁无异于戕害性命，空源和尚一怒之下撒手西去。失去恩师，失去门户，住友小次郎政友只有黯然还俗。

可是他肩不能扛，手不能提，不能靠手艺生存，对政治当局还满腹怨恨，也不可能从政。后来他决定做点小本生意，找姐夫苏我理右卫门借钱开书店。住友小次郎政友虽然经商，却是个很另类的商人。武士家庭的影响加上出家期间的思悟，使得他对"利益"的看法与一般商人截然不同，他认为凡事务求根本，绝不可以投机取巧或者非法牟利。没想到，他这种在当时看来很"傻"的理念，却能将书店经营得很红火，赚了不少钱。住友小次郎政友心怀济世救人的理念，又开了一家药店，生意同样兴旺。

闲暇时间，住友小次郎政友仍然坚持修习佛法，他把佛教中的很多理念与经商结合在一起，在每日迎来送往的生意中对佛法又有了更深的领悟。同时，他把佛学的很多积极思想灵活转化到生意中，独创一套先进、有特色的商业伦理观念。

住友小次郎政友有个外甥名叫住友友以，是姐姐和掌控着"拔银术"的苏我理右卫门的儿子。苏我理右卫门慧眼识才，早在住友小次郎政友一无所有的时候，他就觉得小舅子不是凡人，所以住友小次郎政友提出要做生意，他毫不犹豫地拿出一笔钱全力支持。看到小舅子生意做得风生水起，又恰巧没有儿子，他干脆亲上加亲，将儿子入赘到住友家。这样住友友以既是外甥，又是女婿，还是养子，住友小次郎政友对他视同己出，非常器重。15 岁时，住友友以就当上住友家的大当家，而且他还继承亲生父亲苏我理右卫门的拔银术，逐步接手父亲铜精制、铜细工的"泉屋"工作，生意兴隆。

国家安定，天下太平，日本商业逐渐繁盛起来，不过京都作为天皇的居住地，被德川幕府虎视眈眈地控制、防范，形同圈禁，许多将军、士族都不敢靠近，商业发展受到限制。与此地形成鲜明对比的是，大阪已发展成为日本数一数二的商业物资集散地，住友家族的商业要想获得更大发展，必须进军大阪市场。

作为外地人，住友友以举步维艰，刚开始他尝试给大阪商界的重要人物送礼，结果被人家毫不留情地赶出来。一筹莫展之际，住友友以想起住友小次郎政友的话：经商一定要讲诚信，不能唯利是图，要坚持仁爱之心；做人须宁静致远、淡泊名利，方可成大器。住友友以不敢确定是否领悟，又好似抓住某种改变现状的关键方法。

他诚惶诚恐地找父亲苏我理右卫门如实诉说烦恼："要想融入大阪的环境之中，必须给当地商人些好处。"

父亲轻轻点头："那就给他们吧！"

住友友以猛然抬起头："可那是父亲您的秘密啊，是我们家安身立民的根本啊！"

父亲追问道："没有了这个秘密，你就没有信心了吗！跟同行站在同一个平台上，你有没有信心凭借你的实力胜出呢？"

"我有信心，我有！"住友友以猛然站起，握紧拳头。

"那就去做吧！"苏我理右卫门满意地点了点头。

"住友家愿意倾囊相授拔银术了。"第二天，大阪所有商人都喜出望外，奔走相告这个石破天惊的消息。他们满怀期待地欢迎住友友以进入大阪，恨不得立刻从铜矿石中提炼出白花花的银子。可是，不管他们多么急迫，在技术、人才、服务等方面一直无法超越"泉屋"，住友友以仅用了几年时间，就把住友家族发展成为矿山大鳄，占据日本铜矿 1/3 的市场份额。

成为铜矿领域的霸主之后，住友家族开始同心多元化扩张，在煤矿、冶炼、机械、金属、化工等重工业领域全方位进军，成为那一时期日本声名显赫的财阀之一。

住友小次郎政友生长于战国乱世，后潜心于佛法研究，他的经商理念是佛教和儒家的经典智慧，对于初入商界的年轻养子住友友以而言如璀璨的指路明灯。经过后世传承和发扬，住友小次郎政友的思想被总结成住友精神——不追逐浮利，绝不为了金钱而丧失真善美的本性，凡从事违反国益、公益乃至社会的商业行为，无论会获利多少也不可放手去做。违背社会大众的意愿，追求不正当得利的企业是很难持久的，这成为住友家族立业的根本，正是住友精神的推动和佑护，住友家族才得以在四百年的商业风雨中基业长青，大而不倒。

在日本幕府时代，武士是享受高官厚禄、万人敬仰的贵族，而商人排在最末，位于社会最底层，饱受歧视和打压。凡有志之人都想尽方法跻身士族阶层，三井高俊却逆势而为，可谓"自我沉沦"。1602 年，他郑重发布声明：从今天起，我退出武士身份，正式成为商人。

目睹战火纷飞的乱世凄苦，三井高俊极度厌恶战争，武士手里的刀剑带来的只有杀戮和毁灭，这让他极其反感，他认为唯有经商在为大众真正谋福利。在众人的冷嘲热讽中，三井高俊选择酒、味噌酿造行业，投入大，不过收益高。经过几年苦心经营，他的"越后屋"远近闻名，后来又开当铺，生意也很兴旺。

三井高俊的儿子三井高利从 14 岁开始帮助父亲打理生意，虽然有诸多艰辛，但"越后屋"的发展一直非常顺利。不过，三井高利的志向比父亲更高远宏大，他不满足每天安逸自在的生活，更不愿偏居一隅，内心深处渴望更广阔的天地。1673 年，三井高利离开家乡伊势松坂，只身来到江户。

在江户，三井高利创立一家布料店，仍旧取名"越后屋"，以贩卖布料为主，可生意一直不温不火，很长时间都不见起色。正当他准备关门收手之际，前路柳暗花明。有一天，三井高利去澡堂泡澡。日本的澡堂文化很早就形成，对日本人来说，清洁身体是澡堂最基本的功能，其次是社交，大家在这里赤裸相见，敞开心扉，高谈阔论。所以，澡堂是释放压力、传递资讯、搭建人脉的最好场所。满腹心事的三井高利独自一人泡在水里，突然，洗澡一角传来喧嚣嘈杂声。

有人发问："两天后的庙会，你知道吗？"

旁人道："知道啊，一年才有一次的庙会，一定要去参加啊。"

有人提议："这么重大的庙会，我想去做一条新丁字裤（兜裆布），要不要一起做啊？"

这项建议立即获得积极响应，人声鼎沸。不过，现场只凑够六个人，还需两个人参与，才能凑足一匹布的用量。

三井高利欣喜若狂，他一下就明白突破困境的出路所在。在当时的商业环境下，所有产品和服务都围绕贵族展开，他们买布都是成匹购买，所以布料市场都是以匹为单位。可是普通老百姓要做丁字裤这样的小衣服，所用布料很少，通常做法就是团购，凑够一定的人数，然后共同买回一匹漂白布，再各自裁剪分配。不过，人数往往不容易凑齐，很多人想买又嫌麻烦。

"小块布料的需求其实很大，我为什么不满足他们呢？"三井高利第一次把目光聚焦到普通大众身上。第二天，三井高利在店门口贴出一张布告："本店布匹可以零卖。"布告贴出后,店里所有的漂白布当天一售而空。

通过这件事,三井高利领悟到:"倾听顾客心声是生意成功的根本。"他把吃饭的时间都节省下来,站在店门口接待顾客,用心倾听顾客的每一句话。有一次,他招待一对母女,女儿要出嫁,母亲带她采购嫁妆,进店之后,三井高利注意到母女两人一脸疲态,他就上前询问:"你们从哪里来?走了很多路吗?怎么会风尘仆仆?"

母亲回答:"女儿结婚的日子定得特别匆忙,采办嫁妆的时间只有三天,可需要采办的东西又太多,服装、衣柜、梳子、簪子、鞋子……我们要到西边来买衣服,到东边去买鞋子,来回奔波,所以才会这么疲惫。"三井高利一听,为什么不给顾客提供一站式购物的便利环境呢?他因势利导,逐渐把各种商品引入,将布料店发展成日本第一家百货公司——"三越百货"。

1676 年,三井高利亲自为三井设计商标,这是三井的第一个商标,图案由三个部分组成,外面一个圆圈,里面一个"井"字,中间是一个"三"字,三井高利通过这个商标表达对三井未来的美好期盼:三井家族要像一个永远没有终点的圆,不断发展壮大。

在三井高利手中,"越后屋"保持年均 5 倍的增长速度,迅速累积资本。1683 年前后,为了更好地管理资金,三井高利借鉴父亲的成功经验,开设一家从事货币兑换业务的"两替屋",名为"三井银两兑换店"。尝到金融行业的甜头之后,他越来越不满足商业流通所获取的利润。此时日本已经进入德川幕府时代,商业兴盛,资金流动速度非常快,三井高利干脆把"两替屋"开到京都、江户等大城市,做起汇票交易的生意,逐渐发展成日本最早的有组织的金融企业。

在此之前,幕府每年都要费尽心思把大阪金库聚集的银两送到江户的金库，每趟至少动用三四十人，通常要花费三四个月时间，路上还有可能遭遇抢劫、地震、洪灾等意外风险。跟三井合作之后，只需几张小小的汇票就可以完成资金转移，无须跋山涉水就能让金钱进入江户。幕府越来越依赖三井家族，后者由此成为政府的御用商人。到 1688 年，三井家族已经在江户、京都、大阪三地拥有 11 家店铺，成为当时家喻户晓的"横跨三都"的富商。这一年，三井高利已经 66 岁，他自知年事已高，精力有限，是该把三井交到下一代手里了。

三井高利膝下共有 11 个儿子和 5 个女儿，其中有 4 个早逝，1 个是养子。子嗣多，想法各有千秋，这让三井高利很纠结。他想起了父亲三井高俊的教诲，如果父亲在世会如何决断呢？想到这里，三井高利把父亲生前留下的只言片语都翻出来，一本未写完的厚册子《三井氏家规》让他眼前一亮，读着父亲留下的每一个字，三井高利如同又一次听到父亲的谆谆教导，受益匪浅：父辈用一生的经历总结出的人生教诲才是留给子孙的最大财产。直到 1694 年去世，三井高利投入很大精力，完成父亲留下的未竟的《三井氏家规》，里面内容包括：

一、一根树枝易折，许多树枝捆在一处则难断，汝等必须和睦相处，巩固家运。

二、各公司营业所得的总收入，必须扣减一定金额的公积金以后，才能分配给各公司。

三、由各公司推选一位年长老人，成为大家的首领，各司的负责人都必须服从他的指挥。

四、同族绝不可互相斗争。

五、严禁奢侈，厉行节约。

六、名将之下无弱兵，必须重视启用贤能的人，应该避免部属有牢骚和怨言。

七、家族统领者必须仔细地了解整个家族的大小事情。

八、同族的少主，某一时期应和店员一样待遇，让他在掌柜和大伙手下做苦工，而完全不以主人对待。

九、要有买卖不一定能成功的觉悟。

十、应该到岛崎或外国去做交易。

……

三井高利在家规中体现了父亲和他几十年经商积累下来的经验，这些思想结晶直到今天仍不过时。最幸运的是，三井高利的子女们很好地遵守了父亲的遗训。三井高利去世后，下一代完全遵照祖训：“在兄弟们的有生之年，家族财产将永不分割，全做企业发展之用。兄弟当中，如对事业资产有所要求时，则根据长子三井高平的判断予以处置。”这份“分家不分业”的规定确保家族生意完整，为三井财团后来的长足发展奠定了基础。

《三井氏家规》在三井家族内部代代相传，每一代三井人都奉为圭臬，并依照家规艰苦创业，以“家”为重，这成为三井家族历时三百年而不衰不败的力量源泉。现在，《三井氏家规》被保存在东京大学，成为研究德川幕府时期日本工商管理思想的重要历史资料。

可能是受父亲影响，三井高利在别人只顾抬头仰望贵族喜好的时候，他首先低下头去倾听民众的心声，这才有了“越后屋”的崛起，并推动三井银行的诞生、发展，赢得政府的信任和尊重，最终获得贵族阶层的认可。世事就是这样有趣，三井高利以一种特立独行的方式打开了三井商业王国的大门，然后留下比金钱更宝贵的精神财富，为后辈铺平未来发展的道路。

住友小次郎政友求佛不成，为生计考虑，走上经商之路。三井高俊则是因为对武士阶层的厌恶，对普通民众的关注而创业。他们的创业初衷看似偶然，其实必然。在幕府时代后期，资本主义开始在日本萌芽，商人阶层凭借经济上的掌控力不断提升社会地位，"非主流"商人开始逐渐形成影响力，崛起为举足轻重的新贵族阶层。

幕府时期，战乱后的民众得以休养生息，农业经济迅速发展，耕种面积逐渐扩大，产量不断提高，更多的经济作物开始出现，榨油业、调料业、酿酒业和食品加工业等农产品加工相关行业迅速发展。鸿池善右卫门的财富机会到来，一个新的财阀即将崛起。

1600 年，鸿池家族的始祖鸿池善右卫门开始经营米酒生意。当时米酒刚从中国传入日本，跟我们现在经常看到的很多米酒一样呈浑浊状。有一天，鸿池善右卫门与仆人因为一件琐事吵了几句，仆人心存恨意，当天晚上伺机报复，暗中装了一袋子炉灰，悄悄倒进盛放米酒的桶里，他认为这批米酒加入炉灰之后肯定卖不出去，根本没法儿喝。主人遭受这样的损失肯定椎心刺痛，怒发冲冠。干完坏事之后，仆人就拎着包袱逃之夭夭。

第二天早上，鸿池善右卫门开门营业，打开酒桶后立刻惊呆了，酒桶里原本呈现米灰色的混浊米酒竟然变得清亮透彻。他试着尝了一口，这种清亮米酒的口感更加爽口。满腹狐疑之际，鸿池善右卫门发现桶底有一层炉灰，再加上他刚刚得知"昨天训斥的学徒逃走了"，很快猜中到底发生什么事。他意识到炉灰能过滤掉米酒中的浊质，使酒变清，味道更加纯净。他立即着手试验、研究，经过无数次改进之后，他终于找到使米酒变清的办法，有日本"国酒"之称的清酒就这样诞生了。

这个时期，日本全国划分成两百多个藩，大名在自己的藩内实行独立治理。由于地理、气候等原因，各个藩国的农业种植作物各具特色，为了互通有无，相互之间就需要彼此交换、密切经济往来，日本的金融和借贷业务慢慢发展起来。

鸿池家族通过清酒贸易积累雄厚实力，随着资金的不断积累和市场的逐步成熟，到 1675 年前后，第二代的鸿池善右卫门逐步把经营重点改到钱庄上。他们的贷款对象主要有两个方向，一是做买卖的商人，他们在经商过程中难免出现资金短缺，鸿池家族就会把资金贷给他们，商人先去购买货物，等出售以后再还贷，同时缴纳一定的利息。二是大名、武士等贵族，随着商品经济的发展，贵族阶层的生活也日益腐化奢侈，收入远远不够挥霍，被逼无奈，他们不得不向商人借债。商人贷款给大名的利息一般比较高，月利 1%，年利 12%，堪称暴利。在 1688—1703 年，鸿池善右卫门的贷款对象中已经有超过 20 多家大名，贷款数额高达 14 875 贯，逐年翻番的利息收入使他们手中积累起大量财富。

毫无节制的放贷潮流终于引来灾祸。很多大名为了追求奢华生活，不断向商人贷款。到 19 世纪中期，大阪商人给大名的贷款总额达到 6 000 万两黄金，光利息就有 300 万石大米。实力雄厚的商人逐渐凭借财力迫使一些诸侯大名听候他们的差遣，进而控制和影响藩政，"藩政凋弊，权落商人"的局面逐渐形成。幕府对这种状况感到恐慌。1789 年，幕府开始打压商人，"捐弃令"的政策被颁布，幕府宣布 1784 年以前"旗本""御家人"等向商人借的钱都不用偿还，算作商人捐给国家做贡献。这种毫无信用可言的粗暴霸道行为令大商人、大高利贷者极为不满，一股野火在荒野积蓄能量，最终在倒幕运动中形成燎原之势。

发展到第十代，鸿池善右卫门家族的商业版图已拓展到钱庄、海运、建筑等多个领域。1877 年，他们创立第十三国立银行，之后又创办日本生命保险，成为日本金融和贸易行业的领导者。

即便富甲一方，鸿池家族仍然发扬勤俭节约之风。有一天，第十代家长鸿池善右卫门独自一人驾着马车路过大阪繁华商业区心斋桥，他平时不大出门，立刻被道路两旁琳琅满目的商品所吸引。他走进一家商店，看每件东西都很精致、很喜欢，就都拿了下来，到结账的时候共计花费 350 元，可当时口袋里只有 30 元。鸿池家规中明确规定了每位家族成员每月可以支取的零花钱，其中也包括家长鸿池善右卫门。他有点后悔，想把东西放回去。店员眼很尖，认出了他，就很热情地表示，他们可以把东西送到府上，到时再付钱就可以了。鸿池善右卫门实在喜欢手里的东西，又不想丢面子，就答应了。

鸿池善右卫门前脚到家，商品马上就送到。店家跟着鸿池善右卫门到账房管家手中拿钱，没想到被一口回绝："鸿池家法中有规定，任何人不得购买用于游玩的商品，哪怕是家长也不能例外。"鸿池善右卫门脸上挂不住，他恐吓威胁，账房管家无动于衷。他苦苦哀求，管家还是不答应，只好眼睁睁看着商家把东西又装上车拉了回去。

从 17 世纪末开始，为解决财政资金和生活支出，各幕藩开始实行专卖制，并经营地方性特色手工业，农村手工业开始发展起来，逐渐形成规模，并且各具特色。京都西阵、九州博多以丝织业闻名，大阪附近的棉织业极其发达，越前、美浓则以造纸业为发展重点，池田、伊丹的酿酒业方兴未艾……

百业兴旺之际，善于发明创造的天才田中久重大放异彩。

田中久重是日本江户时代末期至明治时代初期的著名发明家，1799 年生于筑后国久留米（今福冈县久留米市），父亲是一名手艺人，受其影响，他从小就展现出机械制造方面的天赋。

田中久重具有极强的好奇心和创新欲望，20 多岁时，他就创造出闻名于世的"弓曳童子"机关人偶。启动开关，一个栩栩如生的男童偶人，自动拉弓射箭，接连四次才会停止，整个过程没有任何迟钝，动作流畅，就像真人一样。为了提高娱乐性，田中久重特意在箭筒里放了一支没有羽毛的箭，玩偶射箭时会不时出差错，这个巧妙的安排让观众忍俊不禁。

这种机关人偶极具观赏性，因为它的工艺性和艺术性，被奉为江户时代机关人偶的巅峰之作。

田中久重的发明才华得到时任摄政大臣鹰司政通的赏识，赐予他"仪右卫门"的名号，并且邀请他到京都学习机械制造学和天文学。在京都这个人才济济的广阔平台上，田中久重如饥似渴地汲取日本最前沿的知识，并且全身心投入到研发中。1851 年，田中久重制作出"万年自鸣钟"，它既可以精准显示时间，还可以显示二十四节气、干支、太阳和月亮沿轨道运行的状况等。这一发明推出后广受赞誉，一夜之间，田中久重在京都家喻户晓。

一举成名天下知。政府向田中久重抛出橄榄枝，他由此参与政府的蒸汽机械、船舶、枪炮等军事装备的制造和研发。值得一提的是，田中久重很早就意识到实验的关键不在"创新"而是"应用"，他很注重创新技术的实用性。1853 年，田中久重推出日本首批供车辆和船舶用的蒸汽发动机，日本蒸汽船就此问世，此后得到大规模应用。

1875 年，田中久重已经 76 岁，本是颐养天年的年龄，可他没有停下不断挑战自我的脚步。这一年，他在东京创立田中制造所（东芝公司的前身），以公司的形式继续致力于电信设备的制造和研发。田中制造所创立之初，田中久重的目标非常明确，他希望通过工作给社会带来惊喜的产品，并为改善人们的生活做出贡献。

在日本从一个封建落后的手工业社会转变为开放先进的现代化国家的过程中，田中久重起到非常重要的作用，他在机械、蒸汽乃至电子技术等基本技术方面的创新为日本现代化进程提供了助力，为日本专有技术和制造业的发展指明了方向。

美国著名经济学家亚历山大·格申克龙认为，后进国家利用先进国家的最新技术，所以才能处于有利地位。这种理念拥有很大一批支持者，他们一致认为后来日本经济的腾飞得益于站在美国的肩膀上，巧妙运用欧美先进技术快速崛起。其实，从田中久重的身上我们可以看到日本技术创新的影子，客观来说，后来日本引进外来技术时，从江户时期传承下来的传统技术也一直在发挥重要作用，传统技术与先进技术相互融合、渗透，这才推动日本科学技术日新月异的发展。比如，从法国进口的缫丝机械，与日本的水车驱动技术相结合，实现了日本缫丝业的产业化改革。在日本的铁路、港口和水力发电工程中，都可以看到江户时代城郭和用水工程周密精细的建造技术。

17 世纪中叶以后，随着商人阶层的不断壮大，商会开始出现，商人们抱团发展，影响力也越来越大，尤其是因独特地理位置而成为交易中心的江户、大阪等城市。为了控制各地大名，幕府推行交替参觐制度，各地大名交替到江户参觐。按照规定，大名的家属相当于成为幕府的"人质"，在参觐过程中，一家老小包括家臣的住宿、吃喝、路费等所有费用全部由大名自掏腰包。为了让日子过得舒服点，大名不得不在江户、大阪建立仓储，贩卖他们从领地收来的稻米。各种市场交易盛行，江户、大阪的商业就这样兴旺起来。这个阶段，"近江商人"作为一个独特的群体名扬全国。

刚开始，近江商人大多是"行商"，他们头戴斗笠，身披蓑衣，挑着扁担将物产从一个地方运到另一个地方。后来，因为生意需要，许多近江商人就在江户、大阪、京都等地开设店铺。随着生意扩大，店铺数量不断增加，近江商人逐步从"行商"发展成为"坐商"，一两年才回乡与家人团聚一次。

近江商人"三方好合"的经营理念被誉为江户时代商业伦理思想的集大成者。所谓"三方好合"是指做买卖要做到"卖家满意""买家满意""世间满意"。言下之意，要照顾到供应链上下游、消费者、内部员工等所有利益相关者的回报和幸福。企业如果倒闭了，会给企业的内部员工、股东、顾客、政府等各方面造成负担和困扰，尽量避免这种事态发生是企业经营者的责任。在近江商人的理念中，企业发展的最高目标是永续经营、基业长青，利益最大化反而不是首当其冲的追求。

伊藤忠商事、丸红、高岛屋、武田药品工业等众多百年老店都是近江商人的成功典范，受"三方好合"精神影响，这些企业都稳中有进，支撑日本经济发展。

伊藤忠商事和丸红财团的创始人是伊藤忠兵卫以时，他1842年出生于近江一个做纤维品生意的小商人家庭。15岁时，伊藤忠兵卫以时在大阪、泉州、纪州等地做麻布生意，1872年，他的第一家店铺在大阪市东区顺利开张。

伊藤忠兵卫以时经常说："买卖是菩萨之业，买卖之道，贵在对买卖双方都有利，满足社会需求，合乎佛祖之意。"这就是"三方好合"精神的延伸，意思是除了让买卖双方满意之外，还要为当地经济做贡献，做对社会有利的事情。在这种理念下，伊藤忠兵卫以时制定了"利益三分主义"的制度，即把店铺净利润按照总店利润、分店准备金、店员分红三部分进行分配。在当时封建等级观念还很浓厚的氛围中，这种尊重店员、共享利润的做法非常超前，员工都充满感激。

1893年，在不到十年的时间里，伊藤忠兵卫以时就在大阪市开创第二家店铺（伊藤忠商事的前身）。日本开国之后，伊藤忠兵卫以时抓住机遇，及时扩大业务范围，从中国进口棉花、丝绸、布匹等，这些产品很受欢迎，伊藤忠商事的事业版图就此全面铺开，商品种类和范围不断扩大。经过一个半世纪的成长，其影响扩大到从产业链上游到下游、从原料到零售的各个方面，企业性质也逐步发展成为综合商社，进而成长为国际型综合企业。在这个过程中，不管时代和社会如何变化，伊藤忠兵卫以时倡导的"利益三分主义"制度一直贯穿于企业的整个发展过程中。

值得赘述的是，在江户时代，日本逐渐显现出终身雇佣制的雏形，这种就业制度对日本近代经济发展具有巨大推动作用。美国环太平洋研究所所长弗兰克·吉伯尼在《设计的奇迹》一书中写道："在日本，半封建的家族企业制度直接移植到现代资本主义社会。年功序列制和终身雇佣制的思想发源于江户时代，店员独立经营企业作为母公司的子公司或分店的思想也发源于这个时代。"日本评论家山本七平也有类似观点："日本的雇佣方式，自从江户时代以来，无论大正时代的中小企业，还是战后的大企业，其本质并无变化。"

到江户末期，日本商业、经济得到前所未有的发展。企业规模不断扩大，很多商家面临劳动力不足的问题，他们开始在家庭之外寻找帮手，通过熟人或者亲戚介绍的形式，雇佣十几岁的男子常住家中做杂役，食宿由主家负担，除盂兰节和过年时发些服装和零用钱外，没有任何报酬。这就是江户时期非常风靡的丁稚奉公制度。

丁稚就是伙计、学徒，他们把所有时间都卖给主家，工作时间需要负责店铺内以及主家家中的杂务，闲暇时间还要接受读书、写字、珠算等培训，主家则承担他们日常生活的全部花销，但是不用支付工钱。丁稚勤快、诚实，如果没有显著的缺点，一般在五六年后都可以升格为手代。手代的意思是伙计、店员，他会被主家视为正式店员，可以接触实际的店面工作，并从主家获得部分工钱。受主家赏识的手代，在经过一定时间的工作历练之后，积累起充足的社会经验，可以继续做管家、大管家，他们在家政、经营等方面有更大的权限，还会得到工钱之外的红利等报酬，每隔几年会有一次加薪，收入保持稳定增长。在日本，很多知名企业家都是从学徒成长起来的。

在"丁稚奉公制度"中，雇佣者与被雇佣者之间形成一种泛家庭的关系，忠诚度很高，人员很稳定，其中涉及年功序列、内部培训等做法，后来松下幸之助等企业家宣扬的终身雇佣制与此非常相近。

在江户时期，富于体系化的商业伦理思想开始慢慢成熟，最直接的表现是在各家企业的家规和家训中体现商人的行为准则和品质素养。尽管每家企业家规各不相同，但有些内容基本一致，比如奉公、体面、分限、始末、算用和才觉。奉公就是对主家要忠诚、恭敬；体面是指要正直、诚实、进退得体；分限是指内心要知足常乐；始末的意思是要勤俭，不肆意挥霍；算用要求账目清晰，亲兄弟明算账；才觉是不要一门心思走捷径，要踏踏实实地做事。

一些变化正在日本国内外悄然发生。早在丰臣秀吉时代，日本政府就认为西班牙的教会思想蛊惑人心，不利于国内政治稳定，对外贸易对日本经济有很大冲击。为避免日本被殖民，防止西方思想传入，1624 年，日本与西班牙绝交，同时禁止船只往来日本及菲律宾之间。1633 年，日本政府颁布锁国令，已出国的日本人不准再回国。1639 年，日本进一步颁行锁国令，禁止日本商人与葡萄牙有任何贸易关系，只允许与荷兰人和中国人进行贸易，并且贸易地点只限长崎出岛，其他国家一律拒绝来往，如有发现以"通敌叛国"罪论处。德川幕府的闭关锁国政策非常严苛，执行得极其彻底。1837 年，美国商船"马礼逊号"载着 7 名遇难日本船民行驶到江户湾，他们与日本政府对话，希望能送回船民，结果日本政府直接炮轰，"马礼逊号"仓皇逃跑，7 名日本难民只能望着近在咫尺的家乡落泪。

19 世纪上半期，当日本在闭关锁国政策下局限于东北亚一隅时，世界局势正发生剧变，英、法、俄、美等国家成为新的全球经济秩序主导者。1853 年 7 月，"黑船事件"逼迫日本开国，闭关锁国时代就此结束。日本近代著名思想家福泽谕吉写道："美国人跨海而来，仿佛在我国人民的心头上燃起了一把烈火，这把烈火一经燃烧起来便不会熄灭。"

在这次被迫开国的过程中，幕府为了避免承担"卖国"的骂名，要求以天皇的名义缔约，并且邀请各大名、藩士、学者甚至平民都参与到"开国"一事的讨论中来。然而没想到的是，以天皇为首，朝臣、大名及其家臣联合起来，趁机调转枪口，一致反对幕府统治。幕府的形势陡转直下，末日将至。

开国之后，日本商人在炮火中看到与世界的差距，也找到雪耻的动力。志存高远的商人正积聚力量，准备大干一场。

第2章
政商合谋

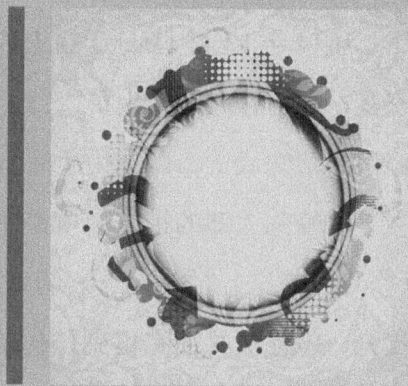

18世纪下半叶，日本乡村集镇开始出现资本主义萌芽，一大批"豪农豪商"成为新兴阶层，他们既是地主和富农，又兼营工商业。在大名财政捉襟见肘的情况下，依附大名生存的广大下级武士生活陷入困顿，不得不典当财物，直至变卖随身武器。还有不少人放下武士的尊严，改行去做教师、医生，甚至去做他们眼中原本最低下的"商人"。商人不再受鄙视，而是成为社会的精英阶层，原先牢固森严的等级制度被破坏，动荡一触即发。

1868年，倒幕运动和复辟势力取得成功，明治天皇掌权，建立新政府，武士和大名的权力被剥夺，他们只能从政府领取俸禄维持生计，士农工商的社会等级阶层不复存在，但严格的等级制度仍未消除，日本开始形成以天皇、天皇亲信以及天皇特别任命的官员为核心的中央集权格局。在这种形势下，商人阶层只能选择与政府保持紧密关系，甚至附庸，官商成为主流。

1834 年 12 月 11 日，在土佐国安艺郡井口村一个普通的"地下浪人"家庭，岩崎弥太郎出生了。"地下浪人"就是那些离开主人失去封禄到处流浪的落魄武士，以及为生活所迫而失去武士头衔的人。

岩崎弥太郎的祖先原本是平民，经过多年苦心经营才得到一个乡士（乡居的武士）的地位，岩崎家族由此从平民晋升到武士。地位虽然得到提升，但他们并没有得到任何物质上的实惠。到了岩崎弥太郎祖父这一代，岩崎氏家道中落，日子实在过不下去了，就把乡士的身份转手卖掉，就这样成为"地下浪人"。岩崎弥太郎见证过武士家族的荣耀，也经历过跌落社会最底层的辛酸，所以他从小就对由等级带来的歧视和冷遇异常敏感，屈辱、痛苦、卑贱的社会下层生活让岩崎弥太郎对现状极其不满，他急切地期望改变，刻苦学习是唯一的路途，他孜孜不倦地汲取各种知识。

1855 年年底，正在江户勤奋求学的岩崎弥太郎得知一个噩耗：父亲被关进监狱。父亲因为一件小事得罪村长遭到报复，强加给父亲一个"莫须有"的罪名。了解真相后，岩崎弥太郎火速赶回家为父申冤，他不知道的是，村长早把郡奉行所官员上下打点一番。岩崎弥太郎满腹怨恨，无处发泄，就在奉行所门口的柱子上写下"无贿不成官，罪由喜恶判定"的控诉之言。奉行官一怒将其逮捕下狱，刑期一年。

身陷囹圄的岩崎弥太郎深切地感受到社会的不公，他慢慢明白要想改变命运，就不能跟当政者对着干，而应顺势而为。出狱之后，岩崎弥太郎立即托朋友买回被祖父卖掉的乡士身份。

有一天，岩崎弥太郎与弟弟弥之助在安芝河钓鱼，弥太郎突然来了灵感：漫长的河岸空空如也，太浪费了。如果能在河岸上筑堤，拦河造田，一方面能为河岸筑起一道防线，另一方面，河岸两边水源充足、土质肥沃，撒下种子，来年一定能获得大丰收，这可是一举两得的好事。因为有"乡士"身份，岩崎弥太郎又动用一些关系，拦河造田的申请方案终于获得政府批准。1864 年，岩崎弥太郎的拦河造田工程首战告捷，河岸两边几百公亩的田产转化成丰厚的收入。而且，他还由此进入仕途，因造田有功被任命为高知城奉行所的下级官员。这个官职很低微，却改变了岩崎弥太郎的人生走向，他因此邂逅了影响一生的贵人。

岩崎弥太郎当官后不久，土佐藩的武士后藤象二郎控制了高知的政权，成为岩崎弥太郎的直属领导。1866 年，后藤象二郎创办一家商馆——"开成馆"，此地是土佐藩的直营上馆，他们将藩内的产物，比如纸、樟脑、砂糖、茶、柴鱼等贩卖到其他地方，赚取差价。作为"国企"，"开成馆"所赚取的利润全部用于购买武器，以增强土佐藩的军事战斗力。后藤象二郎对"开成馆"极其重视，对身为"开成馆"货殖局下级官员的岩崎弥太郎也多了几分关注。后来，"开成馆"的分馆"土佐商会"经营出现问题，因为与外国商会发生纠纷，"土佐商会"欠下许多债务，后藤象二郎将岩崎弥太郎破格提拔为"土佐商会"负责人，后者不负众望，很快就将"土佐商会"转亏为盈。然而，长崎"土佐商会"在战乱中被烧毁，后藤象二郎就将岩崎弥太郎调到"开成馆"的总部"大阪商会"，并任命他为代理干事。岩崎弥太郎因祸得福，快速成长为"开成馆"的领军人物。

1870 年，明治维新政府认为藩营事业的存在会制约民间企业的发展，决定废止藩营事业，也就是推行"国有企业改革"，将国营企业改为民营。后藤象二郎因为在倒幕运动中表现活跃，已经升任为新政府的参议，相当于副首相，是屈指可数的几位最高决策者之一。废止藩营事业的政策出来之后，后藤象二郎第一时间通知了岩崎弥太郎。

岩崎弥太郎火速参见后藤象二郎。

后藤象二郎开门见山："你想把商会这个盘子接下来吗？"

"想啊，可是我没有钱呢！"岩崎弥太郎说出苦衷。

后藤象二郎鼓励道："没钱政府可以先借你，而且，为了鼓励民间资本的发展，政府不会要高价的。"

就这样，岩崎弥太郎凭人脉和威望获得优先购买权，将企业命名为"九十九商会"。经过两三年整顿。1873 年 3 月，岩崎弥太郎正式宣布隶属于他个人的"三菱商会"成立。三菱商会拥有"开成馆"原先的所有财产，包括 6 艘汽船、2 艘拖船，帆船、库船、脚船各 1 艘。除此之外，开成馆之前所有的经营项目也由三菱商会接管，其中包括大阪到东京、神户到高知的海上运输业。

就这样，岩崎弥太郎脱下官服，专心经营三菱，并确定"以在野之身，任意做官方办不到的事情"的经营宗旨，讲究信誉，重视顾客需求，积极为顾客、货船服务。同时，他还发布三菱的 LOGO——土佐藩主山内家族的三叶柏纹加上岩崎家族的三层菱纹融合为一体，隐隐预示着三菱与政府的关系：盘根错节，互为助力。

维新政府上台之后进行了一系列变革，其中之一就是统一货币，这就需要政府收购各藩所发行的藩札。每次变革必然会遭到既得利益者的阻扰和反抗，各藩所都不愿把藩札交上来。在"统一货币"的政策披露之前，后藤象二郎找到岩崎弥太郎，不经意地透露出重要消息："过几天，政府会高价收购藩札。"岩崎弥太郎回家后，立刻拿出手上的钱全部购买藩札。果然，几天后，维新政府以 3 倍的价格收购藩札，有些投机者本想"坐地起价"，没想到岩崎弥太郎一下甩出一大笔藩札出来，其他人只能跟着出售。维新政府顺利收回旧货币，岩崎弥太郎也通过此次投机获利颇丰。

在三菱发展初期，这种政助商、商资政的政商联盟关系非常明显，这也成为三菱财阀迅速崛起的公开秘密。

1873 年年底，明治政府内部发生政变，大隈重信出任大藏大臣，大久保利通被任命为内阁大臣，以两人为核心的文官势力大增，而武将遭到排挤，乃至放逐。岩崎弥太郎一直以来与文官的交往极其密切，而当时的商业大佬三井家族则与武将关系密切，文官得势为岩崎弥太郎创造出抢夺市场的机遇。

1874 年，日本出兵侵略中国的台湾。得知这个消息，岩崎弥太郎第一时间积极地向大久保利通毛遂自荐，请求承揽一切军需输送工作。其实，这项工作的最佳人选原本是在海运上建立广泛影响力的三井财阀，只不过，大久保利通绝对不会启用政敌。果然，明治政府出资 771 万日元购买 13 艘汽船，全部借给岩崎弥太郎运营，三菱的海运事业就此开始。

1877 年，西乡隆盛不甘心幕府时代就这样结束，他组织一支武装力量发起暴动。明治政府迅速组织兵力"镇压"，西南战争爆发。

萨摩位于日本西南角，而明治政府首府东京位于中部偏东的位置，明治政府派兵需要跨越大半个日本，物资运输成为头等大事。大久保利通、大隈重信、后藤象二郎等召开紧急会议商讨，决定由三菱商社全面协助军事运输，而且政策特别优待。首先，政府以 15 年分期贷款偿还的方式借给岩崎弥太郎 345 万日元，用以购买船只，并向他许诺，战后这些船将全数送给三菱。这只是第一笔费用，后来根据战争需要，政府又陆续加大投入，在西南战争的 8 个月期间，政府在船运上总共花费 1 300 万日元，岩崎弥太郎收益丰厚。

西南战争结束后，三菱拥有的汽船数量激增到 61 艘，运量高达 35 464 吨，占到全日本汽船总吨数的 73%，成为名副其实的"海上霸主"。岩崎弥太郎围绕汽船运输增加海上保险、仓储、汇兑等业务，利润呈现几倍、几十倍的增长。

在政府的支持下，岩崎弥太郎几乎垄断日本的海运事业。然而政局瞬息万变，1881 年，大隈重信遭到反对派的排挤而下台。随后，大久保利通被暗杀，岩崎弥太郎失去政府内部的两大支柱，商运大不如前。农商大臣西乡从道公开指责岩崎弥太郎独霸海运事业是一种垄断行为，批评其为"国之窃贼"。此时，与三井家族交往甚密的井上、同县及伊藤等长州人物开始掌权，三井财阀虎视眈眈想夺回海运霸权，与三菱财阀展开激烈竞争，客源抢夺战、价格战、品牌战等商战争夺此起彼伏。

到 1884 年年末，日本经济不景气的颓势越来越严重，公司、银行一家接一家倒闭，内耗成为日本经济下行最主要的原因。好在三菱财阀与三井财阀背后的政治人物关系有所缓解，两家公司不再针锋相对。也就在 1884 年，日本明治政府将本国最大的造船企业长崎造船所租借给私营企业家岩崎弥太郎经营，要知道，1870 年时后者不过是只有三条小船的小个体户，但明治政府却将 13 艘轮船和海上军事运输业务委托给他经营，一年后干脆将这 13 条船送给他，每年还拨付经营补偿费，此后政府又从邮政轮船公司购买 18 条轮船无偿交给他经营。直到 1887 年，岩崎弥太郎以 9.1 万日元完全买下长崎造船所，这家企业便是后来享誉全球的三菱株式会社。

只不过，岩崎弥太郎已病入膏肓，他无法再在商业舞台上呼风唤雨，也无缘得见长崎造船所归其家族所有。1885 年 2 月 7 日，在三菱财阀和三井财阀正式签订和解协议的第三天，岩崎弥太郎带着无限遗恨闭上眼睛，与世长辞。

那是一个英雄辈出的时代，许多名重一时的企业家都是穷苦出身，白手起家，历经坎坷和磨难，通过与政府官员建立亲密联系，借助时局变化和经济政策迅速创富。安田善次郎就是这样的成功典范，草根创业，靠政商合谋飞黄腾达。

1838 年，安田善次郎出生于一户农民家庭，他从小就喜欢读书，在阅读中领略宽广世界，视野跨过自小生活的乡村。看着父亲每天在地里辛勤耕作，几十年来生活却没有多大改观，安田善次郎从小就立下志向："我一定要改变命运。"

16 岁那年，安田善次郎不顾父母的阻拦，告别家乡，来到江户打拼。刚开始他在一家澡堂给人搓背，后来经人介绍进入一家海产品店卖海苔和鱿鱼，再后来成为一家玩具店的学徒，每天挑着担子给经销商送玩具。工作虽然辛苦，可大城市的生活让他感觉很新鲜，也就不觉得累。安田善次郎还主动帮老板打扫店铺，招待客人，在玩具店一干就是三年。

随着经验和阅历日渐丰富，安田善次郎觉得当学徒、打零工不是长久之计。一个偶然的机会，他路过一家银两兑换店，看到店铺的门上贴出一张广告——招纳有力气的男子。安田善次郎觉得机会来了，虽然是卖力气的苦力活儿，可他认为银两兑换是个十分有前途的行业，通过这扇窗口可以窥探金融的奥秘。

在银两兑换店，安田善次郎每天都要拉着沉甸甸的板车满街跑，寻找需要兑换货币的客户。不过，他每天过得都很充实，如饥似渴地学习银两兑换知识。三年之后，安田善次郎学有所成，他再次打破安稳的生活，拿着多年积攒下来的三两银子创业。

创业并不容易，安田善次郎先倒卖烟盒，后来贩卖鱿鱼，还在街头摆摊给来往行人兑换货币，通过这些小买卖积累资本。他生活非常节俭，把辛勤打拼赚取的收益都积攒起来。1864 年，安田善次郎创办"安田屋"，专门从事银两兑换业务。

德川幕府末期，日本的货币非常混乱，武士为了显示特殊身份常用金币，商人为了交易便利常用银币，外国人使用西方货币……货币不统一，需要有银两兑换商来进行兑换，从中赚取少得可怜的手续费，这是一份辛苦钱，可安田善次郎却乐此不疲。"你需要兑换货币吗?"他每天都不厌其烦的重复同一句话。

1868 年，明治政府成立，百废待兴，经济尚未恢复，支出却十分庞杂，日子过得拮据。为了解决这个问题，明治政府发行一种名叫作"太政官札"的纸币，以新的纸币来换真金白银。为了保证"太政官札"顺利流通，新政府采取一系列威逼利诱的措施，但是新货币的发行仍然阻力重重，毫无成效。政权更迭，社会各界对新政府能否顺利执政充满怀疑，对没有黄金储备支撑的"太政官札"也缺乏信心，民间流传批评之声："它的价值跟草纸一样，甚至还不如草纸。"

"太政官札"推行缓慢，明治政府很着急，召集东京（明治维新后，江户改名为东京）、大阪各地的银两兑换商继续施压："太政官札对我国经济的发展有重大意义，大家都有义务负担起它的发行。"按照当时的市场价值，100 两太政官札只能兑换 38 两旧金币，而明治政府却希望能以1:1 的汇率来发行，对于商人而言这必然是亏本买卖，纷纷拒绝。然而，毫不起眼的安田善次郎却主动站出来："我会按照政府的安排发行规定数量的太政官札。"

安田善次郎的想法很坚定：他一直按部就班地做小生意，如果没有一点特立独行的突破，只能像在农地里耕种的父亲一样，日复一日，入不敷出。现在机会来了，他宁愿赌一把，赌赢了，事业将迎来大突破；赌输了，大不了从头再来。

在承接了政府规定的数额之外，安田善次郎还把所有的资金全部拿出来购买"太政官札"。本来明治政府对这个小兑换商并不在意，没想到他如此忠诚，值得信任，在政策推行最困难的时候打破僵局。两年之后，德川幕府彻底灭亡，明治政府的地位稳定下来，经济不断好转，太政官札的价值一路飙升，和金币的兑换比率很快就达到 1∶1 的汇率，创造了当时的成长奇迹。安田善次郎名利双收，不仅财产迅速积累，还担任银两兑换行业协会会长。

1879 年，在政府支持下，安田善次郎以原有的钱庄为基础，以个人名义创办安田银行，后来又逐步向纺织、建筑、铁路交通等多个领域扩展，安田财阀的规模不断壮大。

改变日本商业走向的事情发生在 1885 年，明治政府在这一年颁布专利特许条例，从法律上保障创造发明者的利益，崇尚科技发明的社会风气无疑为创业者提供了肥沃土壤。据估算，明治政府当时财政支出的 1/5 都用于兴办企业，其时一名外籍专家的月薪可高达 2 000 日元，而政府官员的俸禄还不及其 1/3。明治维新启蒙者福泽谕吉认为："政府若为了富国，就认为可以做任何事情，与人民从事相同的寻常事业，甚至与人民竞争工商之成败，其弊极矣。"

为了鼓励民众学习西方经验，明治天皇带头吃牛肉，官员穿上燕尾服，东京建起欧式洋房，白天电车穿行，夜晚煤气灯照明，公历取代农历，元旦取代春节。在如此开明思想的润泽下，从 1884 年年末到 1892 年，日本的股份公司由 2 392 家增加到 5 444 家，资金总额由 1 亿日元攀升到 2.8 亿亿元，蓬勃之势可谓惊人。显然，明治维新的光辉不只温暖了企业界，到 1910 年，日本 95% 以上的男子、90% 以上的女子都接受过教育，而其与英国的铁路里程差距已从明治维新初期的 1 000 倍缩小到不足 4 倍。

在时代变革的浪潮中，日本经济快速发展，一批新生代企业家在商业舞台上崭露头角。

1854 年 8 月 13 日，中上川彦次郎出生在一个普通藩士家庭，受家庭环境影响，从小就对欧洲很感兴趣。中上川彦次郎的舅舅福泽谕吉是日本近代史上著名的思想家、哲学家、教育家，被誉为"明治三杰之一"。福泽谕吉的头像如今被印在日元面值一万元的纸币上，被后世膜拜敬仰。15 岁时，中上川彦次郎在福泽谕吉创办的庆应义塾读书，接受基础教育，两年后被送到九州的一所新式学校担任教师。三年之后，他又在福泽谕吉的全力资助下去英国伦敦留学，视野更加开阔，而且在留学期间结识明治维新元勋、九元老之一井上馨。

井上馨当时被政府公派到欧洲考察，抵达英国之后，他想找一位精通英语并具备金融、财政知识的人协助，中上川彦次郎由此进入他的视线，被聘为贴身秘书。此后中上川彦次郎平步青云，26 岁就做到公信局长的位置。虽然中上川彦次郎少年得志，才华横溢，可仕途并非一帆风顺。由于为人耿直，他在同僚中很受排挤，后来随着井上馨的政治影响力下降，中上川彦次郎的处境就更为艰难，郁郁不得志。

1891 年，中上川彦次郎终于等来人生的重大机会。一直以来，三井银行与明治政府都保持紧密联系，三井银行一半以上的存款是明治政府的官方资金，而且为政府官员提供很多贷款。现在，明治政府想收回存放在三井银行的官方资金，可三井银行有将近 10% 的政府官员贷款形成坏账，如果拿出这笔钱将陷入资金链断裂的境地，很有可能倒闭。三井银行把皮球踢给政府：如果倒闭政府利益将无法保证。明治政府把这个难题交给井上馨解决，后者找到中上川彦次郎接掌三井银行。

一直以来，中上川彦次郎都未获重用，现在他终于可以独当一面，施展才华。上任伊始，他制定三项重要方针：大量任用新式学校毕业生，提高工作人员薪水；清理不良贷款，偿还官方托管资金，与官方划清界限；进军工业领域，全面发展。经过改革，三井银行将经营重点从为官方服务开始转向为民间服务，退掉官方托管资金，砍掉在全国各地用处不大的分行、出差所，陆续收回大量坏账。

1888 年，三井财阀从政府手中廉价购入三池煤矿，1892 年成立三井矿山公司。中上川彦次郎的改革之风迅疾而猛烈，他撤销三井全族与家业之统辖机构"大元方"，以同族会议理事会为核心，建立工业、土地两部和银行、矿山、物产三公司的所谓"两部三社制"。此后。三井财阀不断扩大产业领域，进入纺织业、采矿业和机械制造业等行业。

雷霆手段最终为中上川彦次郎个人招致祸患。1893 年，中上川彦次郎制定出一条拒绝给高官贷款的政策，虽说初衷是为了减少不良贷款，却触犯官员群体的利益。有一次，日本首相伊藤博文向三井银行提出借贷要求，中上川彦次郎毫不犹豫地拒绝，此举遭到官方强烈打压，暴风骤雨席卷而来。

政府先在媒体上大量披露中上川彦次郎的不良作风，有人举报他带领三井银行进行不正当经营。没想到，一直支持他的井上馨也站到对立面，他彻底陷入孤立无援的境地。同时，后院起火，三井银行内部一致认为中上川彦次郎严重影响企业形象，要求撤换。在内忧外患的双重夹击之下，中上川彦次郎急火攻心，大病一场。生病期间，三井银行高层一致通过剥夺中上川彦次郎全部领导权和管理权的决议，中上川彦次郎倍受打击，身心俱损。1901 年 10 月 7 日，中上川彦次郎如枯灯熬油，抑郁而终。

中上川彦次郎的人生起步于结识政府官员井上馨，转折点也在于触动高官利益，得罪权贵，遭到井上馨的抛弃背离，真可谓"成也萧何，败也萧何"。但不可否认的是，中上川彦次郎通过强硬的变革手段，将西方先进理论应用于日本金融业，促进了日本金融的现代化进程，也把濒临倒闭的三井银行带入一个全新的发展新纪元。也正因此，后世将中上川彦次郎称为"三井中兴之祖"。

明治维新开启了日本现代商业的新篇章，日后称雄全球的企业在此间如雨后春笋般遍地生长。除了政府的改革动力与政策扶持，当世所有日本企业家都应该感谢"日本现代企业之父"涩泽荣一。

1840 年，涩泽荣一出生在日本崎玉县，家境富裕，自小就受到健全而系统的儒学教育，这对他后来的商业思想形成深远影响。1858 年，涩泽荣一正处在 18 岁的热血年龄，恰好赶上日本剧烈的政变。日本的近江彦根藩主、江户幕府末期的大佬井伊直弼在没有得到天皇同意的前提下，擅自签订《日美友好通商条约》，自此，政治运动的火焰如燎原般蔓延开来，"尊王攘夷"开始成为仁人志士的冲锋号角。作为一名有理想、有抱负的热血青年，涩泽荣一积极投身于"倒幕攘夷"的运动中。

因为有知识、有激情，涩泽荣一被当地反抗组织推举为领袖人物，他的组织能力、管理能力得到很好的锻炼，也结识了很多有权势、有能力的人。1863 年，涩泽荣一联合几位志士，准备举行一场轰轰烈烈的暴动，结果因走漏风声被强行镇压，涩泽荣一侥幸逃脱，远走他乡。此后，涩泽荣一以武士身份进入一桥庆喜家做家臣，并深受器重。1866 年，一桥庆喜改名德川庆喜，继任将军之职，成为德川幕府第 15 代将军，涩泽荣一的人生随之迎来焕然一新的大格局。

1867 年 1 月，德川庆喜上台后不久，德川幕府接到法国邀请，法国要举行一个万国博览会，诚邀各国参加。德川庆喜是一个主张效仿欧美的改革派人物，支持"以夷为师"的发展路线，他认为这是一个展示日本风采、向外国学习的绝佳机会，于是积极派遣考察访问团出访，涩泽荣一是考察团成员之一。

站在异国的土地上，呼吸完全不同的空气，涩泽荣一深受震惊。西方先进的工业文明带给人们生活上的富足、便利，让涩泽荣一深刻意识到工商业发展对一个国家的重要性，他废寝忘食地学习经营、管理方面的知识，内容涉及银行、铁路、股票交易以及公债等。同时，他认为整个社会轻视商业、商人地位低下的传统对日本经济发展非常不利。

1868 年 11 月，在欧洲考察、访问将近两年之后，涩泽荣一学成归来，可惜国内的局面已人事皆非：在上半年的戊辰战争中，倒幕派获得全面胜利，德川庆喜被迫退位，困居在静冈，原来的故交、同僚在战争中大多遭遇不测。后来，被誉为"日本经营之神"的松下幸之助对此评价："德川庆喜之所以伟大，就是因为他能顾全民众的将来与国家的发展，坦然从权倾一国的至尊之位引退，使德川家族与平民并齐，归于平淡，却引导出一个更辉煌雄伟的日本。"

涩泽荣一见到落魄的德川庆喜，主仆两人抱头痛哭。看到一直尊敬的人落魄潦倒，涩泽荣一十分痛心，他立志要通过所学之长帮助家主改变困境。涩泽荣一利用从法国学到的股份公司制度，做起集资、投资生意，因为稳、准、狠的投资风格，几次倒手之后，原始资金就增长几倍、几十倍。他还创办一家从事农业肥料和大米买卖的企业，生意兴隆，他的才华和能力在商场得以发挥，很快就成为远近闻名的企业家。

此时明治政府正处于大力发展经济的关键时期，听说涩泽荣一短短几个月就让德川庆喜摆脱捉襟见肘的困境，大藏卿大隈重信格外欣赏，三顾茅庐，邀请涩泽荣一从政为官。涩泽荣一重情重义，明治政府是把家主德川庆喜赶下台的仇人，他毫不留情地拒绝了。没想到德川庆喜却好言相劝："你觉得怎样做才是利国利民的呢？你有满腹富国富民的才能却因为我个人的私怨而埋没了，这不是陷我于不忠不义吗？"涩泽荣一茅塞顿开，决定出山。

大隈重信在大藏省设立一个体制改革研究所，涩泽荣一出任所长，直接参与所有重大经济政策的研讨和制定。在欧洲考察期间，涩泽荣一曾拜访银行家弗罗里·赫拉尔特等人，向他们请教了包括金融、铁路、公债等经济体制方面的问题；他还曾考察欧洲各国的工厂，包括军工兵器厂、钢铁厂、机车制造厂、造币厂等；他还研究了欧洲拥有而日本缺乏的社会设施，如报社、博物馆、银行等。他把这些先进制度灵活应用到日本货币制度改革、废藩置县、发行公债、地租改革、设立银行等方面，让所有人都佩服得五体投地，原来那些对他冷嘲热讽的反对者都好评如潮："涩泽的才能远非我们所能及，确实是个难得的人才。"涩泽荣一以卓越的工作成就赢得同仁的尊敬和认可，在体制改革研究所的地位无人可以撼动。

明治政府的各种经济体制逐步建立起来，一切似乎进入正常发展的轨道，可涩泽荣一却有忧思。改革的蓝图已初步确立，日本社会将进入发展阶段，自己作为体制改革研究所所长就没有太大存在价值。此时涩泽荣一已经做到大藏大丞这个一人之下万人之上的职位，又兼任造币头和大藏少辅（相当于现在的次官）等多个职，他却有些无奈，心事重重。

早在欧洲考察时，涩泽荣一就一次又一次设想如何提升工商业的社会地位，吸引更多优秀人才投身工商业；如何发展日本工商业，让日本跟上欧洲的步伐。可回国之后，他发现日本已发生政权更迭，借德川庆喜将军之力推动工商业发展的规划已无法实现，只好退而求其次，参加明治新政府的体制建设，成效卓著，可发展工商业的计划却一直没有得到设施。

1872 年，涩泽荣一毅然辞去所有官职，下海经商，身体力行推动工商业发展，提升商人地位。很多朋友、同僚都不理解："这不是自甘堕落吗？"对此，涩泽荣一很坚定："如果说有为之人都愿当官，而平庸之辈才甘于从事工商的话，那么国家的进步与发展是不会有希望的。在我看来，平庸之辈虽可为官，而非英俊之才则不能从事工商。"他想以此告诉世人：唯有商人才能振兴日本，只有扭转根深蒂固的"商人为贱"观念日本才有未来。

涩泽荣一"实业救国"的第一步是创办第一国立银行，这是日本第一家近代金融机构。在日本，"银行"这个词由涩泽荣一创造，此前人们对银行一无所知，业务很难开展。第一国立银行的主要职能是发行纸币，负责政府资金的出纳，按照政府的指示收买公债证书和兑换，其实就是政府的银库。

这并非涩泽荣一创办第一国立银行的初衷，他决定改变局面。首先，他积极参与一些企业的创办，比如王子造纸会社、东京铁道会社、东京瓦斯局等，为他们提供资金，出谋划策；其次，他选中一些对国计民生具有积极影响的产业，想尽办法帮助他们筹集资金。涩泽荣一的实业范围逐渐扩展开来，旗下企业涉及海运、造船、铁路、纺织、啤酒、化学肥料、矿山等领域，形成一个规模庞大的企业群，涩泽荣一也因此赢得"近代日本资本主义之父""日本实业之父""日本产业经济界的最高指导者"等诸多称号。

1910 年 3 月 16 日是涩泽荣一 70 岁寿辰，某位企业家赠送的四件礼物令他倍感欣慰：象征西方文化的绅士帽、蕴含武士精神的武士刀、代表商业活动的算盘、意味伦理道德的《论语》，这四件物品简明精准地道尽了他的毕生追求。日本积弊已久的权力本位和轻商文化令这位心怀天下的长者鼓足勇气，为日本传统文化和西方现代思想之间搭建一座桥梁。

历时六年，《论语与算盘》于 1916 年顺利出版，为最大范围传播其思想，涩泽荣一将售价定为 1 日元，顿时读者如潮，举国争相讨论，并被日本企业界奉为圣经。涩泽荣一认为：经商并非为了个人私利，而是为了社会进步，它不但与人格理想和道德伦理并无冲突，而且是实现理想的最佳途径，可谓私利能生公益，公益即私利。这本书改变了日本国民的价值观，赋予商业更高的意义，商人日渐受人尊重。

经过一系列改革，明治维新让日本顺利完成封建主义社会到资本主义社会的过渡，并且保持日本的民族独立，成为亚洲唯——个没有沦为半殖民地的国家。相反，日本迅速走上侵略和压迫其他民族的道路，尤其是在确定"富国强兵"的国策后，日本朝野积极准备"对外侵略"。

1894 年 8 月 1 日，日本正式对清政府宣战。同一天，日本财界宣布报国会正式成立，涩泽荣一在各大媒体发表演说："只有以勤俭济军费，方可保全我大日本帝国之权利……愿四千万同胞奋起赞同之，以表忠君爱国之至诚。"他以财经界带头人的身份号召国民与军界、政界统一路线，共同行动。在涩泽荣一、三井八郎右卫门、岩崎久弥等人倡导下，日本各界积极参与，筹措战争经费，掀起"义捐运动"：开银行的捐钱，卖药的送药，制造军火的捐军火，搞海运的无偿提供船只……

三天之后，日本总理大臣伊藤博文召见涩泽荣一，询问"报国会"的近况，涩泽荣一激动地汇报捐赠情况。

伊藤博文边听边点头："政府感激你们的支持，你们的忠君爱国之举可昭日月。"紧接着，伊藤博文话锋一转，"战场上，战机稍逊即逝，在筹款这件事上，也容不得有任何懈怠，时间长了，国民的斗志就弱了，如果再有一些不利的因素，国民的热情很可能会受到打击，那对我们的整体战争形势是极其不利的。"

涩泽荣一静气凝神，一脸严肃地问："报国会的工作的确需要调整，您这边有什么好的建议吗？我们一定会配合政府的行动。"

伊藤博文这才说出会谈重点："政府决定发行 5 000 万日元军事公债，你看行吗？"

涩泽荣一坚定地点了点头："您就等着我的好消息吧！"

5 000 万日元在当时绝对算一笔巨款，涩泽荣一的"第一国立银行"全部资产也不过几十万日元。他立即号召同盟银行积极认购军事公债：第十五银行、第三银行、第十二银行、第十三银行等纷纷落实认购指标，其他工商业者也不愿被指责"不爱国、不积极",争先恐后认购军事公债。

形势陡转直下,战事一触即发,商人一旦被推上战车,福祸兴衰已无法自控。商人借助政府力量以战争开路,一方面掌握中国等周边国家的经济命脉,另一方面通过掠夺殖民地资源为本国农业、工业发展提供原材料,日本在建立近代国家后不过半个世纪,就迅速成为亚洲最强大的帝国主义国家。身处其中的日本商人顺应大势,利用一切资源快速发展。他们都品尝到战争的甜头,同样也会自吞苦果。

战争是一剂令人亢奋的毒药,在随后的对外侵略和扩张中,日本政府和商人们都将深刻体会到战争的残酷无情,并且深受其害。

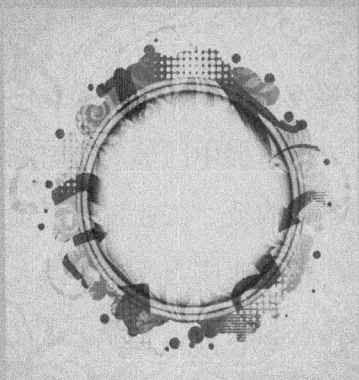

第3章

从发明家到企业家

从 1870 年到 1915 年，日本的经济增长率为 3.6%，位居世界第二，比当时经济增长最快的美国只少了一个百分点。究其原因，除了日本对外侵略扩张迅速积累财富之外，对技术创新的重视也不容忽视。

改变日本商业走向的事情发生在 1890 年，明治政府在这一年颁布专利特许条例，对创造发明者的生存环境在政治、法律、经济制度等各方面进行保护，如规定私有财产神圣不可侵犯的法，保护企业利益的专利法和公司法等，这无疑为创业者提供最有力的政策支持和法律保障。在当时明治这种革故鼎新、富国强民的风气倡导下，日本发明家都在各自领域迎来人生的辉煌时刻。

像电影《贫民窟里的百万富翁》故事情节一样，1867 年 3 月 19 日，丰田佐吉出生于静冈县湖西市一户农民家庭，父亲丰田伊吉在耕种之余会点木匠活儿。第二年，日本第 124 位天皇——明治天皇重回权力中心，在丰田佐吉过完周岁还不到一个月的 4 月 15 日，天皇颁布《五条誓文》，这是一部旨在变法图强的总纲领，日本由此进入新时代。尽管幼年的丰田佐吉尚难体会国家变革对民众的福祉何在，毕竟他 13 岁小学毕业就跟着父亲学木工，难言幸福，但几年之后，他将明白生逢其时是人生何等幸事。

1880 年，日本引进新英式纺织机之后，纺织工业得以迅猛发展，而自由贸易又催生丝绸业的蓬勃发展。在 1871—1905 年，清政府一直排名第一，1906 年就易主日本，后者的"每马士丝"取代中国湖州的"辑里丝"成为亚洲最畅销的细丝。静冈县盛产木棉，织布是大多数家庭的重要生活来源，丰田佐吉自幼就不忍心看到母亲弯腰躬身辛苦织布，觉得这种效率低的工作方式值得改进，精通木工的父亲为何不对织机做些改良呢？23 岁那年，小木匠丰田佐吉终于改制成一台将生产能力提升将近一倍的手工木织机，获得平生第一个发明专利，并由此迷上发明创新。父亲对此不以为然，还反对说："没有学问的人去搞发明创造简直是天方夜谭。"

"发明家"丰田佐吉由此成为乡亲们的笑料，人们称他为"疯子"或者"伊吉家爱说谎的儿子"。冷嘲热讽之下，佐吉的研发经费捉襟见肘，幸得三井物产董事长益田孝相助，资助丰田佐吉与织机厂老板石川藤八于 1894 年合办"乙川绵布合资会社"，益田孝于次年发表著名的"纺织立国论"，并将丰田佐吉收留于新成立的"井衍商会"。三井与丰田盘根错节、荣辱与共的关系，其后我们将体会深刻。

1896 年，丰田佐吉终于发明出日本第一台动力织机——木铁混制动力织机，新织机的性能在社会上深受好评，生产能力比传统织机提升 20 倍以上，一名织工同时操作三四台机器绰绰有余。一时间，前往丰田佐吉织机厂参观的人络绎不绝，他的发明甚至惊动时任日本内阁总理大臣大隈重信，不仅为织机厂的每位员工发一份红包，还鼓励佐吉说："发明创造是和外国人比智慧的工作，好好干，不要输给他们！"年近而立之年的丰田佐吉一举成为轰动日本的名人。

不过，比成为公认的发明家更值得丰田佐吉高兴的事情是他在一年前当父亲了。1895 年，儿子丰田喜一郎出生，"青出于蓝而胜于蓝"，丰田喜一郎后来创办的丰田汽车一度称霸全球，成为日本崛起、超越美国的旗帜人物，其影响力远胜于父亲。

丰田喜一郎十岁时，经三井物产的藤野龟之助和寺岛升的鼎力运作，加上东京、大阪、名古屋等地的资本家参股，父亲的丰田织布机株式会社终于成立。1910 年 5 月到次年 1 月，由藤野龟之助引荐，丰田佐吉在两名三井物产职员陪同下前往欧美考察，纵观全球织机发展状况，丰田佐吉对自己发明的织机信心十足，并计划回国后继续发明创造，提升自动织机的生产能力。不过，这次考察对丰田家族最大的意义在于，丰田佐吉意识到汽车已成为欧美日益普及的消费品，而当时日本尚不能自行生产出一辆汽车，将来必定会风靡起来。

1911 年，丰田佐吉发明全球第一台自动织机。为了杜绝残次品，他在每根经纱下设计一个铁片装置，一旦出现断纱，小铁片会自动落下，织机停止运转。至今这种"一有异常马上停机，绝对不生产次品"的管理方式在丰田工厂内随处可见。据统计，丰田佐吉终其一生获得的国内外发明专利有 200 多项，这些科技都一一转化为生产力，造福日本民众，更泽被家族，但他对丰田更重要的贡献不在科技发明上，而是管理创新。他在发明织机时采用的及时生产、零库存的方法不仅提高了生产效率，还降低了成本费用，这就是丰田生产方式中令人称奇的"JIT 工作法"（Just In Time，准时生产方式），至今仍然深受制造企业追捧，每年前往静冈县丰田汽车总部参观学习的企业家川流不息。

铃木道雄与丰田佐吉同为静冈籍企业家，与丰田喜一郎年龄相仿。他也是从发明家到企业家的典范，以纺织机发家，后来转型至汽车产业，一生的发明专利多达 120 多项。

1887 年 2 月 18 日，铃木道雄出生于静冈县浜名郡芳川村鼠野一户农民家庭。同丰田佐吉一样，他从小也伴随着"唧唧复唧唧"的织布机的声音长大，经常看到家人和邻居织布的身影。然而，乡亲们每天日夜辛劳，可日子仍旧十分拮据，铃木道雄心有不甘。

1901 年，为了追求更好的生活，14 岁的铃木道雄独自上路，背着一个小包袱来到滨松市，找到一份木工学徒的工作，签订 7 年契约。师父手艺不错，而且要求很严格，铃木道雄迅速掌握木工的基本技巧，再加上双手灵巧，刻苦用心，四年后他就独自研发出一架更省力且高效的织布机，这就是他的第一台木铁混制足踏档编织机。

铃木道雄第一时间把织布机送到年迈的母亲手中，生产效率立即提升，母亲一天很轻松就干出以前十天的工作量，脸上笑开了花，东奔西走地招呼邻居来家里参观。刚开始大家还不太相信，试用之后都爱不释手，轻巧省力，效率又高，人们纷纷恳求："铃木家的聪明小子，给我家也做一个吧。"刚开始铃木道雄都欣然应允，后来求助的人越来越多，大家为了早一天拿到织布机，会给他塞一点钱，铃木道雄意识到，只要技术能得到改良，织布机市场将十分广阔。

1909 年 10 月，铃木道雄与师父签订的契约到期，恢复自由身，在日本南部创办铃木式织机制作所。他雇用几名员工，日夜赶工生产，仍旧供不应求，公司规模不断扩大，财富迅速积累。1929 年，铃木道雄发明沙龙织机，这种织机拥有自由织花、经久耐用、出口尺寸统一等优点，受到广泛欢迎，而且出口海外。

纺织机的使用寿命至少有十年，短时期不会更新换代。因此，仅靠织机制造无法实现规模化，也不可持续。铃木道雄一直在思考丰富产品线的问题，"将来一定是汽车时代"。同丰田佐吉一样，铃木道雄也认定汽车行业将会有巨大的发展空间。1939 年，经过不断试验，铃木道雄制造出摩托车和轻型四轮车，铃木家族的汽车时代就此开启。

铃木道雄认为，一个和谐、稳定、富足社会的形成，仅仅靠强势者的善意、道德感化是行不通的，必须要有相应的制度安排和刚性架构。工业化初期往往是以轻纺工业为先导产业和支柱产业，然后进入重化工业领域，战略转型基本完成之后，再进入全新的高速发展阶段。

丰田佐吉跟铃木道雄的经历有着惊人的相似，同样从织机发明起家，同样对汽车格外青睐，虽然是不同个体、不同的成长环境，但他们的思想却非常相近，对于时代潮流也有共同的抉择。这并非两位静冈籍企业家的商业巧遇，而是当时整个日本社会的普遍现象：发明家创业，然后找准转型升级的机会，成为新兴产业的领导者。他们对技术和产品本身有着宗教信徒般的迷恋，又对产业革命有敏锐嗅觉，再加上一些营销创新和少许运气，就会获得巨大成功。当然，政府的政策支持功不可没。

明治维新启蒙家福泽谕吉认为："政府若为了富国，就可以做任何事情，与人民从事相同的寻常事业，甚至与人民竞争工商之成败，其弊极矣。"当时，明治政府每年拿出财政支出的 1/5 用于兴办企业，其时一名外籍专家的月薪可高达 2 000 日元，而政府官员的俸禄还不及其 1/3。整个社会都鼓励科技创新、发明创造，创业致富成为时代潮流。

当铃木道雄在纺织机领域风生水起之时，他后来在汽车行业的同行松田重次郎还在做软木生意，他们都在为企业的未来寻找出路。

1875 年，松田重次郎出生于一个普通家庭，从小勤奋好学，14 岁离开故土，进入一家机械制作所做学徒，一边打工挣点零花钱，一边学习、摸索。7 年后，松田重次郎成功发明松田式抽水泵。

明治维新之后，日本社会各界的发明创新极其兴盛，整个社会涌现出一股支持创新、鼓励创新、重视创新人才的风潮。松田重次郎作为有所成就的发明家，再加上很懂得处理人际关系，懂得经营个人形象，年纪轻轻就得到政界、商家追捧。不过他本人始终保持清醒：任何发明创新只有被广泛运用才有价值，否则就会湮灭于纸堆，沉寂于实验室，而公司的商业运作将会为研发提供"撬动整个地球"的"支点"。他很想找一个商业平台来操盘实战，46 岁那年，他终于等来机会。

1920 年 1 月 30 日，位于广岛的清谷商会面临倒闭，负责人海塚新八为了重振商会，打算通过创办企业为商会运营提供资金，他挨家挨户向广岛财经界有头有脸的人物募捐，一家名为东洋软木工业的企业由此成立，专门为几家大型隔热材料生产商提供炭化软木板。然而遗憾的是，半年后海塚新八身染重病，公司运营几乎瘫痪。此时，享有盛誉的松田重次郎回到家乡广岛，大家力谏由他来接掌海塚新八留下的重担。

1921 年，松田重次郎接手东洋软木工业，继任社长，把公司扶上正常发展的轨道，可公司的主营业务只是给别人做简单加工，这让他很没有成就感。"做企业，就必须拥有属于自己的商品。"因为在机械制作方面有多年经验，松田重次郎决定转向机械工业领域。

1927 年，东洋软木工业公司改名成东洋工业公司，松田重次郎开始为公司转型做准备，两年后，东洋工业公司开展工业机械业务，把炭化软木板业务中很大一笔利润拿出来用于机械工业项目的开发。1930 年，东洋工业成功推出自主研制的摩托车，1931 年 10 月，三轮小卡车"马自达号"面世，作为"马自达"品牌的第一款商品，它的问世标志着马自达公司就此全面起航，松田重次郎终于生产出引以为傲的商品。

值得一提的是，松田重次郎非常重视品牌价值，而且有国际视野，这两点可以从马自达——"Mazda"三个字的诞生过程看出来。

一次工作会议中，下属询问："社长，我们机械工业项目的重头作品马上就要面世了，起个什么名字好呢？"

松田重次郎略沉吟片刻，反问道："你们有什么好的建议呢？"

下属连忙答道："丰田和本田都是以领军人的姓氏命名的，我们都觉得以您的姓氏来命名最为合适。"

松田重次郎连连摇头："我们的商品要走出日本，走到全世界，要改善大家的生活，给大家带来便利，所以咱们的名字要起得国际化，并且要有寓意。"说完，松田重次郎就召集大家一块去翻阅英文词典，他首先找到自己姓氏英文拼写（Matsuda Jyjiro）的英文单词，随意看了看，然后开始向后翻，突然，一个单词进入他的眼帘——"MAZDA"。"MAZDA"代表着创造铁器和古车轮的巨神，寓意聪明、理性和协调，"就以这个作为我们的品牌名称了，看到它，既能让人联想到我们的商品属性，又愈示了我们追逐光明、善良的用心"。MAZDA 的品牌名称就这样诞生。

另外，"MAZDA"这个单词的发音"マツダ"跟"松田"的日语发音是一样的。这给很多不了解马自达的人造成一种错觉。实际上，MAZDA 并不是"松田"，MAZDA 汽车也不能翻译成松田汽车。

一个有趣的现象是，在明治维新开启的从发明家到企业家转型的潮流中，后来进入汽车产业和家电产业的企业家人数众多，占比很高，而这两大产业在很长一段时间内都是日本的支柱产业，一大批享誉全球的汽车和家电品牌纷纷涌现。夏普、日立、松下的商业传奇，就是在这段时期不约而同写下第一笔。

发明家早川德次与丰田喜一郎同时代出生，但几乎与其父亲丰田佐吉同时创业，因而后世一般将他们视作同年代企业家。与丰田佐吉相比，早川德次的童年更为坎坷，辛酸无比。

1893 年 11 月 3 日，早川德次出生于东京中央区日本桥久松町，晚年他时常自豪地说："我与明治天皇（1852 年 11 月 3 日）是同一天出生的呢！"但是，生日相同，命运却天上地下。还不到两岁，德次的母亲和父亲就相继因肺结核离开人世，他的父亲生前制造、贩卖漆器和家具，有一款矮脚桌还获得过实用新发明的专利和博览会银奖，爱好发明创新的基因后来遗传到德次身上。两岁生日前一个月，他被送给一个在下水店做伙计的酒鬼做养子，生活条件万分拮据，养父的后妻虽然比德次大不了十岁，却残忍而凶狠，德次不仅要继续忍受饥寒交迫之苦，还经常遭受责骂鞭打。在他很小的时候，就被迫以贴火柴盒标签为副业补贴家用，一双巴掌和十个手指每日被糨糊染得漆黑，而且僵硬呆滞，到冬天还会冻裂流血。

德次没有丰田佐吉那般幸运，他还没有读到小学毕业，刚念完二年级就辍学回家，起早贪黑劳作，承担养家糊口的责任。记得离开那天，老师将两块印有贺词的红白馒头递给他，并勉励说："人的泪水不可以从眼中流出来，要让它静静流淌进我们的心中，忍耐吧，吃得苦中苦，方为人上人。"德次忍住泪水啃着馒头，咬牙暗自说："面对这方眼泪的湖水，有时几乎将自己淹死。但我要记住，一定不要让自己淹死在其中。"

同在长屋居住的邻居可怜且疼爱他，说服养父母将未满 10 岁的德次送到一家饰品店当学徒。初入饰品店时，老板娘曾教导："第一要忍耐，第二还是要忍耐。"德次将这句话牢记在心，尽管此后历经千辛万苦，但他始终表现出超越年龄的沉稳与淡定。在学徒的第三年，德次第一次去电影院观看美国莱特兄弟驾驶飞机的新闻片，顿时兴奋得冲师兄喊道："我们也试着制造在天空飞的机器吧？"后来看到爱迪生的纪录片时，他又有这种发自内心的原始冲动。师兄每每都嗤之以鼻，但五年之后，德次的发明创造令他刮目相看。

那时日本的教育制度改革已初见成效，中小学的增加带动了铅笔的旺盛需求，老板的铅笔生意本来不错，但他不再满足于依靠刨子的手工业方式，咬牙投资一台德国机器，可惜生产出的全是残次品。无奈之下，十岁出头的德次担负营销重任，每天晚上去夜市摆摊，以低廉的价格将铅笔全部销售出去，终于帮饰品店暂渡难关。可是，师父的作坊已日薄西山，气数将尽，学徒先后离去，最后只剩下德次和另外两位师兄，这个重情义、懂感恩的孩子拿出仅存的 5 日元积蓄全部交给师父，以图东山再起。师父坚持要打借条，并动情地说："这张借条足以让我骄傲一生。"许多年后，当德次遭遇经营困境找人借贷，都没有一个人拒绝他，因为"五日元"的故事早已成为业界佳话。

九年之中，当屈辱和苦难将一位懵懂稚气的少年磨砺成血气方刚的青年时，早川德次已成为远近闻名的发明家了。在明治维新开明风气的影响下，西方文化传入日本，西装逐渐流行起来，皮带成为必不可少的时尚配饰，但当时都是打孔皮带，德次有次在电影中看到小男孩奔跑时皮带头垂下来，就冥思苦想发明出一款不需打孔的皮带扣，穿系简单方便，他以名字德次中的"德"字将其命名为"德尾锭"，这是他平生第一项发明专利。1912 年，早川德次创办一家金属加工作坊，专门生产"德尾锭"皮带头，因为价格便宜，质量优良，很快便打开销路。其后，他还改进日本传统的水龙头生产工艺，并购买新型压力机实现量产，一时门庭若市，生意十分红火。

在 20 世纪初，削铅笔是所有学生甚至成年人的一件烦心事，削一截断一截，非得小心翼翼，往往费时费力。因而当 1915 年早川德次发明出"早川式自动铅笔"时，不难想见时人的惊讶：铅笔居然不削就能用？由于传统观念的偏见，省力省心的自动铅笔在日本并未得到普遍认可，早川德次就为自动铅笔取名为"Sharp"，含有尖细、灵敏、伶俐、利落之意，后来他又将其完善为"Every lady Sharp Pencil"，意为"不用削，可永保笔芯尖锐",出口国外。有道是"墙内开花墙外香",德次的自动铅笔在国外极受欢迎,订单如雪片般飞到日本,到 1917 年销售额突破一万日元,同时国内市场需求也慢慢升温,Sharp 自动铅笔逐渐闻名,从此以后,夏普便作为商标名沿用至今。

自创业伊始,早川德次就有一条至理名言:"制造让人模仿的商品。"其磅礴之豪气与敢为人先之胆识可见一斑,这种开拓精神成为日后夏普崛起的重要指南,后人评论说:"只要是早川发明或是改良的产品,每每掀起前进的浪潮,不但日本国人的家电业紧追不舍,就连国外的厂商也是满怀佩服和敬意之心全力追赶。若不是他永不休止的创造力,不断推动日本家电业向前迈进,今天的日本家电业恐怕还停滞不前呢!"

不过,欲观夏普以家电产品的身份纵横天下的盛况,要等到 15 年之后。而早川德次作为"日本地铁之父"的身份,则更少为中国人所熟知。时至今日,在东京地铁的银座车站还供奉着一尊早川德次的半身铜像,以纪念这位终身发明不辍的企业家。

到 1911 年前后,当早川德次因为发明"德尾锭"皮带头名动天下的时候,另一位热血青年也开始了自主创新之路,他就是今日名扬天下的家电巨头——日立的创始人小平浪平。

小平浪平生于 1874 年,16 岁时父亲突然离世,将一大堆债务留给妻子和七个孩子。小平发奋学习,并以全国第七名的成绩考入第一高等中学,此后进入东京帝国大学(现东京大学)攻读当时日本学生并不看好的机电专业。课余时间,小平常去各地工厂参观学习,有感于日本工业的落后现状,他在日记中慨然写道:"若是日本工业不振兴,我当挺身而出,担负振兴任务。"

1900 年,小平浪平大学毕业,去一家矿山工作,随后又跳槽到东京电力公司做工程师。1906 年,原来工作的矿山公司的上司久原房之助邀请小平郎平到久原矿业公司，并任命他为日立矿山的课长。1908 年，日立矿山成立小型修理厂，条件十分简陋，是一间只有五名员工、面积 130平方米的木制平房，主要为矿业公司修理机器。其时日本主要的供电和发电设备都是外国进口，须由外国专家安装、调试，日本工人须在外方指导下操作，出现问题也由外方处理，哪怕是掉了颗螺丝钉之类的问题，也得严格遵循。这种状况对自幼以"靠自己的力量造出电力机械"为己任的小平是个不小的刺激，他一直筹谋建立一家设备制造厂。

1910 年秋，小平朗声宣布："现在我们要自己创业。自日本开始，逐渐以美国 GE 为目标。"11 月，日立制作所诞生，仿制一些机电设备，尽管经常熬夜，小平与员工一起累得汗流浃背，可生产出来的马达运转时却故障不断，技术瓶颈很难突破。终于在这年年底，小平浪平研制出日本第一台 5 马力发动机。自此，日立进入电机生产领域，但制作所仍属于久原矿业公司的下属企业。五年后，日立又成功制造出 7355 千瓦的水力涡轮机。

值得提及的是，小平浪平在汉学研究上的造诣很深，他将《古诗十九首》中的"生年不满百，常怀千岁忧"用来激励员工创新，并亲手将这句诗写成书法条幅悬挂起来，至今，这首诗一直收藏在茨城县日立市的小平浪平纪念馆。另外，小平郎平还将日立的"开拓者精神"中融入中国儒家"和"与"诚"的精神，和即讨论时平等、自由，执行时协调一致；诚即不欺人、不自欺、正直、诚心。三种精神世代传承，永不褪色。

100 年后，当初的小作坊已成为旗下拥有 900 家企业的跨国巨头，威震全球。2010 年是日立的百年诞辰，这个时候的日立已经成为世界排名500 强企业的第 47 位，总员工人数达 36 万名，2009 年的年销售额高达964 亿美元。伟业至此，后人着实不负小平浪平当年"产业报国"的宏愿。

1923 年，自行车经销店学徒出身的年轻人——松下幸之助走到人生的重要转折点。这位日后的"经营之神"当时还在创业的生死期苦苦煎熬，失败的噩梦日夜拨弄着他紧绷的神经，他一只脚已踏进电器行业的门槛，另一只脚仍深陷泥潭。

1894 年 11 月 26 日，松下幸之助出生在海草郡和佐村（现在和歌山市祢宜地区），家境原本殷实，但 6 岁那年父亲因经营米业失败，家道中落，父亲后来改行的木屐店只维持两年就关闭，生活变得愈发艰辛。小学四年级时，松下幸之助辍学前往大阪的火盆店当学徒，3 个月后火盆店关门，他又进入一家自行车店当学徒。与本田宗一郎在汽修厂的经历一样，松下幸之助也当了 6 年学徒，直到 17 岁时，他考虑转行："当时大阪市计划在全市通电车，开通部分线路。如果有了电车，自行车的需求就会立刻减少，而电气行业却非常有前景，所以我决定换个行业。"

松下幸之助如愿进入大阪电灯公司，刚开始给室内布线工程负责人当助手，三个月后被提拔为负责人。23 岁那年，他升任为电灯公司的检查员，业余时间全部用于新型灯泡插座的研究和试验，他曾将试制的插座交给主任评判，却被一口否定，可做插座的念头长期在他脑海中挥之不去，激动之下，松下幸之助离开工作七年的公司，辞职创业。

这时松下幸之助手中只有公司准备金 42 元、退职金 33 元 20 钱和 20 元存款，总共还不到 100 元。他邀请妻弟井植岁男（后来的三洋电机创始人）和以前的同事加入其中，还找人借了 300 多元，在一间小平房里艰难创业。然而，松下幸之助经过长时间研制出的新型灯头根本卖不出去，眼看山穷水尽，他幸运接到一笔 1 000 只电扇底座的订单。

这家电器公司电风扇底盘本来是用陶器制作，因容易破损，他们希望改成合成塑料。松下幸之助只需要按照电风扇底盘的模型浇注就行，他马上把插座的工作停下来，全力以赴，一连七天泡在工厂，日夜不休地浇注、试压、检验，终于拿出样品。当时生产环境十分简陋：只有一台压型机和一个大煮锅，生产要经过配料、搅拌、压型等环节，每个环节都需要付出不少的劳力，最主要的是，因为合成材料会释放一种难闻的气味，整个生产过程都十分刺鼻。可松下幸之助并不觉得苦累，当时小舅子井植岁男才 15 岁，个子矮小，力气不够，他就自己上，为了防止自我懈怠，保证准时交付，他定下每天不完成 100 件不休息的目标，终于按期完成 1 000 件的订单。

经过几年摸爬滚打，松下幸之助于 1922 年花 7 000 元新建一座 230 平方米的厂房，虽然现金储备只有 4 500 元，他仍大胆冒险。第二年，松下电器开始制造和销售自行车车灯，当时的自行车车灯是蜡烛或煤油灯，价格昂贵却不方便，松下幸之助在自行车店当过学徒，又暗中调查过市场需求，坚信此时大有可为。尽管干电池车灯已进入市场，但照明时间只有两三个小时，电池设计不够完善。松下幸之助生产的电池构造简单且无故障，时长可达 10 个小时以上。半年之后，松下电器生产出 100 个与长效干电池配套的弹头型灯具，照明时间可达三五十个小时，售价三十几文钱，而一根只能燃烧一小时蜡烛都要两文钱。新产品上市后供不应求，松下幸之助迅速扩大规模，但短期内销售却不理想，他只好雇推销员到小卖铺免费发放，两三个月后，订单陆续到达，回款也变得顺利，他终于可以长舒一口气。

一个不容回避的事实是，在 20 世纪初期的冒险冲动与商业变局中，日本企业家号准了发明创新、科技研发的脉搏，尽管大部分都是对欧美先进技术的模仿与跟随，但是从日后的商业趋势和市场规律来看，企业要做大做强，基业长青，创新和科研是一条颠扑不破的真理，今后我们将看到，包括以上企业在内的公司遭遇困境与打击，一定是违背这条规律；而实现逆转或重生的关键大多在于遵守了创新的真理。

明治时期，科学技术的概念已经深深烙入每一个企业家心中，没有先进技术就谈不上近代产业的发展。日本近代资本主义的发展，客观上需要一批精通科学技术的技术型企业家，这些迷恋科学技术创新的发明家是新兴企业家的代表，登上商业舞台之后，逐渐在日本经济界扮演越来越重要的角色。

中国学者杨小凯在《百年中国经济史笔记》中对日本明治维新也有过深刻参悟：同时期发生在中国的洋务运动，由于政府扮演了裁判和球员的双重角色，因为私人企业在中国高度垄断的市场体制中没有喘息之机。但日本的企业家生存环境完全不同，他们在政治、法律、经济制度各方面备受保护。这使得新兴企业家阶层迅速形成与崛起。

1899 年，鸟井信治郎在大阪市开办鸟井商店，主营葡萄酒销售。一次偶然的机会，鸟井信治郎进口了一批威士忌原酒，但消费者对这个新鲜事物并不感兴趣，这批威士忌原酒一直存放在橡木桶中。几个月后，鸟井信治郎想起角落里的这批酒，"可别放坏了啊！"他打开酒瓶盖，一股威士忌的芬芳扑鼻而来，他心中涌出一股冲动：我要亲手酿造威士忌。所有人都觉得这是"痴人说梦"，因为除了苏格兰和爱尔兰以外，别的地方根本无法酿造出世界一流的威士忌。

到 1907 年，鸟井商店除了销售葡萄酒之外，还开始生产葡萄酒，推出甜葡萄酒"赤玉"，很快就打开市场。不过，有人冷嘲热讽："葡萄酒跟威士忌根本不是一回事，差得远着呢！"鸟井信治郎却很坚定："我把经营赤玉葡萄酒所赚的钱投入酿制威士忌的事业中，无论未来是成功还是失败，不尝试过我是不会放弃的。"

传说威士忌是中世纪炼金术士们偶得的产物，在西方被称作"生命之水"，此前日本从来没有人酿造威士忌，毫无经验可循。鸟井信治郎通过商社的关系，从苏格兰取得许多酿制威士忌的知识与文献，系统学习，了解到水源至关重要，而发酵过程与自然环境关系密切。也就是说，选址非常重要。

鸟井信治郎四处奔波，最终选中位于京都郊外天王山麓的山崎。这个地方处于平原和盆地两种地形的交界处，终年雾气缭绕，气候温暖而潮湿，为威士忌的酿造提供了绝佳的自然环境。更重要的是，日本知名的茶道之源"离宫之水"正好从这里流过，可以提供得天独厚的水源。1923 年，日本第一座威士忌蒸馏厂——"山崎蒸馏厂"正式诞生。

市场上的苏格兰进口威士忌带有浓重的泥煤烟熏味，这点让味觉细腻的东方人很难接受。"麦芽原酒是不会说话的，但是调配师可以让它发言。"很长一段时间里，鸟井信治郎一边叨念这句话，一边不断调配酒的口味。经过无数的尝试，1929 年，鸟井信治郎终于推出"三得利威士忌白札"。这款威士忌完全摆脱苏格兰威士忌的烟熏味，呈现出细腻、高雅的特点，深受广大消费者喜爱。

"尝试做一下"是鸟井信治郎的口头禅，也是创业以来秉承的理念，他打破了西方威士忌的神话，从无到有，开创了东方威士忌传奇。

就在鸟井信治郎为酿造日本威士忌雄心勃勃之时，石桥正二郎开始步入商业舞台。

1906 年 3 月，17 岁的石桥正二郎跟哥哥一起继承父亲的成衣铺，这家名为"SIMA 屋"的成衣铺，包括房产在内，总资产一共 9 000 日元，有八九个学徒，规模不算大。可就是这家毫不起眼的服装小卖店，却在日后逐渐发展成为世界轮胎巨头——普利司通。

在父亲手中，"SIMA 屋"经营的品类很多，汗衫、衬裤、绑腿、布袜等琳琅满目，父亲的初衷是一站式解决顾客的所有购物需求。这种想法很好，但问题也很多，因为品类众多，货物的盘点、订单的下达、商品的质量都出现问题，缺货、断货时常发生，残次品也屡禁不绝，顾客的购物需求反而更得不到满足，形成一种恶性循环。

石桥正二郎接手后，第一件事就是做减法。他砍掉多余的经营品类，只聚焦在"布袜"上，同时引入员工休假、工匠制度。当时日本学徒地位极其低下，石桥正二郎给学徒以工匠身份，提高他们的社会地位，还给休假福利，大大提高了工人的工作积极性。再加上原有的客户积累，SIMA 屋的品类减少，顾客反而越来越多。为了满足销售需求，石桥正二郎随后进行产业链延伸，建立起 165 平方米的新工厂，对布袜做到专项生产、专项销售，保证了产品质量，也赢得最大的利润空间。

1913 年，日本执行车票统一售价，石桥正二郎听到这个消息后茅塞顿开：我把不同规格布袜实行统一的价格，管理起来不就更简单吗？他开始以统一价格销售布袜。为了提高销售数量，他还很超前地推出几款低价布袜，并为"SIMA 屋"制定新商标 ASAHI（朝日）。

1914 年，石桥正二郎成立"日本布袜株式会社"，对公司进行组织结构变革，实施企业化管理。此时石桥正二郎的资产已达到 100 万日元，在行业内做到数一数二，在布袜的生产和销售领域他已经做到极致，他又把眼光转到匹配草鞋穿着的、比普通布袜更耐用的胶底布袜上。受美国网球鞋的启发，石桥正二郎不再走原有的单纯缝合的技术路线，开始采用黏合的方法，推出了坚固的胶底布袜。胶底布袜加速了公司的发展，更重要的是把石桥正二郎带入橡胶工业的门槛。

1923 年，日本经济迅速发展，国民生活水平不断提高，草鞋这种低端产品的需求越来越少，石桥正二郎顺势推出更显档次的胶底鞋。在此期间，他有机会接触到一批橡胶工业的技师，并且深入了解橡胶制作工艺。到 1929 年，日本布袜株式会社旗下的布袜和胶底鞋两个产品线都发展得十分顺利，业绩突出，利润丰厚，石桥正二郎踌躇满志。近几年他一直打算进入轮胎制造领域，于是向公司高管提出这项计划，没想到被哥哥德次郎及公司的技师、进口商社的领导众口一词否决，可他并不想就此放弃，他有一次向众人公布说："我要用日本人的资本，依靠日本人的技术，将轮胎实现国产化。"

顶着各方面的压力，石桥正二郎命令技师秘密从美国俄亥俄州订购一批汽车轮胎生产设备，又从日本布袜公司各部门选拔 20 多名员工，在一间废旧的仓库里试验轮胎的制作。石桥正二郎的团队没有一个人有过轮胎制作经验，大家对相关知识知之甚少，想从外国请个专家过来，又一直没请到，他们就拿着 10 余页进口机器的说明书摸索、试制。1930 年 4 月，在经历无数次的失败之后，"普利司通轮胎"终于诞生了。

1931 年，石桥正二郎正式成立普利司通轮胎株式会社，轮胎制造项目启动运营。当时日本国内的汽车厂商除了从国外进口轮胎之外，大部分都选用英国邓禄普神户工厂生产的轮胎。在很多人的观念中，轮胎决定行车安全，不能有一丝马虎，而国外的轮胎品质更有保障，因此他们对普利司通轮胎非常抵触。为了打消用户的顾虑，石桥正二郎推出一项制度：产品如果出现故障，免费调换新品。

然而，有些人浑水摸鱼，无理取闹。汽车轮胎在恶劣的道路上行驶一圈之后，难免会出现一些正常磨损，有人找上门来，称其为不良品要求替换。还有一些人更过分，故意把轮胎损坏并索赔。虽然明知道很多人的要求不合理，但石桥正二郎指示公司内外，要严格贯彻"免费调换"的服务口号，对客户的任何问题都耐心倾听，然后不厌其烦地满足客户第二次、第三次更换轮胎的需求。

员工们看着厂房旁边堆积如山的退货惶恐不安，反对者则冷眼旁观等着看笑话，石桥正二郎却很淡定，他一边感谢前来退货的人对普利司通的支持，一边督促全体技术人员不断改良、优化产品质量。不良品、退货率逐渐减少，普利司通成功打开日本市场，还出口到海外，两年后销售量达到 8.4 万条。

从成衣铺到布袜店、胶底鞋，再到轮胎生产，石桥正二郎不断转型，知难而进，一切都源于他有一颗不安现状、敢于冒险的心，这正是创业者不可缺少的素质。难能可贵的是，石桥正二郎冒险而不冒进，每一次改变都静待时机成熟，果断出击，几乎未尝败绩。

1878 年，野村德七出生在一个钱铺商人的家庭，父亲是个十分保守的传统商人，经营一间不大的钱铺，只能养家糊口。野村德七和兄弟姐妹们在很小的时候就要帮助父亲做一些力所能及的体力活，虽然不愁吃喝，可在穿着上父母一直节俭简朴，老大穿完留给老二穿，然后再传给老三，直到衣服实在破烂得穿不下去。野村德七看到有钱人的奢华生活后暗暗下定决心：我要成为全日本最富有的人。

父亲一心一意希望儿子能子承父业，因此在野村德七很小的时候就被他带在身边，跟着学习店铺经营。不知是因为年少的逆反心理还是天生有反骨，野村德七对此非常反感。在父亲十几平方米的店铺里，野村德七过着日复一日的枯燥生活，他三番五次向父亲请求走出家门，四处学习。拗不过儿子的软磨硬泡，父亲最终同意，不过还是有点不放心，就把儿子委托给女婿。野村德七的姐夫经营一家名为安广商店的股票交易行，他成为安广商店的学徒，他第一次近距离接触到股票行业。

当时恰逢中日甲午战争结束，股票市场出现了首次繁荣，各行各业都有人抱着投机心理，做着一夜暴富的美梦。野村德七被股票彻底迷住了。在扫街、打水、给顾客鞠躬、倒茶这些学徒工作间隙，他专注倾听股票交易者的谈话，用心学习快速致富的诀窍。

野村德七忍不住手痒，居然胆大妄为地从姐夫保险箱里偷了 500 日元，购买人生第一支股票，他认定这只股票肯定会迅速翻倍，计划把钱拿到手再神不知鬼不觉地还回去。可偏偏事与愿违，他购买的股票此后大跌，赔得所剩无几，不仅挨了姐夫一顿臭骂，还被遣送回老家。

虽然第一次尝试失败，可野村德七做股票的心仍旧活跃，他回到父亲身边，钱铺里的事儿一概不管，一门心思要为野村商店推销股票。

当时日本百姓对股票行业有很深的成见，大家认为买卖股票是一种赌博行为，有身份与地位的人出入证券交易就是自甘堕落，更没有哪个体面的父亲会同意儿子在股票市场上追求梦想。再加上金融业生机勃勃，野村家的生意蒸蒸日上，为什么不老老实实地把现有的生意打理好，非要冒不必要的风险去搞股票呢？老德七非常不理解，可对这个逆反而倔强的儿子也没办法，任由他每天"不务正业"。

很长一段时间里，野村德七每天穿梭在大街小巷，手里拿着股市日评，挨家挨户地问人们是否有兴趣购买股票。功夫不负有心人，在野村德七的不懈努力中，慢慢开始有人购买股票，不料好景不长，有一次他帮一个老顾客购买了 500 股的股票，因为错误预估，造成顾客 1 500 日元的损失。虽然作为股票代理人，野村德七没有责任偿还这笔钱，但他觉得应该负有赔偿责任，就把手里的钱都拿出来，又从父亲那里拿了一笔钱，凑够 1 500 日元还给人家。

"我想做证券经纪公司。" 1904 年 2 月，在失败的打击中沉寂了一段时间之后，野村德七又"死性不改"的发起新一轮攻势。此时日本对俄正式宣战，日俄战争全面爆发，野村德七曾经亲眼看到中日甲午战争期间股票市场的飞速发展，他认为，日俄战争又是一次股票市场腾飞的时机。证券经纪公司必须有大笔资金投入，野村德七的第一难关就是说服父亲。老德七对于儿子做证券经纪的提议极力反对，父子之间每次见面就是争吵，最后不欢而散。1904 年 6 月，野村家发生一件意外，野村德七的母亲突然身故，老德七陷入深深的悲痛中，这件事对他触动很大，他意识到早晚都有离开人世的那天，到时候身后的一切都得留给儿子，如今又何必限制他呢！任他折腾去吧，反正钱以后都属于他。

野村德七终于把父亲放在公司保险柜里的两万日元拿到手。这个时候，股票市场正如他所预料，股票市场全线上扬。野村德七摩拳擦掌准备大干一场，他的行动格外的沉着、冷静。与大部分股票经纪公司一门心思拉拢客户不同，野村德七不厌其烦地拜访在证券交易所挂牌的公司管理层，跟他们喝茶聊天。

1905 年，股票市场有传言，福岛纺织公司正面临倒闭，公司股票立刻成了"烫手山芋"，传言引发一场恐慌性抛售，股价直线下跌。在大家争先恐后抛售股票时，野村德七却在悄悄买入福岛纺织股票。几天之前，他曾前往福岛纺织公司跟管理者喝过茶，并且了解到新近接到几笔大单，他坚信福岛纺织公司不会倒闭，传言肯定是有人恶意传播出来，随着时间推移会不攻自破。

果然如此，狂热过后，投资者冷静下来，开始纷纷买进福岛纺织的股票，没想到低价抛售的股票都囤积到野村德七手中。此后福岛纺织公司股价不断上升，到 1905 年年底已整整翻了 4 倍，野村德七账面上已获利 2 万日元，相当于他从父亲手中拿到的全部资金。野村证券终于站稳脚跟。

经过这次成功，野村德七越来越清晰地意识到，股票战就是一场信息战，谁能最早掌握最准确的信息谁就能取得胜利。他手里有钱了，第一件事就是聘请专业人士专门负责访问挂牌公司，通过了解尽可能充分的信息推算股价走势。后来，野村德七把《大阪每日新闻》著名的资深记者桥本喜高高薪聘请到野村证券。这一做法可谓一箭双雕，一方面，当时证券行业并不光彩，很多大学生不愿加入，桥本喜高有着大学生、资深记者、日本第一个专业股票分析家等多个头衔，他的加入有助于吸引更多的大学生前来投奔。另一方面，桥本喜高工作的主要内容是访问公司、追踪流言，另外他在好几家大型企业都有眼线，能够获得很多不为外界所知的信息，这些大大提高了野村证券投资决策的正确性。

1906 年，大阪股市进入大繁荣时期，日本迎来历史上最伟大的牛市之一，证交所交易大厅人潮涌动，经纪人争相购买最热门的股票。此时野村德七手里的财产已经超过 100 万日元，当时也算是资本大亨。他冷眼看着股市疯涨，脑海中浮现的是中日甲午战争后那次股市大跌，经过与桥本喜高探讨，两人一致认为：股市很快就会止升转跌。现在他有两条路可以走：一是稳妥行事，把手里的股票卖掉，等股价下跌的时候再买进，那他的 100 万日元能激增为 150 万日元，这是大多数人的做法。二是比较激进的做法，把手里的股票卖掉，继续卖空操作，等股价下跌的时候，100 万日元就能膨胀到 300 万日元。这种做法风险很大，如果股票没有如预想中那样狂跌，很可能会导致野村德七手中资金链断裂。

股市的刺激让野村德七全身的血液都沸腾了，他决定冒险博一把，期望获取 500 万日元的暴利。野村德七果断将所有长期持有的股票都出手了，他期待着股市出现逆转。很不幸的是，他的期望落空了，这次牛市从 1906 年一直持续到 1907 年。野村德七的压力越来越大，帮他卖空的经纪商不断向他催缴保证金，他只能顶着压力继续卖空，需要缴的保证金越滚越多，他手里的资金开始不够用了。为了逃避债主，他每天东躲西藏的，在大阪街头神出鬼没。

到 1907 年 1 月，野村德七一直等待的股市逆转还没有出现，资金压力让他走投无路，只好找到长期合作的鸿地银行总经理芝山鹫尾帮助。野村证券有不少鸿地银行的贷款，如果野村证券倒闭，鸿地银行也会有不小的损失，野村德七坚信芝山鹫尾不会见死不救。

"你需要多少钱？"芝山鹫尾听完野村德七的借款请求试探着问。

野村德七回答："100 万日元。"整个银行的实收股本金只有 300 万日元，野村德七开口就要拿走三分之一的资产，风险太大，芝山鹭尾摇了摇头，把野村德七请出了办公室。

第二天，野村德七再次上门，这次他拿着一份列有私人财产的清单，"我用我的身家性命保证，股市马上就要崩溃，我的判断绝对正确！只要你帮我渡过这次难关，鸿地银行将同我一起成为这场股市战争的最大赢家"。芝山鹭尾沉默不语，婉言谢绝。

第三天，野村德七又一次出现。"你帮我这一次，不管成功与失败，我都会在野村商店给你留一个高级职位，有我一口饭吃，就有你一口饭吃。"芝山鹭尾实在架不住野村德七的纠缠，同意了。野村证券暂时躲过资金危机。

1907 年 1 月 19 日，野村德七期盼的日子终于到来，股市崩溃了！经此一役，野村德七狂赚 300 万日元，成为这次股市逆转中唯一的大赢家，被业内奉称为"股市大将军"。

日本近代文明缔造者福泽谕吉认为："尽管西洋的东西得到了很好的介绍和接纳，但是在应用的时候，如果不把日本人的精神和需求、日本社会的历史传统、社会风气以及社会自身的特点作为根本，只是把西洋的东西借来使用是不行的。"

日本企业家在商业现代化进程中，并没有全盘西化，照搬美国、欧洲模式，而是在发扬日本文化的基础上改善、创新，这使得独特的日本企业家精神慢慢形成，并借此在接下来的大萧条之后迅速崛起。

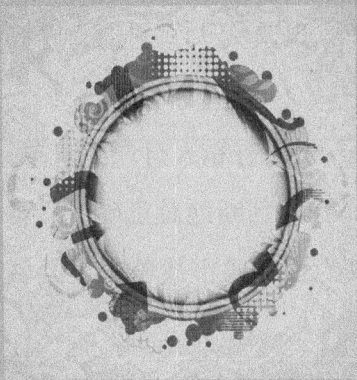

第4章
穿越战火与萧条

　　第一次世界大战结束后，所谓的虚假繁荣到来，然而这种短暂的战后繁荣并没能维持下去。1920年春，日本经济遭受重创，股价暴跌，企业倒闭，银行遭挤兑，工商业陷入全面停滞状态。1923年，日本发生关东大地震，整个地震造成的财产损失达300亿美元，使日本的社会、经济形势雪上加霜。

　　为了尽快从地震的伤害中恢复过来，日本政府想了个办法——发行"救灾票据"，政府开出一个空头支票，让日本银行掏钱去救济灾区，政府承诺以后偿还。日本政府的出发点是为了尽快恢复经济，只不过会让银行背上4.3亿日元贷款的沉重包袱。一开始，"救灾票据"直接影响到的主要是东京和横滨附近的地方银行，因为兑现"救灾票据"使得资金无法周转，不得不宣布"休业"。随着"休业"银行越来越多，整个日本银行界陷入空前的大混乱中。

到 1929 年，美国的股市狂跌，上万家银行资金链断裂倒闭，数以千计的绝望者破产自杀，上千亿美元财富蒸发，美国生产停滞，百业凋零。日本投资界的最后一点信心也随之消失殆尽，股票开始大幅下跌，牵连着金融、工业、贸易、农业等危机连环爆发。

面对一片凋零的经济形势，当时的日本藏相井上准之助提出"紧缩财政"政策。他认为，只有日本物价在国际上相对比较高的情况得到纠正，经济就能稳定下来。他采取了两个措施，一方面，通过黄金解禁使外汇行情趋于正常；另一方面，推出通货收缩政策使物价下降。可他没想到的是，当时经济危机席卷全球，世界各国的物价普遍处于下降态势，两个措施实施后，日本的高物价并未得到相对改善。

这个时候，日本的政界、财界、军界达成共识：只有对外扩张才能消除国内的经济危机。1931 年，日本发动震惊中外的"九一八"事变，踏上一条不归路。

第二次世界大战全面爆发，日本最后以战败告终，日本经济雪上加霜，遭受了严重的创伤。

战争还没结束，天皇俯首投降的宣告让整个国家陷入沉默，政府被迫低头接受"放弃战争和军备"的宪法条款，并允许美国军队进驻日本。国民万念俱灰，在痛苦与恐惧中等待命运的安排，没有人知道胜利者将如何处置这个战败之国。1945 年 8 月 28 日，第一批盟军登陆横滨，两天之后，盟军最高司令官麦克阿瑟乘机抵达日本，正式执行"美国单独占领和管制日本"政策。

这一幕与 1853 年 7 月的"黑船事件"何其相似？日本再次沦为美国的附庸。将近一个世纪的发愤图强，经此一战，日本又回到原点，依然没有摆脱被人主宰、操控的宿命，对于战前那些企图称霸世界的自狂者而言，这是多么残酷的打击！不过，饱经战火摧残的普通百姓或许不会这样想，战败意味着解脱，面对百废待兴的残局，美国人如果能像 92 年前那样使日本焕发生机，也并非坏事。

战乱之后的日本疮痍满目，哀伤遍野。街上到处都是家破人亡的流浪儿童和复员军人，屋檐下花枝招展的妓女们正忙着向美国大兵献媚，《红苹果之歌》不时从窗口飘出来，这是那个年代寄托着苦难者向往自由与希望的心灵之声。政府虽然给百姓配给玉米和豆饼作为主食，但粮食短缺依然严重，黑市物价横飞，商业凋敝，民生艰难。当时日本工业生产能力只有 1941 年的 1/7，失业、半失业人口约占全部劳动力的 1/5，批发物价暴涨，食品猛涨 249.5 倍，纺织品飙升 371.1 倍，1/7 的国民处于极度饥饿状态。美国战略轰炸调查团曾在报告中写道："到 1945 年 8 月，日本的战争经济已经破产。"到 1946 年，日本工矿业指数仅为战前的 30.7%，人均国内生产总值只有战前的一半。

经过多次重组和更名，1893 年，岩崎家族正式将企业定名为"三菱合资公司"。六年之前，三菱公司已经拥有 61 艘轮船，占日本轮船总数的 3/4，规模庞大，实力超群。

站稳脚跟的三菱合资公司跳出造船业，开始多元化经营战略，先后收购矿山、造船厂以及两家国有银行，到 1907 年，三菱公司的资本额已达到 1 500 万日元，但是，真正将三菱的多元化经营推向成功的是岩崎弥太郎的侄子岩崎小弥太。

1906 年，在英国剑桥大学留学归来的岩崎小弥太担任三菱合资公司副社长，他在英国待过 5 年，对西方先进科技和开明思想耳濡目染。1916 年，37 岁的岩崎小弥太出任三菱合资公司社长。此时第一次世界大战正处于胶着状态，西方列强无暇东顾，日本商业迎来难得的"黄金时代"，三菱在矿山、制铁、兵器、化工、轮船制造等领域大举扩张，而且在伦敦和纽约开设分公司，将生意做到全世界。日本工业的蓬勃发展促使资本和生产出现集中化趋势，垄断资本主义开花结果，此时的岩崎小弥太意气风发，他的商业抱负远远超过已处尊居显的叔叔。

值得玩味的是，尽管三菱与杜邦相隔万里重洋，但两家企业几乎同时进行的组织变革却异曲同工，岩崎小弥太将三菱合资公司的下属公司全部剥离出去，组成各子公司，它们具有独立的经营管理的自治权力，但三菱合资公司依然以总公司和持股者的身份对子公司有掌控权。这种组织结构已非常接近现代化企业集团的管控模式，对三菱日后的多元化扩张影响深远。从某种意义上说，企业的组织结构如同人体的骨骼，"天赋异禀，骨骼清奇"者方可成大器，组织架构合理清晰的企业才能走得更远更长久。

自 1895 年中日甲午战争开始，三菱合资公司就已迈出海外扩张的步伐，但多年来仅限于将产品卖出去，对于资源和原材料短缺的窘境只能望洋兴叹。在第一次世界大战爆发后的数年间，凭借政府和军方支持，三菱合资公司开始在东亚、南洋和欧美广泛投资，巅峰时一年投资额高达 863 万日元。第一次世界大战结束后，日本侵占中国的胶州湾和青岛，三菱合资公司开始在中国到处勘探煤矿，甚至以中国人的名义买下煤矿打算开采。此时神州大地民族救亡和坚决抗日的呼声高涨，日本规模较大的多家矿业公司只好请政府出面组成集团，在中国投资煤炭领域。

1920 年，三菱内燃机制造股份公司成立，以名古屋的飞机制造所作为发动机制造厂，并聘请 9 名英国技术人员指导业务。1921 年，三菱第一架飞机成功起飞。这一年三菱电机创立，主要生产经营电器机具以及船舶、飞机等所需的大型发动机、感应电机、变压器等。毫不夸张地说，三菱电机和三菱内燃机是支持日本军队战斗力的主要产业，那时的日本大财阀和企业家已成为政府的附庸者和先锋队，为军国主义和军事侵略开路护航，若干年后，他们将为此付出惨重的代价，三菱也不例外。

三菱继续在中国掘金，先是觊觎中国石油，但由于本身技术条件和时局关联，多次勘探都宣告失败。同时三菱还尝试在中国投资棉花和甜菜，以稳定日本国内的原料供应，但这些努力同样宣告失败，以棉花为例，1919—1926 年的 7 年间，三菱在中国的棉花投资共计 46 万日元，净亏损达 30 万日元。

尽管在中国的投资不太成功，但三菱在世界其他地区的发展都很顺利，例如库页岛的煤矿，南洋的林业和养殖业，朝鲜的矿产和水力发电等都利润丰厚。同时，三菱继续在日本国内加大出口贸易，1921 年前后，岩崎小弥太先后进行糖、小麦、面粉、大米等进出口交易，羊毛、肥料、机械、渔业、罐头、生丝、石油、钢铁等进出口生意也做得风生水起。虽然第一次世界大战结束后日本也因"战争后遗症"出现经济衰退，但持续时间并不长，随着经济的复苏、回暖，三菱的生意重现生机。

正当商业界摩拳擦掌欲重振雄风之时，一场毁灭性的大地震再次将日本经济和国民信心拽入谷底。1923 年 9 月 1 日，日本关东地区发生 7.9 级大地震，大量房屋倒塌，由于电线杆砸到火炉上引发火灾，整个东京陷入一片火海之中，大火燃烧两天后才被扑灭，东京四分之三的房屋在这场地震和火灾中化为灰烬，20 万人丧生或失踪。京滨地区的经济几乎崩溃，仅三菱合资公司的损失就达到 97 万日元。不过，在此后的重建中，三菱很快弥补损失并实现盈利。日本政府授权三井物产和三菱商事等企业进口重建的物资和材料，三菱抓住机会稳住增长势头。

在 1923 年的关东大地震中，早川德次的房产和工厂都化为灰烬，妻儿和 200 多名员工不幸遇难，早川德次痛不欲生。第二年，他白手重来，创建早川金属工业研究所，开始研发收音机，两年之后，"夏普·达因"收音机问世，早川德次在东京开设事务所。值得记录的是，1927 年 12 月 30 日，日本由浅草至上野的银座线终于开通，这是亚洲第一条地铁，创建者正是早川德次，自 1914 年在伦敦体验地铁的魅力之后就决心将其引入东京，他也因此被誉为日本"地铁之父"。

此后十多年中，早川金属工业研究所迎来难得的高速成长期，1942年，公司更名为早川电机工业株式会社，开始生产航空无线机。1944 年，这家公司被指定纳入军需生产，卷入战争旋涡，早川德次再次陷入绝望，以至于每当警报响起众人狂奔至防空洞避难时，他却坚持留在工厂，还泰然自若地说："该被炸的时候怎么都躲不开，该到死的时候同样也逃不掉！"有一次，一枚 30 多厘米长的六角形炸弹就落在他眼前，幸好是一枚哑弹，否则后果不堪设想。每次看到滚滚浓烟与熊熊烈火，他都会想起 21 年前那场地震与火灾，想起故去的亲人，两行清泪不由得顺脸颊而下。

这还不是早川德次最艰难的时刻。战争刚结束，盟军最高司令官总司令部（GHQ）就发来命令，说早川电机的航空无线机是兵器，必须全部销毁，如果官方检查不能通过，工厂将立即解散。早川德次默然不语，这些产品既可用于交通机关，也能装在渔船上成为反探测装置，只是普通的通信机械，他心有不甘又无法反抗，只好将航空无线机上有用的零件拆卸下来，并集中分拆与兵器相关的产品，所有文件资料全部焚烧。看样子，工厂只能重新生产收音机了。

检查结束的第二天，早川德次就召集干部开营业会议，提出免费为百姓修理收音机的建议。当时许多家庭的收音机在战火中损坏，再也无法通过电波里的音乐和新闻来愈合战乱的伤痕，早川德次认为，修理收音机无须太多零配件，只要能给人们带来快乐，就值得去做。停战一周之后，"免费修理收音机"的公告就刊登在报纸上，第二天，公司门口就挤满怀揣残损收音机的顾客，一连三个星期都是如此，门庭若市。

借着这股热潮，早川德次又组织员工生产一批紧缺生活用品，比如电热器、烤土豆机、烤面包机、卷烟机等，其中烤面包机一共卖了几万台，他的眉头逐日舒展。没过多久，又有好消息传来：GHQ 暗示日本政府必须完成年产 310 万台收音机的任务，美国人将以广播为宣传工具对日本国民进行再教育，商工省经过估算，将 50 万台的订单分摊给早川电机。当时整个日本收音机行业每年总产量只有 65 万台，不但早川电机可借此机会翻身，所有同行都会被盘活，消息传开，业界奔走相告。

后来的事实证明这不过是一场闹剧。正当早川德次招兵买马，扩大规模，准备大干一场时，GHQ 紧急撤销命令，不仅如此，他们还以宁缺毋滥为由劝诫各厂商停产"并四"（四球再生收音机）。大喜大悲的折磨令早川德次愤懑不已，他责怪政府部门过于软弱，全看 GHQ 的脸色行事，横生诸多事端。

仰人鼻息的官员惯于逆来顺受，增产不成反遭限产之后，政府又出台《战时补偿特别税法》，要求各企业将 1944 年以来国家作为战时补偿所支付的货款全部返还，上缴国库。早川电机的数额为 2 500 万日元，苦苦挣扎的早川德次如遭雷击，多年来辛苦为国分忧，到头来竟受此盘剥，难免心灰意冷。

值得庆幸的是，早川德次的企业不仅存活下来，而且小有起色。1944 年末，早川电机增资 3 000 万日元。次年 3 月份结算时，销售额已超过一亿日元，纯利润达到 400 多万日元。1945 年 5 月，东京、大阪、名古屋三大证券交易所重新开盘，早川电机在春寒料峭中登陆大阪证券交易所，每股 24 日元。早川德次兴高采烈，他亲见九死一生的企业终于在股市体现其商业价值，想到 37 年的日夜辛劳，顿时百感交集。

有一天，赫赫有名的松下幸之助突然登门造访，笑容满面地祝贺早川电机成功上市，并主动提出想成为公司股东，希望早川德次能转让 1 000 股。话音刚落，他当场拿出现金，早川德次立即让部下到证券公司办理手续。这件事给公司财务部门带来极大的触动，他们向早川德次建言：
"松下先生这么大手笔，是有银行做靠山，我们为什么不从银行贷款？"
却被一口否决。彼时公司运转正常，9 月末的财报显示，上半年总销售额
达到 2.3 亿日元，平均每月 3 800 万日元，纯利润增至 700 万日元，夏普
收音机远近闻名，几乎占到全行业市场份额的 30%，稳居第一。

1945 年 12 月底，日本颁布《工会法》，GHQ 希望通过工会组织以推
动日本民主化进程，当时许多企业都暗中抵制，担心工人抱团不好管理，
早川德次却积极支持，次年 2 月就在公司成立工会。直到政策施行的第
三年，日本还有将近一半的企业没有成立工会，彼时全国各地工人运动
四起，连政府工作人员都游行、罢工，要求解决吃饭问题。数年之后，
早川德次深陷破产境地，工会主动委曲成全，他将为当初的英明决定暗
自庆幸。

接下来的四年间，早川电机在内外交困中艰难生长。到 1949 年，日
本经济形势骤然紧张，这年 2 月，以谨慎务实著称的杜鲁门总统派约瑟
夫·道奇前往日本出任 GHQ 的经济顾问，推行旨在促进日本经济自立的
"道奇计划"。道奇曾担任芝加哥的底特律银行行长，善于用金融杠杆激
活经济，他上台后就制定包括货币紧缩、单一汇率等内容的"经济九原
则"，比如将汇率固定为 1 美元兑 360 日元、废除各种补给金制度，以逐
步建立稳健的财政和货币体系。可是，日本迅速陷入通货紧缩，老百姓
无力购买商品，街头巷尾怨气冲天。受此影响，倒闭风潮开始在企业界
蔓延，到 6 月份，收音机厂商由 80 多家锐减到四十几家，一半企业灰飞
烟灭。

在货币紧缩的政策下，所有企业都面临资金不足、无以为继的危险。
当时早川机电专门派人每天在大阪站的月台等待，一旦回款到达，立即
转交给检票口的人，后者坐车将钱送到银行，这是一种踩钢丝式的冒险

策略，灾难转瞬将至。

1950 年 6 月，日本通过《电波法》《广播法》和《电波监理委员会设置法》，又称"电波三法"，明确规定广播可以对民间开放。闻讯的收音机厂商顿时活跃起来，可是惯于搬弄是非的记者却将喜报变成噩耗，他们耸人听闻地散布说：一旦民间涉足广播，NHK（日本放送协会）必定反对，双方将掀起一场电波大战，到那时收音机将很难收听到广播。所以广大听众应静观其变，暂停购买收音机。

本来老百姓的购买力就不强，如今又产生观望情绪，早川电机日渐衰微的收音机生意骤然无人问津。与上半年相比，现在每月销售额减少 1 000 万日元，产品售价平均下降 26%，亏损达到 460 万日元，公司人数已减少到 580 多人。此时公司股票已跌至 14 日元，借贷超过 1.3 亿日元。这是早川德次创业以来最危难的时刻，他终日面容憔悴、神情疲惫。

整个行业都陷入兔死狐悲的哀伤之中。上一年日本每月收音机销售为 8.07 万台，现在连续三个月平均每个月只有 1.8 万台，原来 30 多家厂商也剧减到 18 家。金融紧缩还在继续，许多承兑票据到期后银行却拒绝支付，早川德次办公桌上的约定票据都堆了三十几厘米高，全都是供应商支付却被银行推回来的，如果不能变成现金，这就是一堆废纸。

为了渡过难关，早川德次命令员工停止组装收音机，将全部精力用于销售，生产线上的工人也可以根据意愿转入销售部。那真是不堪回首的拮据时期，公司不仅拖欠员工工资，连发到手的也只有 1/16 是现金，剩下的全部用收音机来抵扣。没有办法，大家只能尽全力将收音机卖出去，才有钱养家糊口。

早川德次无法面对员工的窘迫和无奈，这种折磨简直生不如死。他不再固执己见，主动跑到富士银行谈融资，但是对方要求必须裁员，否则根本拿不到一分钱，可他坚决不肯让步："要我这样做还不如把公司关掉。"第一次谈判持续半个多小时，最后不欢而散，早川德次已做好最坏的打算。

社长去银行借钱的消息很快在公司内部传开，工会组织员工开大会商讨对策，对于早川德次宁肯破产也不愿裁员的决心，所有人感激涕零，纷纷表示愿意主动辞职以挽救公司，最后，有210人在这次危机中"主动"离去。当工会的三名负责人将决定呈报早川德次时，他再也难以抑制内心的愧疚与酸楚，竟掩面躬身痛哭，半天不愿抬头。过了许久，他以坚定的口吻吩咐下属，对于离职的员工，除支付规定的金额之外，还要发放解雇预告补贴等费用，相当于两个月的工资。此外，公司还赠给每个人5台五球收音机作为留念，并尽力提供转行的机会，而且约定如果情况好转重新招聘，将首先录用他们。

1950 年 8 月，富士、三和、第一、协和四大银行终于同意以协调融资的方式支援早川电机 1 500 万日元，早川德次继续担任社长。山穷水尽的早川电机就这样柳暗花明，在即将到来的日本经济复兴的春天里向上生长。早川德次果然没有让爱戴他的离职员工失望，第二年，他们陆续回归。

跟大阪市的早川德次一样，大阪府门真市的松下幸之助也因为战局动荡与经济紧缩而心力交瘁。早川电机的财务人员曾羡慕松下幸之助购买股票时出手阔绰，却不知他所背负的沉重债务，连报纸都公开指责松下电器是"日本第一滞纳王"，所拖欠的各项税款高达 10 亿日元。

1927 年日本爆发银行危机，松下公司在这一年进入电热器行业，急需一大笔资金，可银行无钱可贷。好在危机发生的两个月之前已与住友银行签订借款合同，松下幸之助本没抱太大希望，那是双方第一次合作，金融危机时毁约现象已司空见惯，可住友银行还是分文未少地把钱贷给他，而且不需要任何抵押，全凭松下幸之助创业将近十年积累的商业信誉。松下公司终于摆脱资金短缺的危机，与住友银行的缘分也从这段佳话开始，在今后近百年中互相扶持，堪称银企合作的典范。

松下更大的危机在两年后到来。1929 年全球陷入大萧条，日本政府采取紧缩的货币政策，经济更加不景气，受此影响，松下公司产品积压严重，销售额明显下降，资金周转再次出现困难。1930 年 5 月，松下的新厂完工，可以投入使用，可这时日本经济彻底跌入冰点。11 月份，政府宣布解除黄金进口禁令，政府的本意是繁荣经济，没想到手里有点钱的人都一窝蜂地去抢购黄金，"日本的经济彻底完了"，很多人丧失了希望。

松下电器也受到了不小的冲击，经济不景气，仓库里堆满了货物，每天又不断有货物生产出来。建新厂房已经耗掉家底，银行贷款又必须如期归还，如果资金链断裂的话，松下电器很可能一夕崩盘。

下属向松下幸之助建议："现在销售量减少了至少一半，没办法了，我们只好减少产量了，相应地，得裁减掉一半职工。"松下幸之助没有答话，公司可以倒闭，但裁员是他万万不能忍受的。他一直认为，每一个松下员工都是他的家人，在危机时刻，把家人扔下船，这绝非大丈夫的行为。

经过几天的冥思苦想，松下幸之助终于想出了解决办法："产量立即减半，不裁员，所有员工每天上半天班，剩余的时间自由支配，让所有员工都积极地想办法推销产品。"

按照松下幸之助的吩咐，每个分公司的负责人都召开全体员工大会，他们把公司现有的形势和松下幸之助的决定都如实相告。听到松下"不裁员"的决心，所有员工都如释重负，甚至有人感动得痛哭流涕，最后听到松下幸之助的决定："为了让公司渡过难关，需要所有人都行动起来，想方设法地把产品推销出去，唯有如此，我们的公司才能维持下去"，所有人都赌咒发誓，一定会为了保住公司奉献所有能量。

松下的所有员工都动员起来了，他们不仅每天为松下的产品四处奔走，还把家里的人都发动起来帮助推销，库存产品很快就销售一空，供不应求，工人们又恢复了全日制工作，新工厂也开始正常运转了。除此之外，松下的销售通路更加广阔，公司与员工的关系也更加团结，这些都成为经济萧条时代的一个奇迹。

在这个过程中，松下幸之助独创的终身雇佣制逐渐成形："松下绝对不会无故解雇任何一个'松下人'。松下员工在达到退休年龄之前，不用担心失业。"在这种体制下，一名大学生毕业之后将直接进入企业接受培训，然后从最基层做起，随着资历的增加，职位不断提升，直到退休。如果员工没有做严重违反企业制度的事情，或者没有因个人原因给企业造成重大损失和麻烦，也没有主动递交辞呈，他就会在一家企业安稳度过一生。

松下幸之助还非常注重员工教育，每周都会在员工大会上作一篇精彩的演讲。在他看来，员工就是自己的左右手，一个公司的高速运转与员工的努力密不可分。松下制定的员工守则、创作的员工歌曲，也时时以员工为主体。这大大提升了团队凝聚力。每位员工都以松下而自豪，而松下也是全球发生劳务纠纷最少的企业。

终身雇佣制让员工树立起"企业就是我的家"的意识，能充分发挥每一个人的主人翁精神，让他们处处以公司利益为重，能大大提高企业的执行力。另外，终身雇佣制有效地保证了员工的忠诚和稳定，使得企业的无形资产如经验、技术等得以传承和保密，这些为高品质的"日本制造"奠定了基础。在松下幸之助的带动和影响下，终身雇佣制度受到了日本各界的欢迎和追捧，大家纷纷效仿，这成为日本经济飞速发展的一大助力。

在经济不景气的时候，产品的市场价格就会显得格外敏感，企业家最常采用的办法是借助价格武器打击竞争对手或者扩张市场份额。对此，松下幸之助有一个独特的看法，他认为随意哄抬或压低价格是损害公众利益的行为，不是有责任感的企业家的正当做法。

他对松下旗下的所有产品都明确了一个定价原则：价格 = 成本 + 合理的利润。这个原则是任何时候都适用的，也就是说，松下不会为了与竞争对手抢夺市场打价格战，而把价格降到连成本都不计，也不会因为产品畅销就趁机抬价，而谋取更多的利益。

1931 年，松下的电池灯与电池销售量急剧增加，有下属向松下提议，现在销售形势一片大好，应该适当提高价格？这倒提醒了松下幸之助，现在销售量上去了，生产成本下降了，那应该适当降低售价才对。

电池灯是由松下生产的，但与电池灯匹配的电池是由冈田和小森两家电池厂生产的，松下幸之助便去找他们商量降价："我要让所有家庭都用上我们的电池灯和电池，还要让他们能高兴地使用。现在销售形势很好，如果我们能适当降低售价的话，那销售量肯定还会提高，我们的利润不会受到任何损失。"冈田与松下已经合作了很长时间，他对松下幸之助的任何决策都十分支持，当场就同意了松下幸之助的降价提议。

小森却有点迟疑，在松下幸之助的反复追问下，他说出内心的忧虑："现在电池的价格已经很低了，利润很薄，继续降价，万一经济更加不景气，销售量降下来了，那我们的生存就成问题了。"

松下幸之助劝说道："你相信我，你的担心绝对不会出现，不论经济形势怎样变化，有利于老百姓的东西永远不用担心它会没有生路。"

小森思索再三，最后对松下幸之助说："我实在不敢去冒这个风险。不过，你愿意的话，我可以把这个电池厂转让给你，我觉得这个电池厂在你手里一定能得到很好的发展，各种经营风险会大大降低，员工们也能迎来更好的发展。"

听到小森的提议，松下幸之助痛快地答应了，对他来说，虽然在整体经济不景气的情况下收购小森电池厂有很大的经营风险，处理不好的话将给松下带来沉重的经济负担，但这种做法能完美地贯彻自己制定的价格政策，他还是毫无条件地答应下来。

在松下幸之助的主导下，1930 年，松下电池灯和电池的月销量为 20 万个，出厂价分别是 0.60 元和 0.16 元。到了 1937 年，松下的电池灯和电灯的价格已经分别降到 0.30 和 0.10 元，比点蜡烛还便宜。在电池灯这个细分领域，松下做到了极致，成为万千家庭必不可少的生活用品。

值得一提的是，小森电池厂改名为松下第八工厂之后，松下幸之助对原有工厂的人员没有做任何调整。在最初接管的两个月里，他只是每天抽出两个小时悄悄地到厂里去视察，发现问题他会私下向厂长提出改进建议，他很少出现在员工面前，更不会插手具体事务。一切都在悄悄改变，两个月后，该厂已经完全接受并贯彻松下电器的一整套管理制度。

一个很平常的午后，松下幸之助吃完午饭，打开收音机听新闻，"兹兹"，正听到紧要关头，收音机发出了一阵嘈杂的声音，又坏了！这已经是第三次出问题了，松下幸之助叹息了一声。这次他没有直接把收音机拿去修，而是拿在手里反复打量着，手表这么精细的东西，都能做到几十年不坏，为什么一个简单的小匣子天天坏呢？能不能生产高质量的收音机呢？

在那个年代，因为经济不景气，大多数人不再出门花天酒地，他们更多的是留在家里打发时间，收音机既能了解新闻动向，又是一种娱乐消遣的工具，倍受青睐。可当时的收音机品质极其不稳定，这使得很多人对它敬而远之。解决了质量问题，收音机将是一种走入千家万户、人见人爱的消费品，松下幸之助捕捉到了收音机的市场价值。

可那个年代，收音机是一种时髦产品，制造收音机也是尖端、保密的技术，松下电器上下几百号人没有一个能摸清这个能说话的小匣子。松下幸之助想出一个折中方案：与市面上最好的收音机厂合作，松下指导其改进产品质量，生产出更好的收音机来，以松下的品牌和松下的销售网络推入市场。

松下选中了一家故障率很低的收音机制造商，他们的产品品质和信誉都相当不错，松下开出了非常丰厚的条件。因为对松下的经营作风和业绩早就有所了解，再加上条件确实不错，这家收音机制造商很痛快地接受了松下的提议，两者达成合作意向。

为了加大产品的影响力度，松下随后投入巨额广告费为即将面世的松下收音机造势。很快，松下收音机投入市场。出乎所有人意料的是，松下收音机竟然故障百出，退货不断，松下经销商抱怨连连，松下电器名誉扫地，连其他的电器品类也受到不小的影响。

还是原来的生产工厂、车间、工序、工人。这些都没变。唯一变化的是，原来收音机是由厂家的专营店销售，现在由松下的营销网络销售。经过一番调查，松下幸之助发现，问题就出在销售网络上。出厂的收音机因为运输原因，难免出现零件或螺丝松动之类的小问题，收音机厂家下属的专营店都配有专门检修人员，他们会在销售前检查一下，发现问题及时解决，这大大降低了退货率。而松下的销售人员对收音机知之甚少，他们摸都不敢乱摸，很多有小问题的收音机流通出去，导致退货率成倍增加。

松下幸之助提出"改进生产技术"的想法，厂长连连摇头："收音机是很复杂的东西，一般人是弄不懂的，随便改进更是不可能的。"

对此，松下幸之助很不认同："收音机就是一种简单的机械，只要把它的内部零件调整好，就能让它不出故障，这有什么困难呢？"

厂长认为松下幸之助是门外汉："目前的收音机不可能做到'保证不出故障'。若是扩大生产规模，问题还会更多，这就是收音机行业的现状。"

松下幸之助有些愤怒："你有了这种'不可能'的想法，那肯定就不可能了。换个思路，只要坚定信念，就肯定能造出符合理想的收音机来。"

因为观念不同，松下幸之助跟厂长谈崩了，后者带着技术工人离开，把空荡荡的工厂留给了松下幸之助。经过一番技术攻关，搭进去不少资金和名誉，还是没有掌握收音机的制造技术，一切又回到原点。是不是就此放弃呢？

当然不！松下幸之助的观念很简单：既然目标是正确的，就一定要竭尽全力让它去实现。他向研究部门发出一项命令：排除万难，一定要尽快设计出合乎理想的收音机。研究部主任中尾接到命令后，面有难色："虽然困难重重，但我们愿意尝试一下，时间可能会有点慢，希望你能理解。"

松下幸之助摇了摇头："你们的困难我理解，但你们一定要有在短时间内设计出一台高质量的收音机的决心。我们的工厂、工人都在这里等着活干，我们的广告也已经打出去了，我们没有太多的时间浪费。只要有决心，我相信以你们的能力，就一定能实现。"

三个月后，中尾成功制造出令松下幸之助满意的收音机，并在日本广播电台举行的收音机组装大赛中赢得第一名。紧接着，松下收音机高调投入市场，新问题随之出现：很多厂家为了争夺市场以低于成本价销售，松下收音机应该如何定价？

松下幸之助想坚持"成本 + 适当利润"的定价原则，可经销商们意见很大："松下的收音机价格比其他厂家要高出很多来，不好卖啊！"松下幸之助不厌其烦地做工作："我们不要看眼前一时的得失，我们要看到更长远的未来。我们要给大家提供高品质的产品，这就需要有利润保证。我们要不断地扩大生产规模，力争把收音机做成每个家庭都能买得起的产品，这还是需要有正当的利润支撑。短期来看，我们可能处于不利地位，但从长远看，我们将是笑到最后的赢家。"

虽然价格稍高，但因为品质有保障，松下的收音机还是受到用户欢迎。不久，月产量达到上万台，占据全国收音机三分之一的市场。销量增长之后，生产成本降下来了，松下幸之助把价格也降下来，最后售价只有同类产品的一半，逐渐成为日本首屈一指的收音机领跑者。

1932 年 3 月，一个偶然的机会，松下幸之助参观了大阪郊外的一个寺庙，当时正赶上殿堂在装修，从全国各地汇聚过来很多教徒，他们自愿组成装修队伍，干活的时候一个个满脸肃穆、一片虔诚，非常认真，他们表现出来的认真负责是在任何工地都看不到的。

松下幸之助被深深触动：在寺庙殿堂的维修现场，没有人监督，也没有人管理，所有人自觉地与其他人配合，有条不紊地认真工作，他们愉悦的心情能够感染每一个看到的人。信仰的力量多么伟大啊！

能否把教会这种使人甘之如饴地做好工作的精神状态引入企业经营中呢？松下幸之助进一步思考后发现：人类的生活由两部分组成，物质和精神，二者缺一不可，相辅相成。松下幸之助提炼出后来影响深远的"自来水哲学"：生产者的真正使命是大量生产丰富的物资，使人们摆脱贫困，享受丰富美满的生活。就像自来水一样，它是每个人都必需的，它又是极其充裕的，几乎不需要人们付出任何代价就可以得到它。

无论是不裁员、终身雇佣制，还是热销不涨价、竞争不压价，松下幸之助以往的很多做法其实都暗含"自来水哲学"的思想，只不过参观寺庙之后他顿悟了：松下电器的未来要以消除天下贫穷为己任，唯有如此，松下的未来才能一片光明。

日本的 5 月 5 日是"男孩节"，这一天，每个家庭都要庆祝男儿的诞生，并在门口悬挂黑、红、蓝三色鲤鱼旗，寄托望子成龙的心愿。松下幸之助把这次顿悟当作松下电器的新生，虽然公司早在 15 年前就已经成立，但他决定把 1932 年 5 月 5 定为松下的创业纪念日。过去 15 年只不过是胚胎期，直到今天松下电器才呱呱落地，真正诞生。他当着全体员工发表长篇演讲，透彻地阐释了自己的经营思想和松下的奋斗目标：松下要生产无限多的物质产品，满足尽可能多的人们的需要，使人类能够过上安居乐业的生活。他的这一目标让所有员工热血沸腾，他们都在这一天找到人生的意义。

很多时候，灾难是一笔财富，它孕育着无穷的力量。在日本大萧条时期，很多企业却生机勃勃，一些有志之士则开始创业之路。

丰田喜一郎是日本纺织大王丰田佐吉的长子，他从小接受最好的教育，高中毕业后考入东京帝国大学，就读于工学系机械专业。大学毕业后进入"丰田纺织株式会社"当一名机师，丰田佐吉把他带在身边，对他进行长达 10 年的磨炼和教诲。

1929 年年底，丰田喜一郎有机会到英国出差。在这里，他对汽车产生浓厚兴趣，花费四个月时间走访欧美各国的汽车生产企业，并暗暗立下发展日本汽车事业的决心。

1930 年，病重的丰田佐吉时日无多，临终前，他把丰田喜一郎叫到床前："你是我的儿子，你就要和我一样，在发明创造上要有所作为。我做的是织布机，你就要把你喜欢的汽车搞活。"说完之后，他亲手塞给儿子 100 万日元，让他作为汽车研究的启动经费。按照常理，有资金、有热情、有能力，丰田喜一郎的汽车之路应该会很顺利，可事情的发展却出乎意料的艰难。

当时，日本民法有这样一条强制性规定：在同一屋檐下注册的家族成员，年龄最长的才能担任家长。因此，在丰田佐吉去世后，丰田喜一郎的姐夫丰田利三郎继承了丰田佐吉的全部产业。可丰田利三郎并不支持丰田喜一郎的汽车梦想，他认为汽车事业风险很大，不应该轻易涉及，而丰田喜一郎则认为时机已经成熟，汽车事业必须立即行动起来。

丰田喜一郎多次劝说丰田利三郎，他从欧美汽车产业的现状讲到日本汽车的未来，从公司的现状讲到未来发展的前景，最后，丰田喜一郎不得不搬出丰田佐吉"最后的遗嘱"。权衡再三，丰田利三郎勉强同意公司设立汽车部，给丰田喜一郎在一间仓库的角落里腾出一块地，作为汽车研发中心。丰田喜一郎的汽车梦就从这个角落起步。

因为当时公司里没有一个熟悉汽车技术的人，丰田喜一郎就一边到世界各地寻找技术人才，一边手把手地对现有员工进行培训。1933 年 4 月，丰田喜一郎从美国购买一台"雪佛莱"发动机，研发就从这里开始，通过反复拆装、研究、分析、测绘，研发团队慢慢摸清汽车发动机制作原理。1934 年，丰田喜一郎托人从德国买回一辆 DKW 前轮驱动汽车，弄懂汽车的驱动程序。1935 年 8 月，经过两年埋头摸索，丰田喜一郎造出第一辆"丰田 GI"牌汽车。

样品诞生，正式生产意味着要有大规模资金投入，厂房、生产设备、原材料都需要不少费用。丰田利三郎不想因为汽车项目而拖垮了整个企业，他提出分家，划给丰田喜一郎 1 200 万日元的创业资金和 300 多个工人，任其自生自灭。

1937 年 8 月 27 日，丰田喜一郎另立门户，成立"丰田汽车工业株式会社"，主营汽车生产和销售。可正当他马力全开，准备大干一场的时候，经济危机袭来。丰田喜一郎被经济危机的浪头打了个劈头盖脸，还没缓过劲来，侵华战争爆发，丰田公司被纳入战时军需工业品的生产厂家，被明令要求为国家生产武器弹药，丰田喜一郎一直津津乐道的"用日本国内研制的技术制造国际一流的汽车"的梦想戛然而止。

与当时很多贫困家庭的孩子一样，1923 年，15 岁的吉田忠雄高小毕业。虽然他的成绩一直很好，但还是离开学校，开始自食其力。他一边在邻镇的胶靴店打工挣钱贴补家用，一边利用业余时间自学，并考取早稻田实业学校。

1928 年，吉田忠雄离开家乡，背着一个简单的行囊，身上揣着 70 日元，独自一人去大都市东京寻求发展，举目无亲，做着最低等的工作，过着最贫困的生活。吉田忠雄很踏实，他从没埋怨过工资低，也没抱怨过工作苦，他从临时工做起，兢兢业业，还不断在工作中学习、充实自己，经过几年时间，他晋升为所在百货商店核心业务的负责人。

20 世纪 30 年代，日本陷入全面的战乱时期，日元狂跌、税赋日重，社会经济整体崩盘，很多公司、商场熬不住倒闭了，其中包括不少规模庞大的财团。在这样的浪潮中，1933 年，吉田忠雄奋斗了 5 年的百货商店也倒闭了。

这一天，吉田忠雄跟商店老板在整理店里遗留的货物，经营多年的商店倒闭，老板很沮丧，他准备把店里的东西能卖的就卖掉，卖不了的就扔掉，然后带着全家人回老家生活。同时，老板也很为吉田忠雄的未来担心，两人本是老乡，在几年的共事中，他非常欣赏吉田忠雄这个勤恳、认真、聪明的小伙子。

"吉田，你未来有什么打算？"老板问吉田忠雄，"要不要跟我们一起回老家啊！现在经济不景气，东京实在是待不下去了。"

吉田忠雄摇了摇头："不管经济形势怎样，人们总要生活，总会有机会的。"说着，吉田忠雄在商店库房的一个角落里翻出来一个大包，他打开一看，是一堆拉链，这些拉链堆在这里已经有很长时间了，上面锈迹斑斑。

"这堆拉链是怎么回事啊？"吉田忠雄随口问道。

老板看了一眼回答："这是大阪的拉链厂放在这里，让我们代销的。这些拉链品质太低劣了，一直没卖出去，就积压在这里了。"

吉田忠雄脑中闪过一道光芒：拉链是日常生活用品，不管经济形势怎样，这种小东西无论如何都需要。他赶忙给老板说："我觉得拉链的市场潜力很大，能不能把这批拉链交给我来代销呢？"老板毫不犹豫地答应了。

就这样，吉田忠雄一脚踏入拉链行业。1934 年 1 月，吉田忠雄创办三 S 公司，专门生产、销售拉链。他聘请 2 个员工，手头里仅有省吃俭用留下来的 350 日元资金，却有 2 070 日元负债。

吉田忠雄面临的第一个问题是拉链的品质。当时拉链算是一个新鲜事物，第一次世界大战结束后才进入日本，日本厂商模仿从美国传来的成品研制、生产拉链，生产方式非常原始，完全靠手工，效率不高，故障率却很高，因此，退货堆积如山，存货滞销是常有的事。吉田忠雄很清楚，不解决品质问题市场将很难打开，因此，吉田忠雄始终关心提高拉链的品质，他每次到大阪拉链厂订货的时候，都留心观察拉链的制造过程，然后潜心研究如何改进品质，并尝试将退货的拉链一条条拿来修理。经吉田忠雄修理的拉链，坚固耐用、滑润易拉，很快就受到欢迎，业内还给吉田忠雄取了一个"拉链医生"的绰号。

这个阶段，吉田忠雄坚持"品质第一"的信念，对于不能修好的拉链会果断砸烂，这么做的直接结果是他的拉链成本比别人高，售价也更高，很难被市场接受，但吉田忠雄仍旧坚持高品质、高定价，逐渐赢得顾客的认可。

到 1936 年，吉田忠雄已还清全部债务，公司也由当初的 3 个人增加到 26 个人，销售网络也越来越大，他尝试拉链零部件的生产和加工。1938 年，员工已经增加到 100 多人，为了满足经营需要，他购买了一块 85 坪的土地，建起一座新工厂，三 S 公司正式改名为吉田工业公司。

正当吉田忠雄准备大举扩张的时候，日本发布一道战时经济限制令，明确规定经济生产中禁止使用制造枪炮的必需原料"铜"。当时的拉链工业中铜是最主要的原料，这意味着拉链产业将就此衰落。经过一番思考，吉田忠雄决定用铝替代铜制造拉链。铝的质地太软，很多人觉得不可能，吉田忠雄则认为，只要经过合理的配比制成铝合金，就可以弥补铝质地太软的缺陷，还能做到不违背战时管制的规定。经过反复试验、研究，吉田忠雄果然研制出硬度足够强的铝合金拉链，很意外的是，这种铝合金的材质比铜要轻，使用在裤子、新式洋装上，这种轻便的拉链反而更受欢迎。

一直以来，吉田忠雄有一种"善的循环"的理念，他认为一个企业如果不为别人的利益着想，那企业将很难得到发展。因此，自开办企业以来，他很注意以"多方受益"的原则控制利润，他主张将企业的利润分成三部分，1/3 属于消费大众，以降低售价的方式返还给他们；1/3 属于经销商，以销售折扣的方式补偿他们；剩下的 1/3 属于企业自身，要以工资、福利等方式交到每一位员工手里。他觉得这种利润共享的方式是一种"善"的循环，"把好处分给别人，别人得到了好处，最终也会带给自己好处。善就是这样循环往复，不断运转，最后，大家都是善的受益者"。

虽然拉链很受欢迎，但吉田忠雄没有借机涨价，而是坚持低廉的价格，让消费者得到实惠，这一举措赢得顾客的广泛信赖。吉田拉链成了"质优、价廉"的代名词。短短两三年时间，吉田便做到日本的拉链产业第一，市场占有率超过 70%。在这个过程中，吉田忠雄不忘拓展外销渠道，在美国、南美等地都取得不错的销售业绩。

吉田忠雄的一生可谓一波三折。就在生意风生水起的时候，太平洋战争爆发，吉田忠雄的外销之路被封死。不久，在美军的一次空袭中，一颗炮弹正好落在吉田位于东京的拉链工厂，吉田忠雄多年的心血刹那间变成废墟，工厂没有了，设备没有了，资金没有，员工遣散了，吉田忠雄又回到多年前的一无所有。

虽然什么都没有了，可吉田忠雄的信念没有一丝动摇，他一门心思重振拉链事业。从空袭中逃离出来的吉田夫妇暂时寄居在一位老朋友家里，他每天拿着一个铁铲，到工厂的废墟中寻宝，这个机器还能修理，这个零部件还能用，他把能用的东西一件件整理好，运回故乡鱼津市。

第二次世界大战结束后的日本货物奇缺，拉链这种生活必需品供不应求。当时吉田的制作工厂设备简陋，只能用人力机械来制作拉链，质量虽差，但销售形势仍旧一片大好。就这样，吉田忠雄的国内销售网慢慢地建立起来，员工总人数也激增到千余人，他果然东山再起。

第一次世界大战中，三井因为承担起很多军需品的供应，趁机大发战争财。在随后的经济危机中，一大批弱小企业倒闭，这成了三井的机会，他乘机吞并不少小企业，实现快速扩张。1931 年，三井合股公司总资产达到三亿日元，直系和旁系公司加起来超过四十家，成为日本经济不可忽视的存在。

1931 年，受世界经济危机影响，日本股市动荡，物价大幅下跌，日本经济陷入全面萧条，日本大藏大臣井上准之助却坚持实施紧缩政策，他一边发行公债，一边开放黄金出口，并且主张日元是世界上最伟大的货币。

当时，英国推行了放弃金本位制度，为了防止英镑快速下跌，英国银行暂时冻结了外国资金，三井在英国银行恰恰有 8 000 万日元的存款。

当时的三井银行负责人池田成彬冥思苦想，找到一个最有效的解决办法：买入美元。当时美元十分坚挺，以此保值，对抗日元贬值。

没想到，此举却惹来大祸。井上准之助亲自写信给池田成彬："三井家族的兴盛，是天皇陛下的恩泽和旭日旗帜的引领才实现的，而今天，你们却忘记皇恩，购买美元导致黄金外流，这是全国人民都不能容忍的！"各大媒体积极响应，每天在头版头条痛骂池田成彬，攻击三井家族。当时，三井并不是主要的美元购买者，但树大招风，整个日本都把矛头指向三井。

三井陷入旋涡，紧接着，"五一五"事件和"二二六"事件爆发，军部和右翼势力站到前线，他们开始对财阀进行攻击，三井更是成为"众矢之的"。1932 年，三井总掌门被暗杀了，池田成彬临危受命执掌三井，也被列入恐怖组织暗杀榜单的首位。

池田成彬总结，三井最大的骂名是——窃取国家财富的妖怪。如果让每一个人都成为三井的一员，三井的财富成为大家的财富，那一切问题不就解决了吗？池田成彬认为，三井过去只关注企业赚钱，忽略了社会效益和民众需求，这是不行的，必须变革，让三井成为一家属于所有人的社会企业，那三井就不用受攻击了，自己也不用担心被暗杀了。

在池田成彬的主导下，三井开始三大改革。

改革的第一步是让身居高位的三井家人离开权力中心。池田成彬开始挨家说服，对那些三井家的大佬们说三井的现状、未来，改革的必要性。他费了很多口舌，效果并不好，毕竟呼风唤雨的日子谁也不想轻易放手。没办法，池田成彬搬出三井家族的总当家三井高公。三井高公是一个目光很长远的人。早在 20 世纪 20 年代，他就曾经写信要求三井家族放弃经营权："三井这一姓氏不能成为三井前进的阻力，该放手的时候理应放手。依靠外姓人解决三井家族的重大危机，并没有什么错。"听到池田成彬的想法，三井高公很认可，他挑头支持池田成彬，对家族人员进行劝说，手里还拿着几份对三井激愤抨击的报纸，有的时候还会带几封恐吓信、匕首、死猫、死狗之类，三井的贵族们终于动摇了，这个时候，三井高公又做出表态：三井家族的人有能力的将委以重任，退居幕后的将能拿到丰厚的红利。

在威逼利诱之下，三井家族的继承者们终于答应让出经营权，经过半个月的整顿，三井几百年来的家族体制彻底被打破，职业经理人制度确立，这是日本商界的创举。

改革的第二步是向社会公开募集股票，池田成彬认为，要想成为一家真正的伟大企业，必走公开股票的道路，三井高公曾经深入了解过欧美的家族企业，对他的观点极其认可。但并不是所有人都认同，毕竟向社会公开销售股票，就意味着要接受社会监督，还要摊薄公司利润，当时三井物产的社长安川雄之助就极其反对，他与几位三井权贵联合起来联名弹劾池田成彬，没想到三井高公毫不理会。后来，池田成彬向三井高公说了一句："安川雄之助很能赚钱，可他的赚钱方式是以牺牲长远利益为代价的，长此以往，他必将置三井于万劫不复之地。"三井高公很触动，毫不犹豫地把安川雄之助辞退出局，虽然在他手里三井物产的业绩年年翻番。

事实证明，池田成彬是非常正确的，在三井宣布安川雄之助辞职消息的第二天，《东京日报》就兴奋地写道："新的三井来临了！安川雄之助这个'恶魔'，趴在我们身上榨干了我们的血液！他终于离开了！"自此，对三井不利的社会舆论开始慢慢转变。

第三大改革是全面开展公益事业。池田成彬认为，应该把公益当成一项事业去经营。1933 年，池田成彬设立"三井报恩会"，性质有点类似于基金会，三井财团拿出 3 000 万日元（相当于三井银行两年的收入）

交给"报恩会"从事各类慈善事业。同一时间,三井董事会还发表声明,"三井报恩会"不仅仅可以支配这笔资金的利息,还可以动用本金做慈善事业。

通过一系列改革,池田成彬改变了社会舆论对三井的指责,也缓和了反财阀人士对三井的威胁,更为重要的是,三井财团由此完成蜕变,不再是只关注财富的私人家族企业,而成为有社会责任感的社会企业,被当时的日本人称为"民有国营企业""国民企业"。

我们都知道,日本是一个"小国家",坐落于东亚的日本列岛上,国土面积比较狭小,人口数量也很有限,特别是自然资源匮乏。同时,日本又是一个"大国家",在长期与自然搏斗中,日本人养成不畏艰难、肯吃苦、任劳任怨的精神,在跌入谷底时重新爬起、站立。

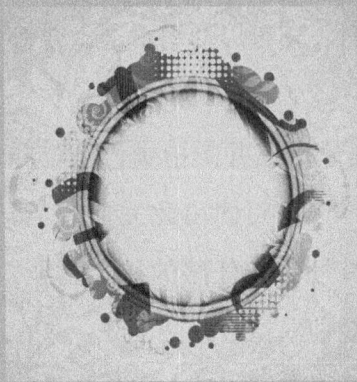

第5章
在沉默中复苏

　　第二次世界大战结束的第二年，即 1946 年，日本开始经济复兴的道路。这条复兴之路的起点非常困难和悲惨。其一，战争破坏了很多厂房和工业设备使得日本工业生产能力锐减。其二，战争期间支出大量军费，引发恶性通货膨胀，导致生活必需品奇缺。其三，战败后，原本侨居海外的日本国民被迫回国，有多达 650 万人无家可归、露宿街头。流浪者随处可见，饥饿困扰着大多数人……

　　为了迅速复兴经济，日本政府在美国当局的授意下，决定重点扶持基础工业。1947 年，日本政府颁布《禁止垄断法》，目的是增强对商业部门的干预，鼓励中小企业的发展。日本政府保护中小企业的政策，鼓励了资本主义自由竞争，日本商业领域快速涌现出无数中小企业。很多有识之士走上创业的道路，他们的发展、繁荣加速了战后日本经济的自我恢复。

1947 年，在静冈县滨松市的大街上，一种被人们称为"吧嗒吧嗒"的交通工具突然风靡起来：远看与普通自行车没什么两样，只是多安装了一部小型发动机，跑起来还发出"吧嗒吧嗒"的叫声，发明者本田宗一郎索性以声命名，亲切又顺口，那时他已是当地家喻户晓的青年企业家，这款新产品便是后来"摩托车"的雏形。

本田宗一郎自 1934 年创办东海精机之后，就将业务重心从修理转向制造，并对汽车活塞环的研发兴趣浓厚。可是他只有小学文化，对冶金技术全然不知，偏巧他为丰田汽车供货的样品又因不合格全部被退回来。无地自容的本田宗一郎痛下决心，跑到滨松高等工业学校去当旁听生，虽然年近 30 岁，而且娶妻生子，旁人引为笑谈，但他还是穿着学生服每天坚持到校上课，整整半工半读两年时间。他后来自述这段经历仍感触良多："学校一放学，就回到自己的工厂工作，边学习边工作，每天忙得不得了。通常都工作到三更半夜，不眠不休。"

在那段时间内，本田宗一郎生产的活塞环不仅满足丰田的需求，还被安装到著名的"奥斯卡"轰炸机上，后来他还将生产飞机螺旋桨所需活塞环的时间从一周缩短至半小时。到 1945 年，东海精机员工已达数千人，丰田汽车和中岛飞机公司（后来成为富士重工）都是它的合作伙伴，丰田还在战时购买其 40% 的股份，成为最大的股东。然而，就在这年 1 月，日本中部发生地震，东海精机的机器设备受损严重。半年多之后，日本宣布投降，整个国家陷入混乱，公司生产因缺少原材料陷入停滞，连续两次受挫的本田宗一郎心灰意冷，顿感前景渺茫，就将东海精机的所有股份以 45 万日元卖给丰田汽车公司，他后来回忆道："我认为，那种时候做生意是做不出什么名堂来的。因此，接下来的一年里，我什么事也没做。"

那是一段颓废不堪的堕落时光，本田宗一郎就像变了一个人，与成千上万因战败而迷失的青年人一样，整天游手好闲地混在一群朋友中喝酒、下棋，酩酊大醉后还会骂人，这种荒唐境况与李秉喆的彷徨经历十分相似。不过，本田宗一郎并未彻底放弃经商的天赋，见当时物资奇缺，他就捣鼓起生产食盐的生意，设备全靠自己设计、制造，销量十分可观。后来他又瞄准纺织，因为战后衣料紧俏，他打算生产纺织机械。1946 年 10 月，无所事事前后消磨一年多，本田宗一郎终于再度创业，成立"本田技术研究所"。

但是，制造大型纺织机械需要巨额资金，本田宗一郎只好放弃。他又重新进入创业起步期的习惯性苦闷，整日为寻找新出路东奔西走。突然有一天，他穿过一片废品堆之后，难掩兴奋地一路狂奔。滨松市是第二次世界大战期间日本陆军师团司令部和陆军航空基地、海军无线电基地的驻所，战争结束后，在残垣断壁中留下大量废弃的军用机械。本田宗一郎无意间从中拾到一台通信机用的小发动机，他突发奇想：如果将发动机装在自行车上，一定会成为畅销商品。

对于先后干过自行车修理和汽车修理工作的本田宗一郎来说，研发机动自行车自然轻车熟路。第一辆车试制成功后，在街头引起许多人围观，有些没赶上的人后来还专门跑到他家里打听情况，但也有人泼冷水："现在是汽油稀缺的时代，会有人骑这种机动自行车吗？"本田宗一郎听到这种疑虑内心更有底："正因为汽油不足，人们更需要这种耗油少、方便驾驶的机动车。其实，即便是药店里卖的挥发油也能让它发动。"

"吧嗒吧嗒"的市场表现很快证明了本田宗一郎的商业远见，本田技术研究所每月能产销 300 辆。为了保证小型发电机的供应，他到陆军仓库找到看门人，希望将废弃产品全部收购。别人正为处理这堆废铜烂铁发愁，于是半卖半送，全部低价卖给他。然而，没过多久，机动自行车的每月销量增长到 1 000 辆，可废弃小型发动机的数量毕竟有限，与巨大的市场需求相比不过是杯水车薪，本田宗一郎意识到，只有自主研发才能解决量产的核心问题。经过刻苦钻研，他终于研制出 50CC 的 A 型发动机，不仅解决机动自行车的发展瓶颈问题，而且为日后进入摩托车、汽车领域做好技术铺垫。

在 A 型发动机的基础上，本田宗一郎不断改进、提升，陆续研发出 B 型、C 型、D 型发动机，其中于 1949 年 8 月完成的 D 型发动机在公司历史上具有里程碑意义。这种 98CC 的小型马达的动力相当于三匹马力，奔跑的声音不再是"吧嗒吧嗒"，而是"轰隆轰隆"。本田宗一郎将其安装在公司新研制的第一辆摩托车上，并将其命名为"梦 D（DREAM）"，饱含"以速度寄托自己梦想"的深意。值得提及的是，D 型发动机的成功以及"梦想号"的诞生，河岛喜好都有功劳，那时他刚从滨松高等工业学校毕业，本田宗一郎正缺制图人才，两人在校时又早已相识，就顺利接受邀请，并肩创业。

1949 年 9 月，也就是"梦 D"问世的第二个月，本田宗一郎以 100 万日元创办本田技研工业株式会社。若干年后，河岛喜好将接任本田宗一郎成为第二任社长。不过，刚开始"梦 D"的质量并不稳定，销量远不如"吧嗒吧嗒"初入市场时那么火爆，就在这时，本田宗一郎遇到另一位得力助手——藤泽武夫。

1943 年，33 岁的藤泽武夫创办日本机工研究所，主要向中岛飞机制作所提供零部件，彼时本田宗一郎的东海精机也是中岛飞机的供应商之一，两人互有耳闻，却从未见面。日本机工研究所的产品质量虽然不太好，但是藤泽武夫是一位销售奇才，企业经营顺风顺水。然而，1949 年夏天，当本田宗一郎通过双方共同的朋友引见并真诚希望得到帮助之后，藤泽武夫竟毫不犹豫地当场答应。这年 10 月，他变卖家产来到东京，开始筹划本田技研工业株式会社在东京的营销计划。11 月，公司将资本金提高到 200 万日元，藤泽武夫注资 50 万日元，占有 25% 的股份，担任常务董事，公司也更名为"本田工业藤泽商会"。本田宗一郎向他承诺："如果未来有朝一日我们必须分道扬镳时，我绝不会让你吃亏！"不过，两人自从携手创业到 1973 年同时退休的 24 年中，一直志同道合，从未分开。

从性格来讲，本田宗一郎与藤泽武夫迥然不同，前者身材不高，着装随意，脚步匆忙，行事雷厉风行；后者高大魁梧，常着和服，脚步迟缓，做事稳健沉静。虽然性格差异巨大，但他们却是日本商界令人艳羡的黄金搭档，共同将本田经营成世界级企业。本田宗一郎整天身着工作服待在研究所，先后研制出"梦想""佳普""奔利""天使"等多款型号的摩托车。将销售、财务、人事大权完全放手给藤泽武夫，连公司公章、社长人名章都交其保管，他经常开玩笑说："他才比较像是本田的社长，我只是挂个名罢了。"同时代的索尼创始人井深大对两人高度评价说："藤泽武夫是一位使本田 100% 发挥才能的精明经营者，本田宗一郎则是 100% 信任藤泽才华的幸运天才技师。"

藤泽武夫没有辜负本田宗一郎的信任，在他的推动下，本田技研工业株式会社于 1950 年在东京开办营业所，并建造一座装配厂。他还将销售渠道从代理商下沉到零售层级，取消全国 200 家代销店，向 5 万多家自行车零售店发送合作邀请，承诺给予高额返点以激发热情，两个星期内就有 13 000 家愿意合作，销售网络一夜铺开。经过数年的发展，本田技研工业株式会社成为世界顶尖的摩托车公司，本田宗一郎也位居日本富豪榜前列。

本田宗一郎与藤泽武夫两人所演绎的子期伯牙式的传奇故事，既是日本商业史上的一段佳话，也为沉默时期苦闷的企业界弹奏出一曲深情感人的"高山流水会知音"。就像一股清新的春风，拂去冬天里的糜烂与腐朽气息，将合伙创业者之间只会猜疑、贪婪、自利的传统偏见与人性弱点一扫而光。可喜的是，同代创业者中堪称莫逆之交的并非仅此二人。井深大曾赞誉过本田宗一郎与藤泽武夫的精诚合作，那段话也是他结合亲身经历对共同创业的深刻感悟，他与盛田昭夫在相濡以沫经营索尼的51 年中所走过的心路历程，亦堪称典范。这些商业英雄惺惺相惜的情感，好似那个晦暗时代一道耀眼的阳光，温暖无数白手起家、心怀梦想的年轻人。

井深大是一位信仰实用主义的发明家，在日本有"发明天才"之誉，是伟大公司——索尼的创始人。许多人将他的卓越事业归因于"有先见之明、懂技术"，他并不认同，"只是因为我一心想制造出便于日常使用的产品"。正是怀有这种朴素而崇高的理想，他先后发明的半导体、磁录音等尖端技术已成为今天支撑日本电子行业发展的引擎，日本政府后来在 1978 年、1986 年两度授予他国家一级勋章。在早稻田大学读书期间，他发明的"动态霓虹灯"就曾获得巴黎世博会的优秀发明奖，毕业后进入一家图片化学研究所做研究员。不久第二次世界大战爆发，井深大转至日本光音公司的无线电部参与军用产品研制，在此期间，他与盛田昭夫相识。

井深大与盛田昭夫初次见面是在 1944 年夏天的一次军事研讨会上。那年盛田昭夫只有 23 岁，刚刚大学毕业就应征入伍，在海军担任技术尉官。而井深大已 36 岁，是日本精密仪器会社的总工程师，他的公司以民间承包商的身份参与其中。在研讨中互相认识，相见恨晚，到研讨会结束时已成忘年之交，并约定：战争结束后，如果彼此还活着，就携手干一番新的事业。

一年之后，日本宣布投降，井深大的一位朋友回忆："每一个工程师都为战争的结束而欣喜，我们感到现在终于可以开始真正的工作了，不再仅仅为军队造武器，而是可以设计和制造有用的东西了。开发真正的产品可以让我们赶上甚至超过美国技术。"战争结束两个月之后，井深大与同事在东京一间狭窄的配电室共同创办"东京通信研究所"，主要制作和修理一些日用小电器。1945 年 10 月 6 日，《朝日新闻》的"蓝铅笔"专栏还对此事进行报道："文部大臣前田多门的乘龙快婿井深先生原来在早稻田大学理工系任教，他最近在日本桥的白木屋商店三楼开办了东京通信研究所。"

偶然读到这篇报道之后，盛田昭夫欣喜万分，立即联系井深大。由于战后包括海军在内的日本全部军事编制都被废除，盛田昭夫复原后到东京工业大学物理系任教，听说井深大资金吃紧，每月必须从口袋掏钱来支付工资，盛田昭夫主动提出可以一边教书一边给井深大做研究员，这样不用支付太多工资。但这并非长久之计，到 1946 年 3 月，两人已开始筹划成立新公司，可在此之前，还有一个关键问题必须解决。

盛田昭夫出生于日本爱知县一户有 300 年历史的酿酒世家，由于是家族长子，自幼就被确立为家族生意的继承人，如今他要独奔前程，首先要征求家族的意见。1946 年 4 月，盛田昭夫与井深大及其已退休的岳父前田多门连夜乘火车前往神主谷，希望以诚意打动盛田昭夫的父亲久作工门。出乎意料的是，久作工门不仅爽快答应"豁免"儿子作为 15 代掌门人必须主持酿酒生意的义务，还资助 19 万日元（合 6 万美元）创业资金。

1946 年 5 月 7 日，东京通信工业株式会社正式成立，前田多门担任董事长，井深大为常务董事，盛田昭夫任总经理，他们在《成立宣言》中写道："要充分发挥勤勉认真的技术人员的技能，建立一个自由豁达、轻松愉快的理想工厂。"不过，创业初期难言轻松自由，公司多次出现资金紧张，都靠久作工门解囊相助。不久之后，这个"局外人"竟然成为公司大股东，盛田昭夫家族一度拥有 17% 的股权。不过，以井深大的钻研精神与盛田昭夫的冒险气质，他们注定将做成一件惊天动地的大事。

这时日本民用无线通信行业逐渐复苏，而方兴未艾的收音机市场却早被松下幸之助、早川德次等先行者抢占，东京通信只能从 NHK 手中承接一些琐碎而微利的无线电改造生意。由于战时基础设施损坏严重，NHK 需要重建无线电中转站以恢复全国广播网络，刚好日本陆军部有大批闲置通信器材，完全可以改军用为民用，但改装费用太低，大企业不愿接手，井深大趁机揽过来，别人眼中的鸡肋，对于嗷嗷待哺的东京通信来说，简直就是肥肉。

然而，当美国占领军派人前往井深大的公司考察后，大失所望，简陋的厂房和落后的设备完全不具备生产能力，好在井深大通过一位政府部门的朋友再三保证，才勉强获得批准。当产品完工交给美国人验收时，对方拍案叫绝："质量绝不比欧洲水平差。"从此之后，东京通信的制作能力和产品质量得到美国人的信任，一个意想不到的机会就要到来。

有一天，井深大亲自将一件改装好的播音混合装置送往 NHK，恰好看到一台从美国带过来的磁带录音机，他顿时像被磁石吸引的铁屑一般怔立许久，然后软磨硬泡，央求美国大兵把录音机借给他。回到公司之后，他难掩内心的好奇与激动，赶忙召集几位技术员商量，一番热烈而亢奋的讨论之后，井深大决定研发录音机。

在经济不景气的形势下，东京通信的生存处境十分艰难，各种未知的变故时有发生。资金短缺，井深大和盛田昭夫就去请一位政府的财务官员吃饭，等对方酒醉时才说出借钱的请求。好不容易凑齐研发经费，公司所在地又遇上土地整改，只得被迫迁厂。为了省钱，两人找了一间简陋的小木屋作为厂房，每逢下雨就四面漏水，员工不得不撑起雨布遮挡。厂房与事务所之间是一片平民集居区，居民经常在此晾晒五颜六色的小孩尿布，工人每天上下班都要低头弯腰穿过。有一次，盛田昭夫的一位亲戚前来看望他，见此情形震惊不已，回故乡后就告诉邻里久作工门的大儿子如何落魄潦倒。

井深大在技术研究方面异常坚韧、专一，几近偏执、痴狂，他拒绝为研发之外的事情浪费一丝心力，公司的经营管理全赖盛田昭夫操劳过问，但是涉及重大决定，盛田昭夫必定会听从井深大的意见，这位兄长式的合作伙伴是他的精神归依与力量源泉。井深大专注内心的召唤，对品质追求百折不回；盛田昭夫激情万丈，对商业理想锲而不舍，两人的高度默契和共同理想让所有经营和技术上的困难都不值一提。1950 年年初，东京通信的第一台录音机终于研制成功，《每日画报》将其比喻为"会说话的纸带"，从此刻起，这家公司在日本电子工业领域正式占据一席之地。

产品实现了从无到有的突破，接下来就是营销关了。可当时的情况，消费者还完全搞不懂磁带录音机这个新潮玩意。为了让消费者能接受这款新产品，盛田昭夫从不断的改进、创新技术的研发室里走了出来，把全部精力投入到了产品的推销宣传活动中。他每天用汽车拉着产品，走街串巷搞路演，向人们展示录音机的功用。声势不小，看得人也不少，可效果却并不明显，大家普遍反映：这个东西太贵。问题真的出在价格上吗？

正当盛田昭夫一筹莫展的时候，很偶然的，他遇到了一个朋友。两人闲聊，朋友说刚花大价钱买了一个江户时代的旧坛子，是某某名人用过的。盛田昭夫很不理解：一个旧坛子，还是别人用过的，这个价钱也太高了，太不值了。朋友不置可否，你是不懂得它的价值，在我眼里，用这点钱能买到这个坛子，是赚到了。本来是很无意识的闲聊，盛田昭夫却突然茅塞顿开：录音机的价格并不高，问题的关键是没找到懂得它的价值的人。

想明白之后，盛田昭夫马上改变思路，开始有针对性地进行推销。在报纸上，他看到一则新闻：法院的书记员紧缺，为了做好服务，他们不得不每天加班加点地工作。盛田昭夫立即捕捉到：机会来了。他带着录音机来到了日本高等法院，向他们展示了录音机的功用。录音机能降低书记员的素质要求，并能大大提高他们的工作效率，实在是一款太实用的工具了，日本高等法院当场就决定购置 20 台，其他法院也纷纷效仿，盛田昭夫初战告捷。

紧接着，盛田昭夫又把目光聚焦在了学校。当时驻日美军正在日本大力推崇英语教育，最大的问题就是英语教师的数量不足，英语教师的口语能力有待加强，录音机能提供展示最好的口语发言，给学生们的听力训练创造最好的的条件，还能一定程度上弥补英语教师紧缺的不足，它在学校一定有广阔的市场。为了更好地迎合学校的需求，盛田昭夫和井深大又进一步创新，制造了一种价格更低廉、体积更小，更适合学校使用的磁带录音机。

新产品推出以后，正如盛田昭夫的预料，磁带录音机迅速普及到全国各地的学校。盛田昭夫的事业由此跨入一个新台阶。

第二次世界大战后的五年是松下电器发展过程中最困难最难熬的时期，20 世纪 30 年代初的大萧条与这时相比，显得微不足道。最令松下幸之助伤怀的是，他被迫将 7 000 名员工裁掉一半，以前无论多么艰难他都没有过如此迫不得已的凄凉处境，做出决定的那一刻，他心如刀割。

松下电器所遭遇的困境很大程度上可归结于政策打压。由于战时在军方命令下建造木船和木制飞机，松下与安田、三井、住友、三菱四大财阀一起受到“财阀指定”等七项限制，另外还有 9 大公司也被列入“整肃”名单。这些企业都不准开展经营活动，甚至连资产都被冻结，高管将被解职，松下幸之助被列入取消公职的 A 级名单。对于 GHQ 的制裁，松下幸之助怒发冲冠，他不断抗争，多次声明"松下绝不是财阀"，还找人用英文写下长达 500 多页的申诉材料，可是美国人却置之不理。无可奈何，松下幸之助决意离去，他没想到，一场风波即将因此掀起。

那时的松下电器还有 15 000 多名员工，工人也曾因加薪与公司发生过纠纷，但如今社长面临解职处分，所有人都不愿面对这个残酷的事实，幸好公司在 1946 年年初就响应政府号召成立工会组织，一万多名工人争先恐后地签名按手印向政府请愿，连他们的家属和公司代理商都加入进来，纷纷要求司令部撤销处分决定。犹记得十多年前的经济危机时期，松下幸之助高喊"不裁员、不减薪"，与员工同甘共苦，深受爱戴，如今公司又遇难关，社长职务难保，一旦离去，谁能扶大厦之将倾？猛烈的"要求社长留任运动"令日本工商大臣星岛二郎倍感惊讶，想不到在当时劳资关系普遍紧张的形势下还会出现同舟共济的故事。经过顽强的斗争，事情终于在一个月后出现转机，松下幸之助得以留任，公司内所有高级职员也都免于解职处分。

松下幸之助的社长之位算是保住了，可危机并未就此化解，所有经济制裁仍然没有解除，而且还面临向国库返还战时补偿款的巨大资金压力。松下电器只能向银行贷款苦撑危局，员工由 15 000 人陆续减少到 7 000 人，后来又裁掉一半只剩 3 500 人。那是松下幸之助如履薄冰、死命挣扎的五年，几乎所有人都认为松下电器就要倒了，连他本人也有过类似的想法。1948 年年底，松下电器年终奖一分钱都没发，松下幸之助发表题为《在本公司兴亡之秋，我所迫切希望于全体员工者》的讲话，将公司所面临的险境坦诚相告，并表示会尽力凑钱发给大家过日子。尽管失望之情在所难免，但听到社长真诚、乐观的鼓励，所有人如沐春风。

就在这段度日如年的困苦时期，松下幸之助开始进行 PHP 研究

（Peace and Happiness through Prosperity，由繁荣带来的和平与幸福），希望坚守人性，从"人性本善"的角度来思考社会制度的应有形态，从根本上矫正社会状况中存在的混沌，从而走向繁荣之路。围绕 PHP 制定的十项目标是他多年来对国家、社会及企业管理的思考和看法，这项研究对松下电器乃至整个日本影响深远，公司行将破产，命悬一线，松下幸之助仍未放弃造福人类的思想启蒙与路径探索。这种心怀天下的浩然之气，为万马齐喑的萎靡世相带来一股清新气息。

1947 年，松下幸之助创办名为《PHP 之声》的杂志，他经常将 PHP 研究心得发表在刊物上，虽然杂志后来因故停办，但是在其基础上成立的 PHP 研究所被保留下来，并且成为松下电器著名的智囊机构。彼时公司正处在急需改革的低迷时期，PHP 很容易就在公司内部推广开来，许多尝试成效显著。

为了拉动销售，松下幸之助亲自跑遍全国各地，北至北海道，南到九州，与代理商推心置腹地交谈，并发起组建"国际共荣会"，以增强信心和凝聚力。他还推出"销售公司制"，并恢复战前的分权制，在管理和营销渠道上大胆放手，最大程度地激活所有人的创造力。

直到 1950 年，束缚松下电器发展的各项限制才被彻底解除，真正迎来再度崛起的时刻，日本经济也逐渐步入正轨。这年 7 月 17 日，松下幸之助意气飞扬地在"紧急经营方针发表会"上发表演说，堪称是一次"经济重建声明"，慷慨之辞大慰人心："我等产业人生于此世，理应通过自身的经济活动实现我国的重建……我等必须培养实力，完成繁荣世界的使命。"浸润使命和理想的文字时常令松下幸之助热血沸腾，直到老时重读，他仍然依稀记得当初的感慨与激动。

曙光初现，旭日东升。这位不出世的企业家，将以宽广的胸襟和气度，拥抱余生四十年的温暖时光。

　　美国日裔心理学家威廉·大内在《Z 理论：美国企业界怎样迎接日本的挑战》一书中，把日本的企业组织称为 J 型组织。在 J 型组织中，人员流动性低、团体感强，个人的行为以整体的利益为基石。在丰田喜一郎的带领下，丰田汽车从一开始就是一个非常注重团队合作、注意发挥个人在团队中的作用的组织，也正是这种统一、协调、合作的文化氛围为"精益生产方式"的诞生提供了丰厚的土壤。

　　1937 年，丰田汽车在举母镇筹建一个大工厂，准备开始大规模生产。开始前，丰田喜一郎亲自写了一本题为《丰田汽车工业株式会社的创立及其组织》的小册子，在里面他阐述了这样一种理念："一辆汽车是由几千个零件组成的，缺少了其中的任何一个，汽车都无法上路。把这几千个零件凝聚到一起，不是件容易的事情，这就需要必须实行完全的统制。"他口里的"完全的统制"，也就是所谓的团队管理。其含义是把设计制造一辆汽车所需的专家、技术人员以至工人都聚拢到一起，让大家能为共同的目标而齐心协力地奋斗。

　　为了网罗到汽车领域的专家，丰田喜一郎不遗余力，他借助曾在东京大学就读的关系，经常去拜访对汽车行业比较知名的限部一雄助教授，并积极结交汽车领域的相关人士，比如曾经的同学、认识的汽车研究学者、有汽车制造经验的专家等，他对每个人都在不停地诉说着自己的汽车梦、日本的汽车梦，他对汽车的热爱感染了很多人，拔山四郎、成漱政男等东京大学、仙台大学的汽车研究学者对他的汽车研发给予了很多无私的帮助，而菅隆俊、池水罴等汽车制造经验丰富的人才则是不顾一切地加入了他的研发团队。

　　1938 年 11 月，丰田汽车公司举母工厂正式完工，这个工厂将能达到月产轿车 500 辆、卡车 1 500 辆的生产规模，这在当时的日本，几乎是不敢想象的。在竣工典礼上，全体员工穿着崭新的工作服，满脸是压抑不住的兴奋。丰田喜一郎当众庄严宣誓：丰田汽车公司要为建立日本的汽车工业而献身。下面的员工纷纷响应，自发地伸出右手，跟着他鸣誓："为建立日本的汽车工业而献身。"在随后的讲话中，丰田喜一郎强调"团结会产生伟大的力量。我们不能因为一个人的不注意而使整个工厂的努力付诸东流"，下面的员工则热情地响应："不做落后分子"，"不拖组织的后腿"，等等。

在丰田喜一郎的观念里，每一个员工对企业的发展都十分重要，每个人都是不可或缺的环节，为此，他在随后制定的就业原则中就明确规定，欢迎每一个员工积极提出意见和建议，对于员工有积极意义的发明和创造给予奖励。丰田喜一郎经常亲自到生产第一线与员工们进行交流，倾听他们的建议，并及时落实到工作改善上。这一制度激发了每一个员工的主人翁精神，他们更积极地投入工作，主动地为改善公司现状而出谋划策。丰田喜一郎的这一"合理化建议制度"，后来越来越完善，在丰田的发展过程中扮演了非常重要的角色。

目标一致、团结热情的团队有了，接下来就进入了真刀实枪的生产阶段了。

20 世纪初，美国的汽车工业采用的是标准化、大批量的流水线的生产方式。可当时的日本经济萧条，市场需求多样化，单品种、大批量的流水生产方式不再适合，它更需要多品种、小批量的生产方式，除此之外，高质量、低消耗的生产方式，也成了生产厂家能否立足的关键。

汽车生产涉及钢铁、玻璃、橡胶、机电等一大批产业链，为了满足市场需求，丰田喜一郎首先对关联公司进行了专业化划分，由某个公司负责专门的领域，这样能有效地减少能耗。紧接着，他对整个生产流程做了明确的细分，每个环节责任到人，这种设计能有效控制质量。只不过，它需要所有环节之间都能配合起来，有一个环节出现问题，整个流程都会受到影响。因为丰田团队一直以来都有着深刻的家族为尊、服从纪律和团队合作的企业文化，丰田喜一郎的这一设计取得了不错的效果。

在后来的实际工作中，丰田的生产方式不断的改善、调整，30 年后，完整的丰田生产方式终于成型：通过优化生产过程，改进技术，完善物流，杜绝超量生产，消除无效劳动与浪费，最大化利用资源，降低成本，提高质量，达到用最少的投入实现最大产出的目的。这就是在日本经营管理历史上有着浓重一笔的精益生产，在这一生产方式的指导下，日本的汽车工业曾一度超过了美国，占到世界汽车总量的 30% 以上。

1945 年，战争结束。丰田喜一郎终于可以重圆旧梦，可此时丰田的管理层出了问题。早在 1941 年，因为健康原因，丰田利三郎引退，丰田喜一郎当选为社长，因为他是天生的工程师，对技术研发更有热情，具体运营工作大多掌握在副手赤井久义手中，可 1945 年年底，赤井久义在一次车祸中不幸丧命。丰田喜一郎只好找来东京大学的同学，现为东京大学副教授的隈部和男来接替，可继任者也是技术人才，没有驾驭和管理公司的能力。公司的运营状况越来越糟糕，到 1949 年几乎崩溃，虽然公司的销售额保持在 40 亿日元的高位，但资本总额只有 2.1 亿日元，而各项贷款总额高达 10 亿日元，留存利润接近于零，每月还要承担高额贷款利息。此时公司已不再分红，命悬一线的时刻，丰田喜一郎终日在破产和裁员的抉择中徘徊。

在经济萧条、社会混乱的大背景下，1949 年年底，丰田的经营陷入了从没有过的困境，到了"如果得不到银行融资便会倒闭"的境地。丰田喜一郎亲自出面同银行洽谈，希望银行方面能提供帮助。谁料，银行答应帮助丰田汽车渡过难关，却给丰田喜一郎开出了一个难题：裁减过剩人员。

早在公司创立之日起，丰田喜一郎就曾对公司宣布过不裁员的决定，他不想违背对员工的承诺，也不想失去重建公司的机会。经反复研究、慎重考虑，公司发表了"募集 1 600 名志愿辞职员工"的声明，丰田喜一郎作为公司最高领导人，率先提出辞职，一方面，他以身作则，支持重建法案，另一方面，他认为，事情发展到现在这个两难的地步，自己有不可推卸的责任。紧跟着，有 1 700 名员工站了出来，超过了募集人数 100 人，虽然他们知道辞职后的生活将非常困难，但他们为了丰田的未来，还是甘愿辞职，丰田汽车达成银行的融资要求，很快就又恢复了正常的生产。

好在丰田喜一郎撑到 1950 年，日本的经济形势因为新的战争迎来转机，丰田汽车也从以日本银行为首的金融机构手中获得共同贷款，但条件是公司的生产和销售必须分拆，并且从根本上精简运营机构，实现"重组丰田"。按照日本商业惯例，如果某家企业遭遇经营困境，就会由公司的主要银行派管理人员去担任社长，这样一来，丰田家族的控制权将受到严重威胁，丰田喜一郎必须赶在银行之前从丰田汽车外部找合适的人来接替。

石田退三成为最终人选，两年前已担任丰田纺织株式会社社长，1950 年 7 月 31 日，他正式担任丰田汽车工业株式会社社长，身兼两职。由位高权重的石田退三出任掌门人，银行方面也未反对。就在此时，销售人员向石田退三汇报一条天大的好消息："丰田刚刚收到来自美国军部的一张大订单，这个订单包括 1 000 辆重型卡车。他们还说未来我们还会收到更多的订单。"

如此巨量的军方订单与一个月之前的军事变局密不可分。1950 年 6 月 25 日，美军登陆，朝鲜战事爆发，因为地缘优势，日本成为美军最理想的军事基地和军需供应地，美国占领军不但无暇顾及日本战后的局势，而且迫切要求在第二次世界大战中参与军工制造的企业开足马力，完成突飞猛涨的军事订单。

朝鲜战事一个月之后，日本的出口额达到 7 400 万美元，比上一个月增长 18%，创造日本单月出口额最高纪录。在这种情势下，日本紧缩的经济政策瞬间放开，高达 1 000 多亿日元的滞销商品被迅速释放，连绵不绝的订单促使各公司扩大生产规模，原本在生死线上挣扎的大批企业被激活，形势日渐好转。战争第一年，日本汽车、钢铁、电子、纺织等主要工业部门收到的采购订单总额高达 1 134 亿日元，仅汽车行业就有 82 亿日元，其中丰田汽车几乎占据半壁江山，拿到 36 亿日元的订单，石田退三后来回忆说："那段时间太好赚钱了，无论什么车，只要一走下生产线，就会立刻被买走，连给车身上漆的时间都没有。价格完全照我们开的数目，并且会当场结算，绝无拖欠。就这样，眨眼之间，丰田汽车公司重新站起来了。"

丰田喜一郎辞职后，回头继续他所热爱的研究工作，废寝忘食地埋头研究再加上壮志未酬的巨大心理压力，丰田喜一郎患上了严重的高血压症。1952 年，石田退三在重建丰田公司取得成功后，邀请丰田喜一郎出山，重新担任总经理。不料，重返总经理这一岗位的兴奋再加上东奔西走的疲劳使得丰田喜一郎的高血压症发作了。1952 年 3 月 27 日，年仅 57 岁的丰田喜一郎充满遗憾地离开了人世。

丰田喜一郎虽然离开了，但他的汽车梦和激情在丰田公司留下了深刻的烙印，这影响了丰田未来几十年的发展轨迹。

第二次世界大战爆发时，普利司通轮胎公司正处于日渐成熟的发展关键期，可突然起来的战争让美梦破灭。普利司通轮胎公司成为军需专门生产工厂，海外资产全部丧失，在一次空袭轰炸中，位于东京京桥的普利司通轮胎公司总部也变成废墟。

面对战争带来的灾难和伤痛，石桥正二郎却很淡定，他相信战争很快就会结束，而普利司通只要按部就班地做好自己的事情，战争过后很快就能再次站立起来。

果然如此，战争很快结束，石桥正二郎以在战争中幸存的久留米与横滨工厂为主力迅速投入到战后的生产中。因为比别人恢复生产的时间早，普利司通在竞争对手中脱颖而出，1946 年下半年，普利司通占到日本汽车轮胎市场份额的 48%，以绝对优势面对竞争对手，表现出与当时国外轮胎品牌对峙的实力。

1949 年 11 月，世界上最大的轮胎制造商固特异来日本寻找合作伙伴，普利司通成为重点关注对象。其实，两者的渊源早在第二次世界大战时期就结下：固特异公司曾将爪哇工厂托付给普利司通代为经营，战争结束后，普利司通如约将爪哇工厂归还给固特异，而且比受托前经营状况要好很多。这件事让固特异的里奇费鲁德对石桥正二郎非常欣赏，他很佩服石桥正二郎能在战争中平静的心态和信守承诺的作风。这次固特异有意向在日本寻找一家贴牌生产的合作厂商，普利司通成为首选。

石桥正二郎带着里奇费鲁德参观了普利司通位于久留米的工厂，双方经过几轮商务会谈，顺利达成合作意向：固特异委托普利司通生产，并进行技术指导。在这个过程中，里奇费鲁德曾向石桥正二郎抛出橄榄枝："我们愿意花高价钱购买普利司通 25% 的股份。"当时普利司通正处于战后恢复期，资金很紧张，公司发展也很不稳定，能否走下去还是未知数，固特异的参股将是对普利司通的强大助力。可石桥正二郎考虑再三还是拒绝了："我们很欢迎固特异派遣技术人员和会计人员到普利司通，我们也很珍惜代为生产固特异轮胎的机会，但我们公司目前并没有分离股份的打算，希望你能理解。"正是因为石桥正二郎的坚持，才保证了普利司通股权的完整，也有了未来的腾飞。

1951 年 6 月，在几次调整和沟通后，固特异与普利司通正式签订合约。固特异派出 2 名技师、2 名会计进入普利司通的久留米工厂，普利司通开始生产固特异牌轮胎。在这次合作中，石桥正二郎深刻地感受到与世界最大轮胎商的差距，意识到自身技术和设备的落后。他在代工过程中积极吸取世界级品牌的做法，并全面开启普利司通的技术革新道路。

在与固特异商议合作期间，石桥正二郎有机会受邀到美国参观，他发现人造纤维不仅在成本上比棉线便宜 40%，而且坚固耐用，他认为人造纤维轮胎取代棉线轮胎将是必然趋势。1951 年，他积极着手人造纤维轮胎的开发，两年后，普利司通的人造纤维轮胎正式面世。

当时人造纤维轮胎在日本还是一个全新的事物，很多人都没听说过。在推向市场之前，石桥正二郎想出一个好点子，他没有直接向大众宣扬人造纤维轮胎是什么，而是把人造纤维轮胎混到棉线轮胎中，让用户去发现。为了便于区分，原来的棉线轮胎的内侧被涂成红色，新式的人造纤维轮胎内侧被涂成黑色，除此之外，在外观上，两者没有任何区别。

半年后，从各地传来"黑色底的轮胎格外好用"的声音，这个时候，石桥正二郎才正式揭晓答案：人造纤维轮胎比棉线轮胎的使用寿命长 30%~60%。人造纤维轮胎的需求很快就迎来爆发式的增长，此时竞争对手才反应过来。1953 年，普利司通营业额突破 100 亿日元，登上日本行业内第一的宝座。

创新永无止境是石桥正二郎的信条，也成为普利司通不断发展的精神动力。1957 年，普利司通很超前地开始 PSR（轿车用子午线轮胎）的开发，普利司通发现子午线轮胎能大大延长使用寿命，但是它的抗震性不足，在行驶中很难保证乘坐的舒适性，另外操控过于灵活，很难把握。三年后，普利司通依旧没有解决这些问题，仓促判定"子午线轮胎的推广时机还不成熟"便中断开发。可是到了 1963 年，子午线轮胎在欧洲普及开来，普利司通又重拾子午线轮胎的研发，有了之前三年的经验积累，再加上欧洲同行的成功经验，一年后，普利司通成功开发出棉线子午线轮胎"RT－P"以及钢丝子午线轮胎"RT－M"。凭借子午线轮胎，普利司通开始向 F1 发力，1979 年，普利司通推出主要用于赛道的"RE47"轮胎，从此拉开称霸 F1 十多年的传奇。

丰田汽车、普利司通等公司只是日本企业趁邻国战乱之机从废墟中摇晃着爬起来的缩影。1950 年上半年，朝鲜的战事爆发之前，日本工业的利润率只有2.7%，一年之后飙升到10.5%，整个朝鲜战局期间，日本提供的军需物资累积达到 12.8 亿美元。行将崩溃的日本经济绝处逢生，重新步入高速发展时期。

然而，令人感慨的是，日本始终没有摆脱美国的操控，这个在第二次世界大战中一手将其摧毁得几乎灭亡的敌国外邦，又通过新的战争把它扶起来，恶魔与天使同为一身，死亡与重生竟在旦夕，喜怒悲乐唯有亲历者才深深知晓。这种被玩弄于股掌之间的命运酸楚，日本人并未尝尽。

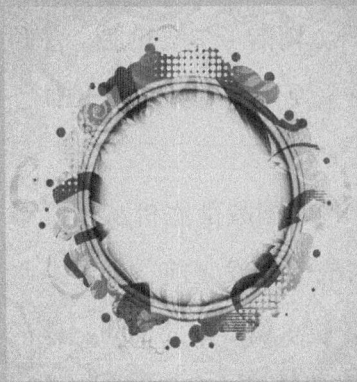

第6章

艰难崛起——黄金二十年（上）复兴篇

日本能在第二次世界大战的废墟中快速崛起，其创新能力是一个不可忽视的重要因素。

安藤百福是这一时期日本企业家创新精神的典型代表。在他身上，我们能看到从无到有的创造，也包括拾漏补遗的微小创新。

当被问及发明方便面的渊源时，安藤百福直言不讳："是被饥饿催生的灵感。"

自小继承祖业的安藤百福最开始做的是针织品贸易，因为有祖父打下的基础和多年来的经验，他的生意还算不错。1941年，为了满足战争需要，日本公布"物资统制令"，安藤百福赖以谋生的针织品被列入受管制品的行业，他只好改行做机器零件的加工。有一次，安藤百福承包了军方飞机零件的生产，在生产过程中出现纰漏，军方一怒之下，以"妨碍战争"的罪名把他关进监狱。安藤百福被关押45天，虽然时间并不算太长，可一直生活无忧的他却在牢狱生活中深刻体会到饥饿的滋味。

当时日本面临严重的食品短缺危机，政府推行居民口粮配给制，明确规定成年男子每天只能够领到 340 克大米。后来，日本政府进一步用小麦、薯类、豆类，甚至豆渣、干菜等代替大米，饥饿成为人们每日生活面临的严峻考验。看到这一切，安藤百福萌生一个念头："只有有充足的食物，才会有世界的和平。"即所谓"食足世平"，在这种理念下，他决定将事业转向食品领域。

1948 年，安藤百福创办中交总社食品公司，开始进行营养食品的研究。不久，他推出一种来源于牛、鸡骨头的营养补剂，这种营养补剂利用高温高压将炖熟的牛、鸡骨头中的浓汁抽出然后加工而成，富含钙、铁等营养物质，深得人们喜爱，安藤百福也因此获取财富收益。最重要的是，生产营养补剂的经验为日后他研制方便面调料奠定技术基础。

在这个过程中，有件事对安藤百福触动很大。第二次世界大战结束后，日本的米、面都极其缺乏，美国把一些小麦粉作为援助物资送过来，政府鼓励日本人像美国人一样做面包、吃面包，可很多人对面包并不感兴趣，他们更喜欢传统的面条。有一天早上，安藤百福办事路过一个拉面摊，人们自觉排起长长的队伍，为了吃上一碗拉面宁愿在早晨的寒风中排长队等候，食客对拉面的这种热情让安藤百福很受触动：他希望能研发一种面，用开水冲泡就快速熟了，几分钟就能吃到嘴里，那该多好。大家不用苦苦在拉面馆前排队等候，又能吃到喜欢的面条。

正当安藤百福计划着手研发方便面的时候，却意外地横生枝节。1957 年，安藤百福手里的一家信用合作社经营不善，负债累累而倒闭。作为这家信用社的理事长，安藤百福负有无限责任，他再次被关进监狱。为了承担责任，他只得卖掉所有产业偿还负债，这样才被释放。经营多年的事业一夕之间烟消云散，安藤百福再次一无所有。

安藤百福生活从此变得格外简单，不再被每日烦琐的经营管理事务所干扰，反而有时间真正静下心来研究方便面。

1958 年，安藤百福在后院开辟一块空地，建起一间不足 10 平方米的简陋小屋，他找来一台旧的制面机，买回一口炒锅，又买来面粉、食用油等原料，每天待在小木屋里开始各种试验。

安藤百福有一个明确的目标：做出只要用开水一冲就可以吃的面条。他面临的第一个问题是面条的口味。面条要想只用开水一冲就能吃，就必须在面条里加上调料，这样才能保证面条的美味。为此，他尝试着在和面时加入一些咸肉汤。说起来很简单，可这第一步就难住了安藤百福这个外行，他加了咸肉汤轧出来的不是一根根面条，而是一块块面疙瘩。一次两次三次，他不厌其烦地重复着，经过无数次的实验终于找到了既能保证口味又能保证面条形状的最佳原料配比。紧接着是面条的保存问题，他尝试日光晒干法和熏制法等，终于解决了面条的保存问题，可怎样让干燥的面条迅速复原成可以食用的面条呢？安藤百福陷入了一个困境。

安藤百福无时无刻不在思索着解决的办法，可还是没找到解决办法，他有点食不下咽了。看到老公日渐消瘦下去了，安藤百福的妻子很心疼，这天中午她便做了一道可口松脆的油炸菜，希望老公能多吃点，在饭桌上，安藤百福心不在焉地吃着桌上的事物，猛然他被口中从没尝过的酥松味道惊醒了，他一下抓住了妻子的手："这道菜是怎么做的？"妻子很惶恐："是油炸的。"对啊，就是油炸。安藤百福在这一瞬间领悟到了做方便面的诀窍：含有水分的食物在油炸过程中会丧失水分，变硬，并且在表层会出现很多洞眼，加入开水后，这些洞眼会快速地吸收水分，面条就能很快变软。将煮熟的面条，先浸在汤汁中着味，然后放到专门的铁框里进行油炸，这样就形成既干燥又有固定形状的美味拉面了，方便面就这样诞生了。

方便面因为具有美味又能保存又能快速吃到嘴等特征，推向市场后，广受欢迎。这年年底，安藤百福把公司名称改为"日清食品"，全力经营方便面业务。到了 1959 年，用了不到一年的时间，他就出售了 1 300 万袋方便面，销售量一直保持着迅猛增长的态势。

有市场自然有竞争，一两年的时间，日本方便面厂家便发展到几百家，他们都虎视眈眈地要赶超日清食品这个先行者。可几年下来，他们却发现，不管他们多么的努力，日清食品一直跑在他们的前面，日清食品之所以能保持竞争优势的关键是安藤百福的一种产品理念：商品是活的东西，活的东西就会不断生长、不断发展，一切的关键是经营者要为它提供不断滋长的土壤。在很多人心目中，方便面是一个简单的小商品，没有多大的发展空间，可安藤百福却认为，从食用方便、价廉、营养、卫生、易保存等几个方面，方便面还有无限的改进空间，他从没停止过对方便面的持续改进和开发。

比如，他发现，日本关东地区有爱吃炒荞麦面条的习俗，于是，他就开发出了口味类似，但更加方便的方便炒面。普通的方便面集中在冬季上市，而炒面在夏季更受欢迎，炒面的问世，不仅丰富了方便面的品类，而且巧妙地解决了方便面在炎热的夏天销量上不去的难题，这成为安藤百福为整个行业做出的又一个革命性的创新。当然，安藤百福对行业的贡献还不止如此。

随着国内市场的不断完善，安藤百福开始想着向国外发展。美国人一直有食用快餐食品的习惯，如果方便面能打入美国市场，将开辟一块格外广阔的蓝海。1966 年，安藤百福去欧美进行视察，他脑子里思索着把日清的方便面推向世界的办法。

这一天，他拿着鸡肉拉面来到了洛杉矶的一家超市，他拿出了拉面邀请在场的超市工作人员品尝，超市的工作人员听了他的介绍，对这个没接触过的新产品很感兴趣，也很想尝尝看，可他们转了几个圈都没找到可以放面条的碗。翻来翻去，最后，他们找到了几个纸杯，把拉面掰开放入纸杯中，注入开水，面终于泡成了。他们就随手拿过手边的叉子吃了起来。看着他们这新颖的吃法，安藤百福如醍醐灌顶，他终于找到了方便面在海外销售的方法：随时随地都可以吃的杯装方便面。

回国后，他立即着手制作杯装方便面，容器经过一番比较，最终选用了当时还算新型的泡沫塑料，这种材质很轻便而且保温性能特别好，成本也便宜，安藤百福把方便面纸杯做成一只手能拿起的大小，纸杯就这样敲定了，接下来是杯子的盖的问题，正当安藤百福绞尽脑汁找不到答案的时候，在一次飞机上，他找到了灵感，他发现飞机提供的食品都有一个由纸和铝箔贴合而成的密封盖子，这种盖子密封的时候能保证食物新鲜，很快，他就把这种材质做成了铝盖，并应用到了杯装方便面上，解决了方便面的长期保存问题，杯装方便面就这样诞生了。

1970 年，安藤百福借助味之素、三菱两公司的帮助，把方便面生产厂开到了美国。只不过，安藤百福没有将日本的方便面原封不动地搬到美国，他深知，要进入美国市场，必须要"入乡随俗"，适合美国人的饮食习惯。美国人不擅长用筷子，他就专门研发出了叉子，美国人吃面条只会咀嚼，不会用力吸，他就把面条切得更短些，美国人喜欢喝汤，他减少了面条的分量，把作料的味道做得更合乎美国人的口味……就这样，安藤百福成功地打开了美国市场，到了 1978 年，安藤百福在美国设立了第二个方便面的制造工厂，此后，安藤在中国、菲律宾、英国、巴西、新加坡、韩国等地都建立起了方便面工厂，安藤百福带着方便面进入了全世界。

除了创新技术外，创业精神也是战后日本复兴的一大关键要素。

在 1946—1955 年的 10 年间，日本的国民生产总值年均增长率达到 9.2%。自此，日本经济开始高速增长。此增长以投资为主导，即主要动力是快速发展的民间企业的设备投资。就是在这个时期，稻盛和夫开启了他的企业家之门，走上了创业振兴之路。

稻盛和夫在创业之前是松风工业的一名设计师。当时稻盛和夫并不喜欢这个企业，在他看来这个公司很破，一刻也不想多停留。

有一次，业内一家知名的制造公司的社长来松风工业考察电炉，并与松风工业就电炉出口谈判成功。之后电炉的设计者被邀请到巴基斯坦进行指导，而这个设计者正是稻盛和夫。一直憧憬国外生活且一心想给乡下的父母多汇点生活费的稻盛和夫在对方给出的高管待遇后不禁心动。然而因为松风认为他对公司的影响较大，于是派了别人代替他。之后那位社长又发来邀请，说鉴于稻盛和夫的热心，希望他去当技师长。这对于稻盛和夫来说是一个更大的诱惑。这个时候的稻盛和夫犹豫不定，恰巧他的老师内野正夫出差路过京都，于是稻盛和夫去到京都站聆听恩师指导。令稻盛和夫意想不到的是，恩师竟然坚决反对，原因是不想稻盛和夫在特殊陶瓷方面的研究的初步成果白白浪费。在那以后稻盛和夫再没想过出国的事情。

在松风的接下来的日子里，稻盛和夫在被提拔为特磁课主任三个月后遇到了麻烦。松风工业一个陶瓷真空管的大订单，稻盛和夫作为项目负责人试制了几款样品出来，效果都不是很好。稻盛和夫其实是一个很有热情和耐心的人，只要给他足够的自由发展空间，他就能发挥才华，这也是他的前任部长青山政次对他的评价。然而新上任的社长却调离了青山先生，让一个外行人继任。这个外行人对稻盛和夫不了解，并且十分质疑稻盛和夫的能力。这让稻盛和夫怒不可遏："如果觉得我无能，那我就辞职不干了！"这句话说出之后，特磁课的部下们纷纷赶到了稻盛和夫的宿舍。有人说，还不如自己干。其他人也都附和，要辞职跟着稻盛和夫干，青山先生更是表示支持。

1958 年 12 月，稻盛和夫离开了松风工业。也就是从此时起，他决心与志同道合的朋友们一起创业。

当时的日本，在生产方面、消费方面，都以美国作为样板，竞相引进技术，通过模仿、消化与改良，迅速使之产业化、产品化。从而导致了设备投资的迅速增长，出现了设备投资热潮，发达国家在战争期间开发的新技术、新产品大量流进日本，日本原有的产业设备得以更新，钢铁、合成纤维、石油化学、电子工业等一大批新兴产业崛起了。

在这样一个经济更新、发达的初始阶段创业，于稻盛和夫来说有利亦有弊。利是投资热潮带来的良好创业环境，弊是在众多产业中脱颖而出的艰辛。

这些暂且不说，创业资金就是一个让人头疼的大问题。对于稻盛和夫来说，完全不可能出资。这时，青山先生已有主意。他有个京都大学工学部的同窗——西枝一江，西枝一江当时在京都的一家配电器厂家宫木电机制作所担任专务。稻盛和夫与青山一起去拜访了他，请求他出资。听清了他们的来意，西枝一江质疑："我虽然不知道这个稻盛和夫有多厉害，但一个二十六七岁的小子能干什么？"青山先生听后辩解说："稻盛君非常热情，一定能成就大业。"西枝一江反驳说，光靠热情不能成就事业。仅仅靠热情就让别人掏腰包，的确有点难，但当时的稻盛和夫也就只有热情这份资产。

最终这一次拜访并没有什么结果。但稻盛和夫与青山仍然坚持不懈拜访，最后终于得到了西枝一江的支持。在他的带动下，宫木电机的宫木男也社长愿意共同出资支持。资本金共计 300 万日元，宫木社长协同其公司总共出资 130 万，西枝先生个人出资 40 万，他的好友交川先生出资 30 万，考虑到青山和稻盛和夫这几个人手头没有资金，就将剩下的 100 万当作他们的技术参股。宫木电机的一间空闲房子被借用来当作暂时的工厂。

在大家就要紧锣密鼓地开办新公司的时候，又遇到了一个问题。投资电炉等设备、采购原材料的运转资金大概要 1 000 万日元。这可是个不小的数目，最后只能向银行贷款。西枝用家宅作为抵押担保，这让稻盛和夫非常感激，而这也正是当时日本经济主流对民间企业的设备投资。

在大家的热心资助下，稻盛和夫带着大家对他的赏识和信任，终于有机会将自己的技术展现给世人，开创出一番天地。

资本金就这样靠热情拿到手了，稻盛和夫开始慢慢意识到热情的重要性。

资金、厂房、设备、材料等条件都具备以后，稻盛和夫与朋友们开始谋划新公司的种种事宜。当年的稻盛和夫 27 岁，青山 56 岁，其余的几个朋友大多在 21～25 岁。他们都有着非常的热情和创业的激情。一天晚上，几位志同道合的好友聚集在稻盛和夫的房间里。这是一个血印誓约的晚上，这是一个激动人心的晚上！青山和这些年轻人们割破小指，在签完名的誓言上按下血印。誓言简明而动人心魄："我们团结一心，必将成就为社会、为世人的事业，以此血印为证！"

经商定，公司命为"京都陶瓷"，这个名字综合了古都京都这个举世闻名的地名和陶瓷（特殊陶瓷）这个颇有现代感的新事物（当时"陶瓷"的名字在广大人群中还不为人所熟悉）。第一股东、宫木电机的社长宫木男也担任了"京都陶瓷"的社长，青山先生担任专务，稻盛和夫担任董事兼技术部长，主抓技术方面的创新与研发。

1959 年 4 月 1 日，"京都陶瓷"在位于中京区西之京原町的工厂内举行了简单的成立纪念仪式，宫木社长亲手点燃了电炉，那是个激动人心的时刻，青山和几个年轻人一起欢呼，仿佛看到了绚烂美好的未来！

当晚，为庆祝公司的成立，举办了一个小型宴会。稻盛和夫在宴会上致辞说："今天我们是借宫木电机的仓库成立了这个公司，但我们一定会成为原町第一的公司。成为原町第一之后，我们的目标就是西之京第一，然后接着是中京区第一，再然后就是京都第一、日本第一，最终是世界第一。"一无所有的人畅谈着宏伟的梦想、看似不可触摸的伟大事业，看起来有点可笑，可在场的人受稻盛和夫的影响，都坚信这个目标一定会实现。

当时的日本各种民间企业蓬勃发展，要想脱颖而出是极其困难的。在稻盛和夫上班的路上，就有一家生产汽车螺丝钳和活动扳钳等工具的公司。当时，汽车产业刚刚兴起，所以这家公司看起来一派兴盛。对于刚刚创办公司的稻盛和夫来说，早出晚归已是常有的事，而每每经过这家公司，总能看见工人们正在热火朝天地用锤子击打烧得通红的钢铁。锤子的敲击声、飞溅的火花与忙碌的工人组成一幅热闹繁华的工业美景，然而这美景带给稻盛和夫的却是对于公司未来的思考。从公司成立之初一直到现在，稻盛和夫一心要成为世界第一，可实际上这个目标距离当时的他还很遥远。由于每天疲于生产，以便按时将产品交付客户，根本无暇绘制公司发展的蓝图。

尽管如此，稻盛和夫仍没有忘记宏伟的目标，那句"总有一天会成为世界第一"的口号还深深刻在他的脑海中。每次与同事们喝酒时，稻盛和夫总是会反复高呼："总有一天会成为日本第一、世界第一！"这不仅是在激励大家，更是稻盛和夫对自己的提醒和鼓励。大家听了几遍、几十遍之后，也逐渐被这种激情感染，并产生了共鸣："虽然现在的公司刚起步，但志在高远！"

随着公司的发展，客户也逐渐熟知"京都陶瓷"。直到有一天，松下电子工业向京都陶瓷订购了一笔数量颇大的镁橄榄石陶瓷产品。这对公司来说是一笔不小的业务。然而，由于设备和人员有限，而且许多员工的技术还不够熟练，如何按时保量完成生产成了公司要考虑的事情。而这也正是"京都陶瓷"自我突破的一个契机。

稻盛和夫做出了决定，全力以赴，完成任务。于是，从此以后每天工作的时间更长了，都是通宵达旦，员工们也都精疲力竭。别人都觉得这种策略欠妥，因为这就像马拉松一样，如果不合理分配，最终也得不到理想的成果；如果一直坚持这样下去，员工们最多只能坚持一周或十天。稻盛和夫对于这样的质疑和忠告，有不同的看法，他认为：新企业根本没权力谈合理分配时间，在整个行业的马拉松比赛中，我们已经比别人起跑晚了很多，并且是业余选手，甚至都不会给竞争对手带来威胁。即使我们竭尽全力地奔跑，都不一定能够赶上他们。可能我们并没有胜算，但至少我们应该在一开始就以百米冲刺的速度奔跑，否则还不如不参赛。

在晨会上，稻盛和夫曾这样鼓舞员工说："如果今天一整天我们全力以赴地努力了，那么自然就能看到明天；明天同样再竭尽全力的话，就能够看到未来一周；这个月拼命努力的话，就能够看到下个月；今年勤奋努力的话，就能够看到明年。每时每刻都付出努力，这是最重要的。"

这一年里，在整个行业的"马拉松"比赛中，"京都陶瓷"埋头狂奔，结果喜人，实现了净利润 300 万日元的耀人成绩，在日本经济腾飞之始绽放出夺目的光芒。第二年，"京都陶瓷"的利润成倍的翻番。连同宫木及青山等人，稻盛和夫从未预料到这样的盛果。凭借着梦想、激情、不顾一切地付出，稻盛和夫带领着"京都陶瓷"站稳了脚跟。

稻盛和夫以激情成就梦想，同一时期，吉田忠雄也毫不逊色。1947年，吉田忠雄在家乡鱼津慢慢站起来，并迎来了事业腾飞的机会。

这一天，一位美国拉链进口商到吉田忠雄的鱼津厂参观，逛了一圈，美商不动声色，他拿起一条拉链问道："这种拉链多少钱一条？"吉田忠雄有点兴奋，又有点紧张，这个价格不能报得太高，会把大客户吓跑，经过一番计算，吉田忠雄在成本的基础提了一点利润，"90 美分"。这是一个利润微薄的低价，他想美国商人肯定会动容的。

可对方的反应很出乎他的意料，"真的吗？90 美分也太高了，就是再便宜一倍，在美国也没有人要"。美国商人以看井底之蛙的神情看着吉田忠雄，紧接着，他拿出一条美国生产的拉链给吉田忠雄看，"看我们的品质，比你的不知道高出多少倍，而价格最高也就六七十美分"。"怎么可能啊？"吉田忠雄仔细端详着美商给他的拉链，透着金属光泽的拉头，顺滑的锁道，世界上怎么会有这么精良的拉链？这种拉链怎么可能只卖到六七十美分？

"哈哈哈……"美国商人洋洋得意的大笑着离开。

吉田忠雄的脸被烧红了，他震惊、羞愧、愤怒，更多的是不甘……

这段经历对自视甚高的吉田忠雄来说，是一次不小的打击，只不过，他没有漠视这种打击，而是暗暗发誓：我一定要赶超美国。

经过调查，吉田忠雄发现，自己的拉链品质及不上美国的一个根本原因是生产设备太落后，美国使用的是先进的全自动的拉链制造器，而自己还停留在手工制作的阶段。"我们联手去国外购买几台先进的拉链生产机器吧！"吉田忠雄打算联合几个同行花巨资买进几台先进设备，可是没有人支持他。大家都觉得现在的拉链品质虽然不是很好，但因为消费者的需求巨大，拉链一直处于供不应求的阶段，现在的关键是尽可能多生产出一些拉链来，多赚点钱，何必花大价钱去买一台不知道怎么用，不知道有没有用的设备呢？

得不到认同，吉田忠雄决定自己干。1949 年，他从兴业银行申请 1

200万日元（这笔资金是吉田工业资本金的60倍）的巨额贷款，从德国购买了一台拉链自动制造机。机器运过来，安装好，打开开关，包括吉田忠雄在内的全厂员工都震惊了，这个设备真的很精妙，运转高速，性能精良，它的生产效率比原来提升了50倍，而生产出来的拉链品质更是超乎想象。这一年，吉田忠雄将公司名字改为"吉田兴业公司"，简称YKK，先进的机器设备，优质的原材料，这些保证了YKK的拉链质优价廉，很快便受到了广泛的追捧和欢迎。

"我要让日本所有的拉链工厂都能使用上这种高新的设备。"在吉田忠雄"善的循环"的理念中，好的东西要拿给大家分享，因此，他当场作出决定，"我要自己制造出100台更好的机器，让大家都能享受到新机器的便利和快捷。"说干就干，他重金邀请日立精密机械厂合作，把多年来在机械方面积累的心得和经验交给他们，让他们在3年内研制出比现有机械更高端的产品。次年，100台高效机器交付使用，日本的拉链生产正式进入机械化时代。

作为行业的先驱者，吉田忠雄自然把竞争对手远远地甩在后头。他不愿意看到同行们在自己面前失败，总是劝说他们："你们各方面的实力绝对胜不过我，何必进行无谓的内耗呢！大家做我的代理商吧，跟我一起赚钱！"他对合作厂商都开出了很优厚的条件，最终，在同业竞争中的70多家厂商中，有将近40家成了他的代理商，后来的事实证明，这些经销商、代理人都做出了正确的选择，他们跟着吉田忠雄都赚了大钱。

在管理上，吉田忠雄认为，拉链生产是一个精密度非常高的过程，使用年限超过三年的机器设备虽然还能用，但因为使用过程中的磨损，它必然会影响生产过程中的精密度，影响拉链的品质，拉链生产设备要不断更新。因此，找遍"YKK"公司的所有工厂都很难看到一部使用年限超过3年的机器，公司每年都生产上万台机器供给下属工厂更换使用。

除了机械设备外，员工是影响产品品质的又一关键要素。吉田忠雄很注重"让利"于职工，他以极低的价格让公司雇员购买公司股票，YKK 每年支付出的红利中，职工占到了 60%，他本人只占 1%，家族成员占 24%，这大大发挥了职工的主人翁精神。另外，吉田忠雄还很注意尊重员工，平常工作中，他跟普通员工穿一样的工作服，在公司重大问题的决策上，他也追求"一视同仁"，很注意倾听全体员工的心声。

吉田忠雄认为："不能在不考虑市场的情况下随意生产，生产之前就得先考虑市场需求，然后再安排生产。"在这种理念下，YKK 很注重了解市场的需求，为了适应市场的需求，公司每年都会推出新产品，从用途上看，除了用于衣裤鞋帽、箱包盒袋上的常规拉链外，还有用于潜水服上的防水拉链，有耐高寒抗腐蚀的拉链，只要是能用到拉链的地方都有 YKK 的存在。进一步的，除拉链外，YKK 公司还生产铝门窗建材、树脂、尼龙、氯乙烯、棉纱、化学纤维等工艺差不多的产品，以及拉链机等各种机械。在满足市场需求的过程中，YKK 不断发展，不断扩张。

因为非同寻常的眼光与魄力，吉田忠雄的事业很快就发展到了日本的顶峰。在国内市场初战告捷之后，他开始把目光转向国外。

1954 年，吉田忠雄开始到周边各国考察，以选择目标市场。先是美国、西欧、东南亚，紧接着是印度、印度尼西亚、新西兰，YKK 拉链的生产工厂逐步拓展国外疆域。值得强调的是，一开始，吉田忠雄就把发展海外业务的策略定为：在当地建立生产工厂，利用当地廉价劳动力，就地推销商品。他认为"把利润还给当地人，让当地人参与经营"才是国外开拓的长久之计。

很幸运的是，他的这种策略奇妙地避过了日本与西欧、北美的贸易大战，当时西欧、北美国家提高了关税限制日本商品的进口，日本很多产业受到了很大的冲击，而 YKK 拉链的生产工厂因为在当地，它生产出来的拉链便不属于进口商品，这样不仅降低了生产成本，巧妙地绕过了关税的壁垒，也不影响 YKK 拉链在当地的销售。

到了 20 世纪 70 年代中后期，吉田忠雄在拉链市场已经做到了独霸天下，YKK 的市场份额达到了日本拉链市场的 90%。在世界范围内，YKK 占到了全球拉链市场的 35% 的份额，凭借着小小的拉链，YKK 的年营业额达到了 20 多亿美元，跻身日本最大公司行列。吉田忠雄凭借着小小的拉链创造了日本商业史上的一个奇迹。

"你是靠什么成功的呢？"当有人问到这个问题时，吉田忠雄总是笑着说："我不过是爱护人与钱而已。人人为我，我为人人。为别人利益着想，自然会有自己的繁荣。一句话，就是善的循环。"

同一时代，"脚夫"佐川清凭着"勤奋"两字创造了从一无所有到富甲天下的神话。

出生于名门的佐川清本该过着富足、幸福的生活，可 8 岁时母亲的离世，继母的虐待彻底改变了他的生活。初中辍学的他已然下定决心要离家出走。1937 年，15 岁的他带着仅有的 5 毛钱，买了一张火车站台票踏上了前往京都的火车。然而由于没有火车票，他逗留在了车站里。"嘿，老兄，你也是在丸源公司工作吗？我有个叫伊藤芳治的表兄，也在一家丸源运输工作。"在站台上徘徊的时候，佐川清看到了一个穿着印有"丸源"字样衣服的脚夫，想起来同在丸源运输的表兄，便不由得上前询问一下。"你说伊藤芳治啊，他是我的同事。你是来投奔他的吧，我带你去公司找他吧。"

听到这句话的佐川清一下子振奋了起来。他知道自己初中没有读完就辍学了，学到的知识、技术少，又没有工作经验，就算到了京都也不会很快找到工作。脚夫这个工作不需要技术含量，只需要力气，正好适合从小练就一身力气的佐川清。于是他跟随这个脚夫来到了位于广岛县尾道市的"丸源"公司总部，做起了一名脚夫。

工作刚刚开始的时候，什么都不懂的佐川清凭借虚心好学的品质和开朗的性格得到了大家的喜欢，不仅同事们在工作上争先帮着他，就连老板也对他赞赏有加。在无数次的来回奔跑送货后，佐川清的名字已经被不少商人记住了，他们都记住了这个踏实肯干而又天天笑着的大男孩。从这时开始，他就暗下决心，一定要让更多的人记住他的名字。

这是佐川清第一次接触货运工作，虽然脚夫这个工作只是一个非常微小的工作，但是他从心眼里喜欢这份工作，即使有家人的百般阻拦，他也没有放弃。这就是佐川清，一个不甘平庸的年轻人，一个乐于奋斗的年轻人。也正是因为这份工作，改变了他的人生轨迹。

转眼来到了1945年，世界大战终于结束。战后的日本许多城市已是废墟一片，对城市的重建需要大量的人力。正是凭借着这种便利，佐川清轻松地在建筑队找到了一份工作。通过在"丸源"公司的工作，他领会到，只有勤劳、踏实又诚恳才能得到大家的喜欢、顾客的信任，正是怀有这种心态，他在建筑队的表现日渐突出，老板也逐渐注意到这个勤奋踏实的小伙子，有什么事儿都把他叫过去一起商量。

一天，正在工地干活的佐川清被老板叫到了办公室。"佐川，现在占领军那边有一个大工程，如果咱们做成功了，将会有很大的收益，可惜的是，现在人手不够啊。你看你能想想办法吗？"看到老板愁眉不展的样子，佐川清答应了试试看。知道了这个消息后，佐川清家乡的朋友纷纷响应，不就便组成了一个75人的队伍，佐川清理所当然成为这个组的头儿。在佐川清的带领下，他们提前完成了那批工程，老板更是喜上眉梢。

当晚，佐川清摆酒设宴，感谢这些乡亲们。"佐川啊，咱们干完这批工程还有别的活儿吗，难道我们又要分别，各自回家乡了吗？"此时佐川清也意识到这批工程一旦结束了，工程队将面临解散的命运。在了解了这种情况后，老板也很爽快，当天便多给了他些钱款，用来做启动资金。

通过在建筑队"栗和田组"和"池田组"的历练，佐川清积累了不少有关土木工程的经验，再加上乡亲们的加入，"佐川组"于 1948 年成立了。此时的佐川清刚满 26 岁，身为老大哥的他并没有老板的高高在上，他跟手下的工人们如兄弟般相处，开出的工资更是一般土木工的 2 倍。正是如此，这些工人们干起活来很是起劲，慢慢地，佐川清的事业有了起步。

在"丸源"公司的工作不仅给了佐川清工作的经验，更是让他学到了"脚夫精神"，那就是认真对待每一件小事、诚信对待每一个人，正是怀有着这样的工作精神，"佐川组"才得以发展起来。

日子就这样一天天地过去，此时已经来到了 1955 年，33 岁的佐川清已经成家，并有了两个儿子。为了给孩子创造更好的学习、生活环境，夫妻二人决定离开工棚，到京都的车站附近买了一处房子，过上了安定的生活。这时"佐川组"也因为某种原因不得不解散了。

解散了"佐川组"以后，佐川夫妻俩的所有财产仅剩一处住房，两手空空，连生活都成了问题。"虽然我们现在什么都没有，但是我们还年轻，有的是力气，我们从头再来。"乐观的幸惠看到丈夫愁苦的表情，握住他的手这样鼓励道。看到妻子坚定的眼神，佐川清还有什么理由不重新振作呢？"我还从脚夫做起，明天就开始！"既然决定了，就立即着手去做。由于曾经在"丸源"公司做过脚夫，佐川清深谙做脚夫的奥秘。但是这一次他不想再给别人打工，而是想要创立属于自己的品牌，完成最初的梦想——让更多的人记住佐川清的名字！

正是最初的梦想激励着佐川清，给了他奋斗的动力，两年后，也就是 1957 年的 3 月，"佐川捷运"创立了。与大多数创业者遇到的问题一样，创业的初期总是艰难的。虽然"佐川捷运"的招牌有了，却没有雇主来光顾。

自开业起，佐川清每天都不厌其烦地挨家挨户去问有没有人要送货。虽然时常碰壁，但是他坚信只要坚持下去，自己的真诚一定可以打动这些雇主。终于，付出有了回报，在开业第 45 天的时候，位于大阪鳗谷街的千田商会的老板看到了他的不易，在工作之余跟他聊了起来。

"你为什么没有去找你的表兄呢？他工作了这么久一定积累了很多客户，他介绍给你一些，你也不至于自己奔走了啊。"在听到佐川清说他的表兄伊藤芳治在"丸源"工作时，千田先生惊奇道。"我不想依赖别人，我要靠自己的本事，打出我的品牌。"正是这句简单的话打动了千田先生，当下拿出了 10 台照相机请佐川清送到京都的一家店里去，并且这次不收他的保证金。

这是"佐川捷运"自成立以来接到的第一笔生意。佐川清也是格外地重视，在接到了这 10 台照相机后，他以最快的速度送到了目的地。自完成这第一单生意起，佐川清的勤奋、能干渐渐在京都和大阪的批发商之间流传开来，他的生意越来越好。他非常珍惜各位商人给的机会，就算是其他脚夫不愿意干的琐碎小活儿，他也乐意承揽下来，并出色地将货物送到。"佐川捷运"的招牌就这样站稳了脚跟。

虽然愈发红火的生意让人高兴，但是背后的艰辛也是常人无法体味的。佐川清接到过一次运送轴承的任务。这可算是一个艰难的任务，每个轴承重 50 千克，他需要每天奔走 7 次，这种辛苦可想而知，有时累得他腰都直不起来，但是即使这样，佐川清还是坚持将这些轴承运送到目的地。正是付出了这样的辛苦，佐川清打动了这家机械商，他也由此成为这家商行的专属脚夫。

这天晚上，佐川清送货回到家中，一脸疲惫，妻子幸惠看到后心疼不已，赶忙端来热烫的洗脚水，细心地帮丈夫洗脚。"我不累，这点活儿我还挺得住。"看到丈夫滑稽地挺了挺胸膛，幸惠不禁笑出声来。"要不咱们买两辆二手的脚踏车吧，大阪车站和京都车站各放一辆，不用花多少钱，来回却能方便很多。"妻子的提议果真很有效，在来回奔波运货时不仅省去奔跑的力气，还节约不少时间来多运送货物。

就这样，"佐川捷运"逐渐得到越来越多商人的认可，越来越多的人找他运送货物，佐川清一个人两地来回跑显然有些顾不过来。看到丈夫每天都这么辛苦，幸惠想到自己还年轻，也可以帮助丈夫。"不行，这种重活是我们男人干的活，你只要在家照顾好孩子就可以了。"虽然丈夫没有答应，但是倔强的幸惠还是偷偷地做起了脚夫。

这一天，佐川清骑着空车回来，却在对面的街上看到提着货物的妻子，两个儿子手里也提着小货物，黄昏中的母子三人是那么的美丽。看到这里，佐川清不禁潸然泪下，快步上前抱住妻儿。也正是如此，人们都称他们这对夫妻为"大阪的鸳鸯脚夫"。

"每个成功男人的背后都有一个默默付出的女人"，用这句话来形容幸惠真的是再合适不过了，也正是有了妻子的支持和帮助，佐川清工作的热情也越来越高涨，他感觉离实现梦想不远了。

两年时间就这样过去，"佐川捷运"的生意也像滚雪球一般越来越多，多到夫妻俩逐渐处理不过来了。此时已经到了 1959 年，正是日本经济大发展的时期，经济的飞速发展给运输业创造了很好的发展机会，佐川清看到了发展趋势，抓住了这次发展时机，增加了雇员，并对职工进行"脚夫精神"教育，强调"回到原点"，保持创业之初的艰难奋进精神。在管理上"佐川捷运"也是采用完全现代化的管理方法，使用世界上最先进的电脑系统，流通中心的配备也是第一流的。

正是这种管理理念使"佐川捷运"的规模不断扩大，并在大阪、敦贺、福井、金泽、富山建立了 5 个分支营业处，先后添置的摩托车逐渐换成汽车，数量也在逐渐增长，经营范围更是扩展到全国，成为名列日本商业运输界第一的运输公司。

用"赤手空拳打天下"来形容佐川清是再合适不过的了，从一无所有到现在的"佐川捷运"，都是佐川清一点一点奋斗得来的。一直以来，他都深信，如果想要得到客户的信任，获得客户的支持，只有自己充满诚意才可以。正是在这种理念的引领下，"佐川捷运"让民众记住了招牌，并在日本发展壮大。佐川清的名字也让越来越多的人记住了，他的梦想也在一步步实现。

佐川清经常说，有一句话最适合作为墓志铭——"一个一生额头上流着汗拼命工作的人，长眠于此。"这一句话，概括了他奋斗的一生。

佐川清靠一双脚走遍天下，他可谓是"勤奋致富"的典型，在同一时代，还有一个勤劳的标兵，一个"靠双手致富"的女人，她就是风靡一时电视剧《阿信》的原型和田加津。1930 年 12 月，一直靠经营蔬菜摊为生的和田加津夫妇终于摆脱了寄人篱下的路边摊点，他们租了一个 40 平方米的店铺，八佰伴的第一个店铺——热海店开业了。

开张之后，丈夫和田良平负责用扁担一趟趟地从农场批发蔬菜，然后带着样品到旅馆、饭店等地方上门推销，因为这些地方的订货多半是净菜，加工任务就落在了和田加津身上，拣豆角、削山芋、剥大蒜，客户希望菜能新鲜、便宜、干净，夫妻俩就不辞辛苦地多干活，千方百计地能让客户说声"好"。因为两人都不怕卖力气，蔬菜摊的生意一直不错。

不久，第一次世界大战爆发，日本举国参战，物资匮乏，生活必需品实行配给制，尤其是食品，一律无法进行自由交易，八佰伴的经营受到了不可抗拒的影响。那时，不少商人缺斤短两，克扣老百姓，以此在黑市牟取暴利。老实巴交的和田夫妇却一直秉承公平正直的原则，被人骂"傻帽",夫妻两个也只是笑笑。不过,两人没有赚到战争财,却赢得了众多顾客的信赖。战争结束后,政府解除了统配制度,商人们可以自由做买卖了,八佰伴第一时间领到了蔬菜店营业执照,重新开张,"八佰伴的两夫妻特别实在",顾客们都在私下议论着,然后越来越多的人喜欢上了到八佰伴买菜,八佰伴的顾客翻番的增长,经过短短几年的努力,八佰伴发展到有 700 万日元资产的规模。

1950 年 4 月,日本热海市连续遭受两次火灾劫,4 月 13 日的第二场大火,烧毁了 979 栋房屋,造成经济损失 55 亿日元,全市的 1/4 都在这场大火中化为灰烬,受灾范围超过了 1 400 户,八佰伴蔬菜店也在这场大火中被烧毁了。看到 20 年来兢兢业业发展起来的八佰伴瞬间化为乌有,和田加津欲哭无泪,但很快,两夫妻就擦干了眼泪,手牵手互相鼓励:我们人没事就好,只要人在,我们就能将八佰伴发展得更好。

当时给八佰伴供货的批发店有 40 家,看到烧得精光的八佰伴,不少批发商们很是同情,他们主动提出:"你们也不容易,这个月的货款就不要付了!"可和田加津却一一谢绝了这些合作伙伴的好意:"生意归生意,进货的货款该怎么付,我们会照付的,东西烧光了,可我们不能丢失了诚信。"于是,她取出了所有存款,备齐了现金,把当月的货款一一还给了批发商,批发商们很受触动,他们纷纷表示:八佰伴重新开张后,一定会给他们更加优惠的批发价。

在大火后,八佰伴连一天也没有停业,他们清理了一下废墟,在当街的富士屋旅馆前,卖了三天菜。第四天,他们在废墟上建起了简易棚,立起了牌子,支起了货架,八佰伴又站起来了。

1952 年 9 月,一场罕见的台风袭击了热海。台风当天,和田良平和儿子和田一夫冒着台风去采购了一卡车蔬菜,平常一小时的路程走了 7 个小时,其间的艰辛可想而知。第二天,因为台风的原因,蔬菜奇缺,物以稀为贵，许多商店借机涨价，10 日元一根的萝卜涨到了 150 日元。和田加津却坚持平价销售，她的思维很简单，"我们不能趁火打劫，从信任我们的顾客手里抢钱"，顾客们知道后，都很感动。事情过后，越来越多的顾客喜欢上了八佰伴。和田加津也开始意识到，赢得顾客赞誉才是真正的生意之道。很快，八佰伴就发展成为热海首屈一指的大商店。

八佰伴的未来该何去何从呢？在八佰伴做到热海第一之后，和田加津夫妇两人越来越迷茫了。

1956 年，正当和田加津找不到答案时，很偶然的，她听说商业界在箱根举办研讨会，商人们聚在一起学习。几十年来，和田加津一直在低头干活、干活，她从来没想过学习经商、学习赚钱，对此，感到很是新鲜和好奇，抱着去看看的心情，她去了研讨会现场。

在这个研讨会上，和田加津看到一个广阔的世界。第一次接触到"经营商店要为顾客做好服务"的说法，这使和田加津很震惊，一直以来，她考虑所有问题，都是要赚钱改善生活。之前，在发生台风的时候，她虽然也有过为顾客经商的做法，但一切都是凭着一颗"善良的心"，她从没有意识到"为顾客服务"的重要性，也没有想过把"为顾客服务"贯彻下去。

研讨会后，和田加津开始使用全新的视野看待经商："商人通过做生意使众人感到幸福，也就是等于通过做生意做了好事，商人也可以通过经商为社会做出奉献。"

领悟了经商真谛的和田加津，第一件事就是解决一直以来的赊欠问题。饭店是八佰伴的大客户，可他们一直以来都是先赊账，三四个月后再付款，这种赊账模式严重影响了八佰伴的资金运转，使得八佰伴很难继续发展。针对这个问题，和田加津提出了明码实价的现款销售方式。

一开始和田加津也有些担心，在推出新的经营方式前，她一家家地找到赊欠货款的客户，一方面与他们沟通新的现款模式，另一方面回收过去的货款。不少饭店对现款模式持有异议，他们借机提出减免欠款或延迟支付等要求，和田加津不想强势地跟大家闹翻，就尽可能地满足他们的要求，自己吃亏。

1956 年 11 月 1 日，新八佰伴闪亮亮相，原来"八佰伴商店"的名字改为了"八佰伴食品百货商店"，从这一天开始，八佰伴开始实行明码标价的现金交易。开业当天，"八佰伴"在报纸中夹了一页广告，向顾客宣传新八佰伴的诞生，牌匾上写着："不用讲价的廉价商店"，店内则整天播放录音："同一种商品，我店最便宜，同一种价格，我店的质量高。如果与事实不符，请您立即指出。八佰伴是您身边最值得信赖的特价优惠店。"打着便宜牌，虽然是现款，八佰伴还是吸引了很多的顾客，有顾客反映："能买到价钱这么便宜的东西，真是解决大问题了，太感谢八佰伴了。"

除了价格便宜外，和田加津在服务上也不敢有些微的疏忽，她在每天的晨会上，都会对店员宣扬这样的理念："八佰伴的经营精神是让所有的顾客满意，这里包括买 10 日元东西的顾客，也包括买 1 000 日元商品的顾客，每个顾客都十分重要。100 个买 10 日元东西的顾客满意了，我们就有了 100 个信赖我们的顾客，所以我们不能怠慢每一位顾客，不管他只买一根大葱，还是一个鸡蛋，还是只过来看一看，不买东西，我们都要热情接待！"

物美价廉的商品、周到热情的服务，八佰伴受到了社会各界的赞誉，店里整天熙熙攘攘、人气旺盛，新闻媒体也争相报道了八佰伴的"明码标价""不怠慢任何一个上门的顾客"等新式经营思想和方法。

为了兑现八佰伴许诺的"特价优惠"，八佰伴的价格都要比市场上略低一点。一开始，八佰伴虽然人气很旺，却出现了亏空，为弥补赤字，八佰伴只好每个月取出五六十万日元的存款垫付进去。和田加津很担心赤字会无限期的扩大下去，她向商业界的前辈请教，前辈们的建议与她的想法一致："只要坚持不懈，赤字一定会消失。"坚持到第 11 个月，果然过去的巨大赤字基本消失了。这个时候，有人向和田加津建议：为何不把毛利提高 1 分（即 1%）呢，顾客感受不会特别深，却能达到盈亏分界线；如果提高 1 分半，就能扭亏为盈。经过一番思索，和田加津和丈夫作出了一个意想不到的决定：下调 1 分毛利。

不升反降，八佰伴就进入了赤字经营的状态，可顾客人数却在不断地直线上升。一年后，赤字消失了，八佰伴以极大的品牌知名度和不可计数的忠诚客户进入了全新的时代。

在战争的废墟中，日本举国上下艰苦奋斗，经济发展和民众生活逐渐出现转机。到 19 世纪 50 年代中期，日本经济已恢复到战前水平；在 19 世纪 50 年代至 60 年代末，日本经济进入高速成长期，并且保持年均 10% 以上的发展速度，日本创造了一个经济复兴的奇迹。

第7章

家国为本——黄金二十年（中）精神篇

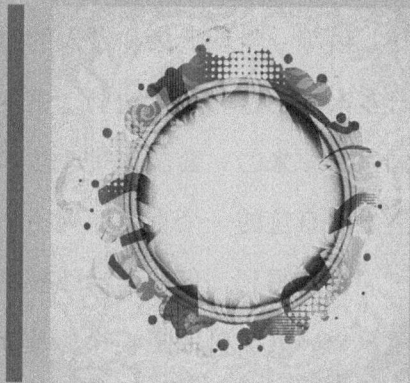

先是金融危机，然后是大地震，紧接着是第二次世界大战，在将近30年的时间里，日本经济屡遭重创，有经济学家预言：日本再也不能翻身了。可神奇的是，战争结束后，日本在很短的时间内就焕发生机，经济迅速发展，并且成为美国之后的第二号资本主义经济强国。这背后有怎样的精神支撑呢？

1946年，深入剖析日本国民双重性格的著作《菊与刀》姗然出版，这是美国人类学家鲁思·本尼迪克特受战时美国情报部之命所做的研究报告。"菊"是日本皇室家徽，包含恬淡静美之意；"刀"是日本武士文化的象征，寓有凶狠残暴之意。对于强大、优秀的敌人，即便满腔仇恨（"刀"之残忍），也愿意低头学习（"菊"之柔顺）。"菊与刀"堪称对日本文化最深刻、本质的比喻，入木三分。

在日本精神中，武士道精神是一种日本的象征，是浸入日本人灵魂、血液的固有文化。武士道精神吸收儒家文化，它的内容有仁、义、礼、智、信等，强调天命和做人的道理。它的空间范围是以家为中心。然而，日本人却把这一概念进行了延伸和升华，把家变为企业、组织，甚至于国家，原来的一套儒家理论变成企业凝聚力来源的基础，也成为日本创造发展奇迹的一个重要原因。

在三得利，鸟井信治郎被部下尊称为"父亲"，与其说他是三得利的董事长，其实更像是一个家庭的大家长，在日常的工作中，他带给员工的是如慈父般的呵护备至，更重要的是，他的这种呵护是从不大肆张扬的。

"这几天晚上你有没有听到房间里有奇怪的声音。"

"没有啊，这几天好像烦人的臭虫少了，我睡得很好。"

午饭过后的休息时间里，鸟井商店的两个店员在闲聊。一个人说晚上模糊间听到奇怪的声音，另一个则说一晚上都睡得很香甜，没有听到任何声音。这段对话恰巧被路过的鸟井信治郎听到了，他嘴角扬起一道微笑。

当时鸟井商店刚开业不久，鸟井信治郎还没有实力给员工们提供优厚的住宿条件，他心里很是愧疚。一个偶然的机会，他听到有员工抱怨房间内有臭虫，就想着力所能及地为员工们做点什么。于是，到了晚上，等着员工们都睡熟了，臭虫开始出来捣乱了，他就拿着蜡烛，趴到地上，在家具的缝隙里一只一只地捉臭虫。捉完之后，再悄悄地离开，这才有了员工反映听到了莫名其妙的声音一事。

后来，有一次鸟井信治郎正在员工宿舍专心的捉虫，有员工醒了，发现了事情的真相，都感动得说不出话来。后来，大家只是更加努力的工作，以回报老板的真心。有了这些员工的齐心协力，鸟井信治郎顺利地度过了创业初期的艰苦期。

等三得利步入良性的发展轨道之后，鸟井信治郎仍旧不忘关心员工的生活，尤其让人称奇的是，他的工作很繁忙，每天的时间安排都十分紧张，可却总能发现一些别人忽略的细节。

田中大学毕业后进入三得利，成为一名普通的小职员，田中对这份工作很珍惜，他一边忙着熟悉工作，一边忙着熟悉同事们，可没想到，紧张而充实的生活刚刚开始，家里传来了噩耗，父亲因一次意外过世了。田中连忙请了假赶回家中，因为他跟同事们相处得还不太熟，田中就没好意思通知同事参加父亲的葬礼。

不知道怎么回事，忙碌的鸟井信治郎得到田中家有丧事的信息，"这孩子，年纪轻轻就没了父亲，他该是多么无助，作为同一个公司的同事，我们应该在他最需要我们的时候拉他一把"。于是，在田中父亲出殡的当天，鸟井信治郎率领着公司所有的员工出现在了殡仪馆，看到儿子的同事们在祭拜，田中的母亲非常感动，他说，父亲闭眼前一直挂念着儿子的工作，看到儿子在这样一个仁爱的公司工作，他死也瞑目了。

鸟井信治郎率领大家在田中父亲的灵前祭拜完后，并没有像其他宾客一样转身离开，而是以亡者亲属的身份站在了签到处，对前来祭拜的人一一鞠躬还礼，其他人则是很主动地帮忙分担葬礼的其他工作。看到一个个还有点陌生的脸孔，在默默地为自己分担重担，田中暗暗下定决心，为了三得利，我愿意付出我的生命。

在鸟井信治郎身上体现的便是武士道的"仁"，他坚持以仁爱、同情、怜悯的心对待下属，收获到的是下属的尊敬、感激和更加深入的热爱。

与鸟井信治郎类似，和田加津也是武士精神的倡导者和执行者，她以"奉献与爱"定位了八佰伴的经营宗旨，她常对员工说的一句话就是："人活着不能只为了面包，要通过去实践真正的经商之道，在为顾客、城镇、社会、国家尽职尽责中，找到人生价值。"这就是所谓的"八佰伴精神"。

这种精神的灌输使得员工们都能不辞辛苦、不计报酬、全身心地投入工作。在八佰伴实行明码实价经营以后，八佰伴的顾客成倍增加，可因为产品价格低廉，八佰伴一直处于赤字经营的状况下，它能聘请到的员工数量有限，这个阶段，店员们的日子就很难过了。店员们白天要接待蜂拥而至的客人，每一分钟都忙碌不停，好不容易到了晚上的闭店时间，还会有一些远道而来的顾客赶来购物，不好让顾客空手而归，店员们往往得不断地推迟下班。等到了半夜，终于送走了最后一拨客人，店员们还得整理店铺，准备第二天的商品，他们连日加班，工作十分辛苦。可拿到手的报酬却十分有限，在赤字经营的状况下，和田加津想报答员工的付出，也是有心无力。

在这种状态下，有 5 名新来的店员受不了了。一天早晨，这 5 个店员以书面形式提出抗议：我们每天辛苦加班，直到很晚才能回家，挣的却是少得可怜的工资，太不公平了。强烈要求加薪、减少工作量，如不答应，则辞职不干。当时的八佰伴正是人手紧张、忙不过来的时候，偏偏这五人同时威胁要辞职，如果他们带动其他人要求加薪或者辞职，那后果将不可想象。

手拿抗议书，和田加津召开一次全体员工会议，她当场把抗议书读出来，然后说道："大家对八佰伴的经营思想应该都很清楚，我们做的是一件伟大的事业，相信每个人都应该为身处其中而感到光荣。当然，现在大家的工作都很辛苦、工资也很少，这我都清楚，等公司发展形势好的时候，我一定不会辜负在座的每个人。我们不知道为什么这五个人会写出这份抗议书，现在怎么处理这封信，我想听听大家的意见。"在场的职工们听了和田加津的一番话，纷纷表示，这五个人在公司最繁忙的时间闹罢工的做法是非常不地道的。他们主动请缨："我们去跟这五个人说一下，如果他们不好好承认错误，主动回来工作，干脆就让他们离开，他们的那份活儿，我们加班加点干出来！"一次让人头疼的劳资纠纷就这样轻松解决了。

在这件事上，员工的理解和支持使和田加津很高兴，同时又深切感受到有两件事是非常迫切的：一是对职工进行主动教育，只有认可公司理念的人才会跟公司一条心，可如果不注重教育的话，很多新员工在短时间内很难理解清楚公司的理念，这很可能造成他们行为的偏颇。二是要改善职工的劳动待遇。员工是为公司的发展做出贡献最多的，作为公司领导一定要极尽可能回报他们的风险和付出。

这件事情发生以后，和田加津制定八佰伴职工每天30分钟班前会的制度。无论多忙，她都要求员工们每天早晨抽出30分钟的时间，大家坐在一起交流沟通。先是轮流由一名职工在10分钟的有限时间内发表近日工作、生活的感想，比如，在一次接待客人的时候，客人很满意或很不满意；客人说了什么话触动很深；在报纸上看到什么新闻受益良多。然后所有员工用15分钟的时间就发言职工提到的问题发表心得体会。最后5分钟时间，领导层对大家的发言加以点评，该表扬的大力表扬，对失败的则进行安慰，并提醒大家今后不再重蹈覆辙。

班前会成了宣扬八佰伴精神的重要课堂，所有员工都是讲师，在大家畅所欲言的过程中，大家的理念更加统一了，心与心的距离更加靠近了。

在八佰伴开始盈利以后，和田加津做的第一件事就是为职工提供良好的生活环境。她从银行贷了2 000万日元的款项，给员工建起了第一流的宿舍，配备了齐全的设施，为职工创造了舒心、舒适的生活环境，当年成为全国闻名的模范职工宿舍。

与鸟井信治郎、和田加津温暖的关爱截然不同，土光敏夫以另一种形式表达了对员工的关爱，那就是严厉。

1955—1965 年，日本的国民生产总值的实际增长率达到了 11%，在这种潮流下，东芝迅速扩张，据 1961 年的统计数据显示，东芝的下属公司达到了 60 余家，资金急剧膨胀到了 126 亿日元。可好景不长。1964 年在日本举办的奥运会结束后，日本经济从假相的繁荣坠入急性萧条之中，东芝公司经营业绩也迅速陷入惨淡。1965 年，东芝公司上半年的利润为 33 亿日元，但到了下半年利润就跌落到 10 亿日元。昔日辉煌的东芝公司陷入生死存亡的时刻。68 岁的土光敏夫就是在这样的情况下，临危受命，继任东芝总经理的。

土光敏夫作为空降兵，顶替了东芝公司原来土生土长的岩下总经理，他一上任就在东芝内部掀起了惊涛破浪。

反对者说："土光敏夫，他又不是我们公司的人，由他来管理东芝，岂不是叫外人来统治我们吗？"

支持者说："土光敏夫原应是石川岛芝浦透平公司的，那是我们公司与石川岛合建的公司。这样说的话，土光敏夫也该算作东芝人了。"

中立者表示："土光敏夫到底属不属于东芝，关系不大。最关键之处在于，他能否重建东芝。"

"哼，我是不会承认土光敏夫这个总经理的"，以原总经理岩下为首的利益相关者最恨土光敏夫，也最不欢迎他，他们对他的态度体现为视而不见。

对于一切反对和漠视，土光敏夫不以为意，他大刀阔斧地启动重建和变革。

"大家伙不是来经商的，而是来做官的！"土光敏夫认为东芝公司的症结在于过去几年迅猛发展中形成的奢侈浪费、懒怠、散漫的官僚主义作风。

"世上没有永远不沉没的航空母舰，也绝没有永远不倒闭的企业。我说这番话并非凭空捏造，是有根据的。如果大家对历史没有遗忘的话，大家就可以想想'二战'时期的武藏舰的下场。武藏舰被军方吹嘘成永不沉没的陆地，结果怎样呢？还是被美军击沉，葬身于太平洋中了。"1965 年 5 月初，土光敏夫在就职仪式上的一番讲话拉开了变革的序幕："现在东芝公司把拯救东芝的重担交给了我，我不是全能的菩萨。东芝的成败，在于众人的努力。职工只要花三倍于现在的精力工作，负责人花十倍于现在的精力努力工作，或许东芝还有救。今天，我在此郑重向大家宣布：总经理的门向所有人敞开，任何人都可以向总经理挑战，任何人都可以向总经理提出问题和建议。凡是想有所作为的人，今后都可以直接找我谈事情。"

东芝总部位于日比谷公园的电话大厦八楼。土光还未上任时，东芝总部被职员们称为"后宫"，即皇上寝宫一样的所在。这里奢华无比，岩下盘踞的总经理室有高级浴室，有装潢考究的厕所，还有一个堪比五星级饭店的厨房，还配有专职厨师随时为他准备食物。岩下这种奢侈、追求享受的作风也影响了其他人，大家上行下效，沆瀣一气，大量浪费公司的财富，对工作则是敷衍懈怠，屡屡出错。土光敏夫首先对这种高层管理人员的腐败作风挥起屠刀。

上任第二天，土光敏夫召集公司所有高层领导者到总经理办公室开会，人们发现会议室的椅子都不见了，在大家回头找椅子的时候，土光敏夫用独有的大嗓门开始咆哮："从今以后，公司开会一律站着！会议不是用来做报告的，而是来分析问题、解决问题的！"

当时，东芝的每位高级主管都设有 2～4 个秘书，有了秘书的帮助，高级主管们很少到公司前线考察，也很少为公司的发展费脑筋，他们养成听秘书的汇报，然后按照秘书的建议安排工作的习惯。在以往的会议上，高级主管只要把秘书准备好的素材念出来就可以了。土光敏夫对此很是恼火，"会议是真正的竞赛，是一对一的较量，想仰仗他人的鼻息是不行的。如果谁缺乏出席的信心，可以请代理者出席。"

进一步地，对于专设秘书问题，土光敏夫也野蛮的做出规定："从明天起，每个主管的专职秘书没有了，我们公司只有公用秘书。每个主管单独占用的办公室统统交出来，将办公桌搬到大办公室里，所有主管与我都在大办公室里办公。"

土光敏夫的这种安排彻底阻断了那些养尊处优、浑水摸鱼的主管们的退路，有一名主管有点不忿的抱怨了一句，土光敏夫立刻向他声色俱厉的怒斥道："你是干事的吗？你不是，你是一个土皇帝，是一个衣来伸手、饭来张口的懒虫！"这位主管不知是为土光敏夫的怒火吓住了，还是因为土光敏夫正好戳到了他的痛处，他的双腿不禁打起了哆嗦，紧闭着嘴巴不再说话了。

"大家记住：我要销毁你们的宫殿，往后，谁再奢侈浪费，我就让他滚出公司！中午的午餐，谁也不能吃由厨师开小灶的伙食，一律从职工食堂买饭吃。当然，吃不惯职工食堂的伙食，你也可以去街上餐厅吃，不过，决不允许耽误工作。"会议就这样在土光敏夫的怒吼中结束了。

会议室外，耳尖的秘书们把总经理的"咆哮"听得一清二楚，很快，会议内容就像长了翅膀般在全公司传开了，东芝公司沸腾了，大家都开始认定：随着土光敏夫的上台，过去的腐败风将一去不返，大部分员工心里窃喜着，他们都希望土光敏夫能带领东芝走出泥潭，走进一个新纪元。

通过给高层主管的这次下马威，土光敏夫得到了普通员工的广泛认可。紧接着，他开始发力新文化的植入和落实。

土光敏夫提出"挑战式经营"的理念，他要求公司的所有员工要抱有切身的危机感，要求每一位员工都与企业荣辱与共，土光敏夫向所有员工发出号召：公司中的任何人都可以向上级管理者发出挑战，另外，土光敏夫还身体力行，以身作则，严格要求自己，为公司上下做出榜样。

当时的东芝官僚衙门式的"盖章主义"盛行，在这种风气下，不管下属提出的方案、计划多及时、有效，在它经过总务、生产、审计、财务等各方面负责人的一道又一道的批准后，形势早就发生了变化。

针对这个问题，土光敏夫进行了组织变革，他把公司分成一个个事业部，公司以事业部制度为主体开展生产经营。事业部类似于公司中的小公司，每个事业部之间是一种交易和合作伙伴的关系，既然是交易和合作伙伴的关系，上一环节的事业部就要为下一环节的事业部提供让他们满意的产品和服务，否则将会影响成交，上一环节的事业部就要承担责任。

另外，每一个事业部的部长就相当于小公司的总经理。公司的总经理与小公司的总经理，小公司的总经理之间都是一种平等关系，而不是上下级或者命令与服从的关系。这样，公司内就不存在以权力压迫别人的情况，大家都是平等的，只有创造出成就和业绩，展示出自己的领导能力和权威的人才能得到尊重和认可。

东芝内部有一种"俱乐部"文化，大家认为，夜总会是最适合做生意的场所，而每天花天酒地到很晚，因为晚上不能好好休息，第二天，很多人都很难保持旺盛的精力工作，因此迟到的现象很普遍。在很多场合，土光敏夫对这种事进行了严厉的批评，自进入东芝后，他带头不过夜生活，每天按时上班。

东芝的员工慢慢发现，土光敏夫每天不是坐公司的车，而是坐公共汽车上班，他每天早上 7 点就会准时到达公司，上班时间的他，都会穿着笔挺的西装，迈着有力的步伐，底气十足地说话。

在土光敏夫的带动下，公司的几位高层也开始像他那样每天精神抖擞的准时上班了，带动着高层下面的部长、课长也都积极地投入了工作，进一步地，一般职员、生产工厂、基层单位也都带动起来了。在土光敏夫的整顿下，东芝公司的作风慢慢地发生了改变。

针对高层不肯走出办公室，下到基层的问题，土光敏夫也不放过。在他就任东芝社长期间，他不辞辛苦，走访了东芝各地工厂和营业所，同现场的员工交谈，乐此不疲。很多工厂的职工纷纷表示：从来没见过社长，现在见到了高高在上的社长，社长还是这么的和蔼可亲，让他们干劲大增。另外，土光敏夫在总部的办公室对所有员工开放，欢迎他们随时敲门进来，讨论问题。刚开始时，员工们还不敢贸然打扰，半年之后，总裁办公室就变得门庭若市了。

工人的积极性大大提高之后，土光敏夫又开始下大力气整顿上层人事。他认为，庸庸碌碌、唯唯诺诺的干部自然会选用比自己更无能的下属，这样的话，整个团队都是毫无战斗力的，因此，他毫不留情地替换了一批重要岗位上的人，选用了一大批富有责任感和挑战精神的新人承担各事业部的部长。

在日常工作中，土光敏夫经常会不讲情面地斥责下属，"你这样太差了！""你干脆别干了！"这种斥责有点像激将法，他促使那些过于畏缩的人尽可能的释放自己的潜力。当有人取得了成绩时，土光敏夫也不会赞赏，他会很无情的"泼下去一瓢冷水"："你是不是目标定得太低了，有时间沾沾自喜，或者四处夸耀自己的成绩，不如向更高的目标挑战一下！"

现在看来，土光敏夫的做法有点残暴和无情，可对当时的东芝来说，要铲除常年的陋习必须使用重锤，他不想有任何的松懈，以防过去的陋习抬头。在土光敏夫的带动下，东芝重新回到了创业阶段，焕发出无限的青春活力。

管理是一种严肃的爱，土光敏夫用他特有的严厉激发了下属们工作的积极性和创造力，东芝从濒临倒闭的困境中走了出来，每个下属也迎来了更加充实、激情的人生。

1966 年，京都陶瓷的滋贺工厂的厂区内两座楼和一幢二层楼的宿舍投入使用，京都陶瓷全部员工由京都搬迁至滋贺，伴随着乔迁之喜，公司迎来了期盼已久的订单——IBM 的 2 500 万个氧化铝基板（用于集成电路的基板），IBM 的这笔订单金额高达 1.5 亿日元，占了当时公司年销售额的 1/4，公司上下一片欢腾。

兴奋之余，稻盛和夫感到更多的是压力。IBM 作为一个世界型知名品牌，他对部件的要求是非常严格的。一般的订单，只会在后面附一张简单的规格图纸，可 IBM 的订单说明书有一本书那么厚，对基板的特性、密度、粗糙度、尺寸精度、测量方法和测量仪器都做出了严格的规定。而当时的京都陶瓷连测定精度的设备都没有。"这将是公司提升到世界一流水平的绝好机会！"巨大的压力反而激发了稻盛和夫的好胜心，他鼓足劲头迎接这次挑战。

稻盛和夫第一时间花巨资购入了生产所需的所有最新设备，然后亲自监督原料调和、成型、烧结等所有工序的落实，为了方便工作，他带头住到了员工宿舍，每日每夜的测试着。不合格、不合格、不合格，用了 5 个月的时间，生产出了成堆成堆的次品，最后，稻盛和夫终于拿出了自认为合格的产品。

可还没等稻盛和夫松一口气，"基板带有黄颜色，不合格"，IBM 一则简单的退货通知犹如当头给他浇了一盆冷水。一切又从头开始，在所有员工又付出了无数个夜以继日、埋头苦干的日月后，京都陶瓷的产品终于合格了。真正的商界战争这才开始。

起初的测试阶段用了 7 个月的时间，在后期的生产阶段，要想在规定时间内完成订单数量，公司就必须要快速运转起来。稻盛和夫亲自到现场指导工作，从原料的调和到成品的检验，每个环节他都不漏掉，员工们则三班倒地高负荷工作。在订单完成前的两年多时间里，京都陶瓷全体员工连盂兰盆节和新年元旦都没有休息一天。

有这样一件事，让稻盛和夫很受触动。有一次，滋贺县下大雪，交通全面中断，公司向各个方面派出了接员工的班车，可还是有很多员工顾及不到。谁料，有一个女临时工顶着风雪，步行了两个半小时赶到了工厂，"来晚了，真是对不起"，这位女工充满歉意地给组长打了个招呼，就急匆匆地冲到工作岗位上。

终于，在规定的时间内，京都陶瓷保质保量地完成了订单，这得到了 IBM 的极大赞赏。业界纷纷赞誉京都陶瓷创下了"基板神话"，京都陶瓷成功的根本是什么呢？稻盛和夫说："一切源自所有员工不达目的誓不罢休的强烈愿望，在这种愿望下，人的能力是无限的。"

其实，一直以来，稻盛和夫就很注重员工工作积极性的调动。在搬入滋贺工厂前，他就常常思索一个问题：公司之所以能发展起来是因为创业团队是由志同道合的同志组成的，相互之间是朝着同一个目标的，朝着共同的梦想前进的"同志"关系，凝聚力产生了巨大的动力。可随着公司的发展，公司由 5 个人，扩充到了 20 个人，又进一步的扩大到了 200 来人，人多了，心自然就很难齐了，这种情况下如何最大限度地发挥每个人的能力呢？

经过一番思索，稻盛和夫得出了答案：让团队回归创业阶段。于是，稻盛和夫就着手把整个公司按照工序、产品类别等划分成若干个小规模的组织，把它们分化成一个个中小企业，放权经营，这些中小企业采取独立核算的方式运营，这些小集体不是规定的，而是会根据环境的变化而进行自我繁殖，这就是稻盛和夫阿米巴经营哲学的由来。

在阿米巴体制内，每个小团队都能保持着创业团队的凝聚力和执行力，每个团队成员都能激情地投入工作。可如果各个阿米巴之间在利益的驱使下相互拖后腿，那整个公司也将难以为继。因此，进一步地，稻盛和夫在公司内宣扬了"关爱之心、利他之心"的文化理念，他让所有人都意识到，为大家做出贡献的成就感、合作无间的伙伴给予的感谢和赞扬，是大家最终极的追求，报酬、受益那些都是不重要的东西。这种理念是对武士精神中"忠义""名誉"的延伸，也正是因为有着这样的精神根基，稻盛和夫的文化理念很好地得到了落实。

值得一提的是，在实践阿米巴经营时，稻盛和夫还很注意在公司内营造"家"的氛围，以增强员工的凝聚力。他会经常举办日式的"联谊会"，大家放下上下级的身份，围坐在一起，把酒言欢，畅所欲言。

1968 年，因为在 IBM 订单上的突出表现，京都陶瓷获得了"第一届中小企业研究中心奖"，奖金 100 万日元，稻盛和夫认为，这笔奖金来自于全体员工的努力，就把这笔钱全部花在了员工聚会上。在后来的一次聚会上，稻盛和夫碰到了一起得奖的四家公司的领导，大家谈到了奖金的用途，其他四家公司的领导纷纷表示，用这笔钱，他们买了什么新设备，做了什么新研发，稻盛和夫却说："我们把它喝光了"，听得旁边的人诧异不止，大家都觉得稻盛和夫太浪费了，只有稻盛和夫最清楚，他收获的是员工团结一致的凝聚力，这笔财富是任何新发明都不可替代的。

正是凭借着阿米巴体制及其"关爱、利他"的文化思想，京都陶瓷员工才能创造出一个个奇迹，这也成了京都陶瓷后期高速发展、不断扩张的根基。

在战后复兴的日本商业史上，论面对艰难困苦的坚韧精神，坪内寿夫绝对是其中的佼佼者。1936 年，日本大举侵略中国，国内军国主义思想高涨加上全国性的征兵动员，促使刚刚从商船学校毕业的坪内寿夫进入日本在中国东北的"南满洲铁道公司"工作，并在日本战败后作为战俘押送至西伯利亚，开始了长达三年的战俘生涯。大量的体力消耗，艰苦的生活条件，每当觉得痛苦无法忍受的时候，坪内寿夫都温习一遍自己的梦想：漂洋过海，周游世界，尽情享受有钱人的奢侈生活。正是在这种信念的支持下，坪内寿夫不但没有被艰苦的生活打倒，反而锻炼了他坚韧不拔的性格，正是这种性格，在他未来的创业中起到重要作用。

1948 年 10 月，坪内寿夫回到故乡爱媛县，看到已经人到中年的儿子身心憔悴，他的父母十分心疼，于是将两人经营两家剧场获得的全部积蓄 340 万日元交给了他。这在当时是一笔相当大的财产，坪内寿夫本可以守着祖业，好好享受生活，但是，这位历经战争的中年人自有他的感悟，他认为，自创一个剧院并且给予最妥善的经营，做别人不敢做的事，这样才称得上是"有志气的男子汉"。第二年，坪内寿夫来到松山市，打算用这笔钱作为创业的基金开启创业之旅。

建设剧院的设想实践之初就遇到了困难。想要建设剧场必须取得建设局许可，这种申请一般来说最快一星期，最慢一个月也就可以获得批准。但是建设局的课长，不知什么原因十分厌恶坪内寿夫。因此建设剧院的批准被一拖再拖。坪内寿夫了解到这一情况后，火速乘车赶到东京，而后又马不停蹄地找到建设局，要求会见这位课长。通报人员报了信，课长却找种种借口拒绝接见他。一次又一次吃闭门羹，坪内寿夫却毫不退缩，他雷打不动每天坚持在建设局的走廊里等那位科长，时间久了，建设局的人都跟他熟悉起来，大家对他纷纷表示同情和鼓励。

好几天之后，课长的态度终于松动了，他让坪内寿夫说说想法，后者和盘托出："我想建松山县最好的剧院，请您批准一个中年人的梦想。"但课长却十分冷淡，敷衍地说："松山县那么小，好几个剧场已经够多了嘛，而且听说管理还很松散，有的议长用议会礼堂放电影赚钱。再建剧场也是浪费，我是不会同意的。"课长存心刁难，坪内寿夫仍不死心，从早到晚都守在走廊上，坚持要得到课长的批准。

这个过程性中，发生了一件意外，课长的儿子出车祸意外身亡了，肇事者逃离现场。有人恶心诽谤坪内寿夫，说他是肇事者，因为对课长心有不满才故意撞死课长的儿子。坪内寿夫莫名其妙成了嫌疑犯，被警察带到警察局，接受审问。幸好不久凶手就被捉到，坪内寿夫才洗清嫌疑，并且因祸得福，得到建设大臣的亲自接见，而且坪内寿夫建剧场的报告也获得批准。正是他坚韧不拔的意志才能最终守得云开见月明。很多人常常抱怨成功很难，因而在原地不断踌躇不前，坪内寿夫用他的成功告诉我们：成功的秘诀就是不屈不挠的追求，就是坚韧不拔的意志。

1950 年，松山大剧场正式开张，当时电影业属于新兴行业，对于屏幕上的会动的人物，鲜活的故事，人们也觉得十分新奇，跃跃欲试的人很多，但剧院的经营却很难赚到钱。因为当时电影拷贝价格昂贵，因此看电影收取的费用也比较高，同时，观众人数时多时少，有的时候甚至寥寥无几。所以，坪内寿夫的剧场经营举步维艰。

针对这种观众数量极其不稳定的状况，坪内寿夫经过仔细的观察发现：尽管无论放映哪类片子，观众都不能满座，但还是可以总结出一些规律。比如，中青年观众更喜欢爱情片；当放映动作片时，青少年会很欢迎；青年、老年观众则大多喜欢喜剧片。于是，他想，要是把两种类型的片子同一场放映，那么这两种类型电影的观众不就都被吸引过来了吗？于是，坪内寿夫针对不同类型观众喜爱的影片类型不同，将不同类型的影片在同一时间播放，吸引更多的观众同时观看。不同类型的影片在同一场放映，可以吸引几个方面的观众，人气上去了，影院的收入自然就增加。尽管客户们的需求是各种各样的、不确定的，但是坪内寿夫还是凭借细致入微的洞察力，勤于开动脑筋，解决一些当时令所有电影院经营者头疼的问题。坪内寿夫坚信：所有的事情都是在实践探索中不断完善、进步的。正是这种不安于现状，敢于探索的精神才使得坪内寿夫的电影院经营越来越好。

在战后的日本，由于美国的大力扶持，经济发展较快，人们生活水平有所提高，有更多的余钱投入到休闲娱乐上，加上当时电视尚未出现，看电影便成了当时人们最时兴、最热门的娱乐。即使是再差的影片都有不少观众，因此，制片公司和电影院老板都赚了不少，不断地扩大经营。几年的时间里，坪内寿夫的电影院数量一度发展到 30 多家。

坪内寿夫在电影院赚得钵满盆满，但他并不陶醉于已有的成功，而是不断规划如何用赚来的钱进行其他投资，迎接新的挑战。1952 年，坪内寿夫迎来一次千载难逢的机会，同时也是一个艰难的抉择——有人建议他接收来岛造船厂。毫无疑问，只熟悉影院经营的坪内寿夫在造船业却是个不折不扣的外行，他犹豫不决：如果投资造船厂，一旦失败，投入的所有财富将付之东流，甚至很可能倾家荡产，负债累累。

他向朋友征询意见，大家各抒己见，产生分歧。小林一三说："如果你能让一个倒闭的造船厂起死回生，那么人们一定会佩服死你。我支持你去接收船厂。"但是，日事银行行长浜口喜太郎却很担心："你得有一套行之有效的策略。这和搞电影院不同，风险太大，你还是要慎重。"

坪内寿夫的犹豫不决只因爱媛县造船业十分萧条，企业普遍亏损，渔民都会选择向东京、大阪等繁华城市的大造船厂订货，在爱媛县内购船的人寥寥无几。而来岛船厂就是这其中状况最糟糕的企业之一，接不到订单，工厂荒草丛生，设备生锈，整个工厂形同一堆废墟。

做不成"大王"就成"乞丐"！选择面前，坪内寿夫没有一味地担心财富的多少，而是通过详细的调查研究，进行了详细的考察和分析，历时数月，终于得出结论：来岛造船厂有可能恢复元气。并花巨资接管这个最穷困的工厂。这个消息一传开，谣言四起，人们都说坪内疯了，竟然卖掉 2 座影剧院，投资 5 000 万日元的天文数字来接收最差的船厂。

人们都不看好的这次投资，却被坪内寿夫视为人生的转机，视为寻找人生真正价值的挑战。他想要将濒临倒闭的企业拯救回来，甚至更上一层楼。坪内寿夫坚信："这是世上一种极其伟大的'事业'，而我就要参与其中，做别人不敢做的事。"他带领手下的 20 多人没日没夜地干起来。但是经过两年的改造休整，船厂还是没有挣到一点儿钱。面对日渐升高的人们的质疑，坪内寿夫却始终信心十足。当时船运政策有规定，500 吨以上的船必须聘请考试合格的船员、船长，也就是必须持证上岗，可当时有证的船员、船长是非常稀缺的，坪内寿夫衡量了一下，决定将轮船的吨位确定在 499 吨，这样就省去渔民因为买船而考试的麻烦。如何最大限度地降低生产成本呢？坪内寿夫从妻子做寿司的生活实践中得到启发，将轮船的各个部位分开生产，最后组装而成船，终于造出了日本国内最便宜的钢铁船。他将这种船正式命名为"海上卡车"。

来岛造船厂虽然没有办法跟大企业相对抗，但坪内寿夫发现，为数不少的小渔民和家庭水上运输船户，也是一片尚未开拓的市场。许多人都嘲讽他"急疯了"，这些小客户都不可能一次付清"海上卡车"的购买费用，怎么才能让这些船主买得起呢？

坪内寿夫认为，尽管这些渔民不能一次性付清船只的购买费用，但信用良好，因此，可以采用"按期付款"的办法。他对有意买船的人说："你们每月按期付一部分购买船的钱款，只要在 5 年内全部付清，这条船就是你们的了。"听说这个消息的船主都不相信有这样的好事，而大多数渔民平日都在船上，难以寻找，"海上卡车"的推销就成了一个棘手的问题。坪内寿夫就发动所有工人，深入到各个渔村，各条船，抓住每一个机会进行游说，解说标准船的种种好处。一些夫妻常年生活在船上，为了改善生活条件，逐渐尝试，用过之后都赞不绝口，声声相传开来，坪内寿夫的"海上卡车"终于迎来大笔订单。

来岛船厂源源不断地制造出新船。几年下来，这些"海上卡车"终于作为濑户内海航运的主角，远航到世界各地。来岛船厂的兴盛带动了整个爱媛县航运业和渔业生产的发展，在 20 世纪 60 年代末，爱媛县跃升为"日本内航第一县"，全国第二大捕鱼县。在这个过程中，来岛船厂的造船量也曾一度跃居到日本造船业第 5 位、世界造船业的第 22 位。

在日本，"社德合一"的理念特别突出，"事业在自己得利的同时，必须给国家和社会带来实惠"。由此，很多日本企业都极其重视履行社会责任，他们在企业文化中积极倡导履行社会职责，并且把企业使命和社会责任联系在一起，这成为日本企业文化发展的一个普遍现象。松下电器公司就把"产业为国"放在了企业发展的首位，丰田公司社训第 1 条就是："上下同心协力，以至诚从事业务的开拓，以产业的成果报效国家。"日本 TDK 公司精神："创造：为世界文化产业做贡献。"丰田汽车公司就明确提出："尊崇神佛，心存感激，为报恩感谢而生活。"他们以"感激""报恩"的思想把企业各环节联系起来，所有人为回报社会这一共同的目标努力。

虽然同样起源于中国的儒家思想，但是日本的家文化与中国本意的家文化有很大不同。日本的家是以家业为中心，家名是一个象征，家的延续不局限于血缘的延续，而是家业的延续。正是因为如此，才有了日本典型的养子制度，正如，日本著名社会学教授贺喜佐卫门认为日本的家首先是一种生活集体，一种生存共同体，家是以这个共同体的存在和繁荣为最高目标的。

　　美国学者傅高义认为，在日本对应当为集体利益携手的认同，仍然保留在所有的公司之中。在日本，公司是一个更大的家。日本人喜欢以公司的名字为自己命名，称自己为松下人、丰田人等，他们将这种强烈的归属感称为"忠"，献身，忠诚、勇气和自我牺牲，日本传统的武士精神被融入现代企业，日本公司因此呈现出独特的日本面孔。

　　日本商人们向世界传递出一种新的信息：道义、人际关系、情感，还有信任、奉献，这些维系人类社会数千年生存的基本要素都可以转化成生产力。

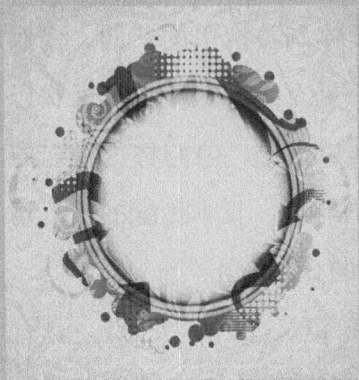

第8章

心怀天下——黄金二十年（下）扩张篇

第二次世界大战结束后，长达15年的侵略战争带给日本难以磨灭的伤痛：几乎所有的大城市随处可见废墟连片，瓦砾成堆；300万人在战争中失去生命，900万人在战争中失去家园，700万人从海外返回却难以寻得一块立锥之地；将近一半的工业和交通设备受到严重破坏，工农业生产陷于瘫痪状态。日本向何处去？重建成为战后日本政府迫在眉睫的课题。外务省为此成立了"特别调查委员会"，广泛地吸收日本优秀的经济学家与经济官员的建议和意见，对外贸易进入了他们的视线。

按1944年夏召开布雷顿森林会议的，以美国方案通过的《联合国货币金融会议最后议定书》及附件，决定成立国际货币基金组织和国际复兴开发银行这两个国际货币金融组织，形成布雷顿森林体系。这一体系虽然以美元为中心试图搭建国际货币金融体系，但在一定程度上稳定了世界经济秩序，促进了世界贸易，为世界经济的恢复和发展创造了一些条件。

在第二次世界大战前，由于当时美国规模经济的发展还处于起步阶段，再加上美国在地理位置上处于隔离状态，美国的对外贸易政策有着强烈的保护主义色彩，即运用关税或限额来限制进口以保护本国新兴工业的发展。第二次世界大战后，美国为了对外扩张，确定以"自由贸易"为基调的对外经济政策，积极倡导和奉行贸易自由化。在美国的主导下，外汇外贸自由化成为世界性的潮流，国外要求日本实行贸易和汇兑自由化的呼声与日俱增，再加上日本经济快速发展，出现了很多颇具国际竞争力的拳头商品，日本打入国际市场成为可能。

日本政府在1949年9月公布实行的《经济复兴五年计划》中指出："将来经济规模乃至生活水平的高低，最终取决于我国的出口规模。"1960年的《民国收入倍增计划》决定把当时只有40%左右的进口自由化比率在三年内提高到90%左右。日本贸易立国的战略得到进一步发展，一开始，日本对外贸易的目的是想以振兴出口贸易为手段促进日本经济自立，慢慢地，日本贸易立国的思想转变为把全世界作为日本的原料、燃料供应地，把全世界作为日本的商品销售市场，这种更加开放的、经济合理主义的思想。

在这种形势下，日本企业大佬们纷纷走出了国门，以抢占国外市场谋得发展。

在东京通信慢慢打开市场后，盛田昭夫却开始越来越不满足了。

1953年，一个偶然的机会，盛田昭夫去了北美、欧洲旅行。街道是来回穿梭的轿车，宽阔的道路两侧是直冲云天的建筑，生活于其中的人们过着丰富多彩的生活，看着美国、德国等战后的强国呈现出的繁荣景象，盛田昭夫感到深深的自卑，当时日本制造几乎是廉价、仿制，没有科技含量的代名词，日本难道注定就要成为别人的跟随者吗？他很懊恼。

紧接着，盛田昭夫前往荷兰参观菲利浦电气公司，这次参观让他一直紧锁的眉头一下舒展开来，他找到未来奋斗的方向。菲利浦电气公司位于荷兰阿姆斯特丹，以生产碳丝灯泡起家，当时荷兰的总人口只有1 000万左右，市场是非常有限的，它却发展成为了欧洲最大的电子行业跨国公司，在世界多个国家和地区建立起分公司或工厂。他猛然从美国、德国受到的打击中找到了方向，只有在大池塘中才能养出大鱼，走出日本，投入世界这个大池塘，自己的企业将有机会迎来更大的发展。自此，盛田昭夫下定决心，要把自己的公司做成一个国际性的大企业。

1957 年，经过无数次试验和失败，盛田昭夫和井深大终于生产出了世界上第一台袖珍式晶体管收音机，这种收音机体积非常小，可以放在衬衫口袋里，这在当时绝对是开天辟地似的伟大创新，是很多人想都不敢想的。为了庆祝这款产品的问世，盛田昭夫想给它起一个响当当的名字，经过一番苦思冥想，最后确定了好读、易记、有国际范的"SONY"，这个名字来自于拉丁文的"SONUS"（声音）和英语的"SONNY"（聪明可爱的小孩），意思是"聪明可爱的孩子们组成的发声电器公司"，进一步的，盛田昭夫把"东京通信工业公司"正式更名为"SONY 公司"，即"索尼株式会社"。从中我们可以看出，盛田昭夫的品牌意识开始觉醒，他的全球化梦想正式起航。

打上"SONY"商标的袖珍式晶体管收音机推向市场后，受到消费者的广泛青睐，引发了爆发性销售的热潮。盛田昭夫在日本站稳脚跟后，他开始谋划进军美国，他很清楚，美国是世界上经济最发达的国家，打开它的市场之门，是所有公司国际化门槛的第一步也是最关键的一步。

如何进入美国市场呢？盛田昭夫带着袖珍式晶体管收音机的样品，到纽约的零售商店按户推销，"这款收音机应该人手一台，这样就可以在房间里收听喜爱的节目，而不打扰别人"。一开始，因为英语不太溜，美国人对他手中的新产品也很陌生，盛田昭夫每天奔走在纽约的街头，可收获却不多。盛田昭夫并不气馁，他觉得，美国人富有进取精神，崇尚新事物、新产品，自己的袖珍式晶体管收音机一定会受到美国人喜爱。

终于，盛田昭夫的机会来了。在一次推销中，盛田昭夫见到一家大公司的负责人，这位负责人听完他的介绍，特别看好袖珍收音机，开口就说："我们可以试着经销，先订货 10 万台。"盛田昭夫的第一反应是不相信自己的耳朵，这可是一笔大订单，相当于过去公司一年的收入。他赶紧进一步的追问："你们那边有什么要求呢？对现在的价格有没有异议？"对方回答："价格好说，就一点要求，产品要以我们的品牌出售。"一听这话，盛田昭夫有点迟疑了："那我们不就是为他人作嫁衣裳了吗？"对方说："我这并不是有意要占你们什么便宜，只不过，SONY 在美国是默默无闻的，而我们的品牌在美国已经有几十年的历史，用我们的品牌能更好地促进产品的销售。这对你们、对我们都是非常有利的。"虽然有着巨大的利益诱惑，但盛田昭夫还是很冷静，他没有当场决定，跟对方说，要好好想一想。

盛田昭夫把情况给日本的董事会汇报了一下。当时的索尼刚刚起步，过去十几年一直在贫困线上挣扎，现在终于能见到钱了，董事会非常激动，一致意见是立刻接受这笔订单。盛田昭夫却很纠结，自己进入美国市场的初衷是把索尼打造成国际化品牌，可接受这个订单的话，不就是把索尼这个品牌扼杀了吗！经过一番思索，盛田昭夫还是决定拒绝这份订单。当时董事会的元老们都要气疯了，一直以来的好搭档井深大对他的决定也很不理解，盛田昭夫硬是抗下了各种指责。只不过，各种责难很快就消失无踪了，在盛田昭夫不断的努力下，索尼渐渐地打开了美国市场，订单陆陆续续地传到了日本总部。

几年后，当带有"SONY"商标的收音机、录像机、电视机在美国随处可见时，人们才不得不佩服盛田昭夫面对诱惑勇于说"不"的睿智。

索尼业务在美国发展的过程中，发生了一件事让盛田昭夫很愤怒。有一家经销商，为了打击竞争对手，在没有经过索尼同意的情况下，对索尼收音机进行降价促销，得知每天有很多人一窝蜂地来这家经销商的店铺抢购索尼收音机，盛田昭夫气势汹汹地赶了过去，经销商负责人看到盛田昭夫满脸的怒容，很不理解："我现在降价促销，是在为索尼贴钱赚人气，你应该感激我，为什么要生气呢？"盛田昭夫回答："在你的眼里，索尼是一个廉价的小东西？还是一个优质的品牌？"对方无言以对。日本制造在美国人心目中廉价的观念是很根深蒂固的，因此经销商在想到跟竞争对手打价格战的时候，首先选择索尼这个"低廉"的日本品牌，而盛田昭夫从一开始就想把索尼打造成一个优质的国际品牌，经销商的这种做法跟他的想法背道而驰。

盛田昭夫是一个性格很鲜明的人，有些事是可以忍受的，有些事是不可忍受的，针对经销商的这种做法，盛田昭夫不惜跟经销商撕破脸，花高价回购商品，甚至面对经销商开出的不合理的赔偿条件，他也答应了。

这件事发生后，盛田昭夫开始意识到，为了坚持索尼的品牌梦想，自建销售渠道是必不可少的。盛田昭夫决定在美国建立美国分公司。

美国人与日本人的思维方式和为人处世有很大差异。在交际领域，日本人委婉，遇到问题时，他们不会直接给出答案，而是会说"我考虑考虑"，而美国人则直率，他们更喜欢直截了当地说"是"或"不是"。在文化方面，日本人重视精神力量，认为精神是不可磨灭的，是至高无上的；美国人重视制度和科学，他们不断用科学方法探索世界，并能对各种权威提出反抗。因此，成立美国公司并不是一件简单的事儿。对于盛田昭夫建立美国分公司的想法也出现了很多的反对意见，但盛田昭夫却坚持要这么做。几年后，日美之间出现了严重的贸易摩擦，美国采取措施限制日本商品进口。索尼公司由于已经在美国创办了生产厂，在这场贸易战中，幸运地相安无事，充分证明当初盛田决策的前瞻性。这是后话。

1960 年 2 月 20 日，盛田昭夫正式创建了"美国索尼公司"，索尼美国在百老汇 514 号仓库开业亮相。接下来，盛田昭夫面临的最大问题就是适应问题。

为了更好地融入美国，了解美国人的思维方式和行为习惯，1963 年 6 月，盛田昭夫带着妻子和三个孩子迁居到美国，从自身开始，打破疆域的界限，他也成为最早迁居到美国的日本人。

美日文化的差异在索尼美国上市时最为突出。索尼美国成立不久，盛田昭夫就提出了上市计划，他亲自带队领导索尼工作小组与证券交易委员会的人员沟通。美国律师提出，索尼的合同中有一项不恰当条款：双方将就任何影响一方履行协议能力的变化进行讨论。盛田昭夫通过翻译竭力解释日本的社会习俗，他反复强调，在日本，一个男人的言语比任何有约束力的条文都重要。可美国律师就是不理解，他认为法律条件就应该是绝对的肯定，不应该出现模棱两可的情况。有一次，盛田忍无可忍，他愤怒地中断会议冲出了房间。

本质上，盛田昭夫是一个独断专行的人，从之前"拒绝订单"的做法上我们可以有所了解，可为了减少日本文化与美国文化的隔阂，为了使索尼公司尽快融入美国，盛田昭夫决定退居二线，启用美国人中的当地人领导索尼美国，哈维·沙因就这样登上了索尼美国总裁的位置。哈维·沙因的管理风格与盛田昭夫是格格不入，他一副美国做派，做事直接明了，善用制度管人。在他的手中，索尼美国引入了健全的管理控制和人力资源体制，公司业务也实现了快速的增长，更重要的是，在他的手中，索尼美国真实而快速地触摸、吸收、碰撞、消化美国文化。最后，盛田昭夫迫于形势换掉了沙因，但他却坚定了索尼"全球经营本土化"的经营理念。这种开放、包容的心态成为索尼全球化扩张的最佳助力。

随后，索尼公司陆续在西欧、美国、东欧、巴西、中国等地开辟市场，公司的出口额占到了总营业额的 60% 以上。而盛田昭夫在他人生的最后 40 年里，他不知疲倦地奔波在世界各地，调查各国的市场行情和当地动态，累计飞行里程达到了 5 000 多万公里。

与盛田昭夫类似，本田宗一郎在大家眼中也是一个不按常理出牌的人。

本田技研工业株式会社自 1950 年成立后，借着产品的魅力，发展还算顺利，但到了 1954 年，在整个社会经济发展步调减缓的大背景下，公司的发展越来越艰难，大部分企业或裁员，或停产，期望通过缩减开支渡过难关，这个时候，本田宗一郎却发布了一个声明：我要参加在英国马恩岛举行的国际超一流摩托车大赛——TT 大赛。

所有人都觉得本田宗一郎疯了，亚洲在摩托车行业一直处于三四流的水平，整体实力跟欧美等国相差不知道多少倍，本田宗一郎要到国际赛场上与欧美国家竞争，简直是自不量力。可本田宗一郎却不这样想，他说："只有逆境才是教育人的最佳场所，才是创新技术的绝好时机。"其实，本田宗一郎很清楚，如果技术不进步，那他只能在日本这个不大的市场踢腾出几朵不起眼的浪花，那样，本田技研工业株式会社的生存空间是非常有限的，只有在国际市场中取得一席之地，去分食全球摩托车市场这个大蛋糕，公司才有可能迎来更大的发展。

既然决定了，那就不惜一切代价做好。为了这次比赛，本田宗一郎的第一步是去欧洲考察，他先后走访了英、意、德等摩托车工业发达的国家。近距离接触到这些实力国家的先进技术，本田宗一郎才真正地感受到与竞争对手的实力悬殊。这种差距没有让本田宗一郎有丝毫的畏惧，反而激发了他挑战权威的决心。

虽然当时的企业经营已经到了一个很艰难的地步，本田宗一郎还是斥巨资购买了很多先进的赛车零部件，回国研究。大家更是认定本田宗一郎疯了，因为单单这些零件的购买费用就足以将公司拖垮，只有本田宗一郎很明确，自己没有突破，唯有死路一条，背水一战，或许还能找到一条出路。

1958 年，经过对先进零件的拆分、研究，然后创新、超越，承载着本田宗一郎所有心血的第一辆（125 毫升，双缸）赛车终于诞生了。这款赛车已经做到了极限，本田宗一郎对它充满信心，但他觉得，仅靠有信心还不够，唯有得到广泛消费者的认可，这款产品的价值才能得到真正的体现。

1959 年，TT 大赛前夕，本田宗一郎又做出了一件让所有人惊诧不已的事儿，他在美国创办了本田技研工业公司的海外分公司，他要把本田摩托车放到技术最先进的摩托车市场上接受消费者的鉴证。

当时的美国摩托车市场，哈雷摩托车的技术水平高，是世界知名的，圈里人都认可，但是，因为美国人更钟情于汽车作为日常出行的工具，摩托车的销量并不大，美国的摩托车市场被很多企业认定是市场空间小，竞争力大的红海市场。因此，对于本田宗一郎成立美国分公司的想法，很多人的直接反应是，本田宗一郎又要找死了。

紧接着，TT 大赛如期举行了，本田技研工业公司以第六名的成绩成为当时的黑马，引发了不小的关注，没有人想到，日本的赛车技术真的能站在国际舞台上竞争，并能取得不错的席位，本田宗一郎成为日本的英雄。

不过，这并不能有效地改善本田美国分公司的经营形势，当时美国只有少数狂热的车迷购买和使用摩托车，市场本就有限，而这些车迷对哈雷有着极高的认可度，怎么办呢？本田宗一郎认为，只有让摩托车走进普通家庭，让它成为连妇女、老人都能驾驶的交通和娱乐工具，才能为本田赢得一席之地，想做到这点，就需要完成一项艰巨的任务：改变美国民众对摩托车的传统观念。

首先，本田宗一郎在销售通路上做文章，他把本田摩托车的销售权交给了运动用品商店，而不是通过摩托车专门店，这种方式使得本田摩托车以一种日常运动消遣工具的形象出现，从曲终和寡的高台上走了下来。

紧接着，本田宗一郎采取了强大的宣传攻势，从观念层面，教育美国民众对摩托车进行全新认识。经过一番比较，他最终选择了美国畅销杂志《生活》，在上面刊登大幅广告，《生活》的受众面很广泛，是一份真正意义的"大众"杂志，随着本田在《生活》中的广告不间断、多频次的推出，摩托车慢慢地被更多的人接受，本田的企业形象也随之深入到了美国社会的各个阶层，本田摩托车的销售量得到迅速增长，本田的第一次也是最关键的一次海外扩张取得了成功。有了这次成功的经验，本田在其他国家逐步扩张，最终建成了一个世界性的跨国集团公司。

在这个过程中，本田宗一郎提炼出一套经营哲学："保持国际化观点，努力在合理的价格水平上提供高效率的产品，以满足世界各地顾客的要求。"这就是对本田的整个发展过程影响至深的本田哲学，秉持着这个原则，本田公司在不同市场上都会将销售、产品开发和运作进行本土化调整，使之适应当地顾客的需求，以此实现较高的顾客满意度。它成为本田海外扩张的一个利器。

1961 年，在英国举行的一次摩托车比赛中，本田宗一郎击败了长期居于垄断地位的英国摩托，随后，他又在 TT 大赛中一举得冠，奠定了本田在摩托车领域的霸主地位。

1962 年，在摩托车领域有所斩获的本田宗一郎一方面加紧海外扩张，另一方面从头开始，投入汽车的开发和制作，这次创业一开始就站在了一个高的起点上，前期在摩托车开发、经营中，本田宗一郎及其团队已经积累了丰富经验，这些成为了一笔无可替代的财富，它使得本田宗一郎团队少走了很多弯路，再加上摩托车经营的成功给新领域的开发提供了源源不断的资金，很快，本田就推出一系列汽车领域的创新性产品，这些产品，一经投入市场，就受到了消费者的欢迎。1975 年，本田设计开发的 CVCC 发动机以及安装此种发动机的汽车，因为在控制排污效果方面极其突出，而在世界汽车界引起了极大轰动，为本田公司赢得了不可计数的利润及崇高的商业声誉，本田就此达到了世界汽车界的巅峰。

凭借着在汽车领域的成就和影响力，本田宗一郎得以进入了美国汽车名人纪念堂，与美国的汽车大王福特并列其中，他成为日本的骄傲，也成了世人应该学习的楷模。

到 20 世纪 60 年代，日本电器厂家纷纷拓展海外市场，这时的松下幸之助也把主要精力放在了海外市场的开拓上。当时，很多电器厂家为了击败对手，往往会采用低价倾销的手段，不惜赔本抢占市场。

在这种哄抢全球市场的热潮中，松下幸之助却很冷静，他坚持一贯原则：决不以次充好，保证产品品质；决不放弃利润，价格等于成本加合理的利润；与经销商建立牢固的同盟，和谐共赢。

在这种原则下，他仿照原来国内销售运营模式稳扎稳打的开拓国外市场，在国内，他执行的是一县市一代理商的做法，在海外市场就严格实行一个国家一个代理商的制度，在价格上，坚持一贯的合理定价，确保松下和代理商都取得合理利润。

对于他的这种做法，外界的一致看法是"太保守了"，甚至有人背后讥讽松下幸之助"来了，不再富有冲劲了"，对于这些不理解的声音，松下幸之助一致不以理会。很快，"经营之神"的高明之处就显现出来了，那些靠低价倾销抢占市场的厂家很快就感觉到了后继乏力，靠"伤敌七分，自损三分"的方法打下来的市场，他们却没有能力继续维持下去，只能灰溜溜地退了回来。而松下幸之助步步为营的扩张办法却能把进入的市场做扎实，慢慢地，松下的销售网络越来越大。

松下幸之助认为，扩展海外市场的目的，不仅仅是为了促进销售，提高业绩，它还是一个世界级品牌公司的使命。为此，松下专门成立了一个贸易公司，负责产品外销业务。松下幸之助对从事外销的人员提出了两个要求，一个基本的要求是要尽可能拓宽销路，还有一个额外的要求，他们要做松下公司的千里眼和顺风耳，要及时发现国外电器市场和生产技术的最新信息，并且倾听外国经销者和消费者的需要，进一步的对公司的设计、生产和经营管理提出建议和意见。

随着业务范围的扩大，松下幸之助不仅仅在美国设立松下电器公司，还建立起了遍布世界各国的销售网络，总公司也专门成立了国际总部，负责领导和协调各国外销机构的工作。在这个过程中，松下从单纯的输出电器产品，开始转变为向海外全面输出先进技术、资本、人才。

无论在哪一个国家，松下经营的基本方针都坚守以下几个原则：①经营的业务必须要受到当地消费者的欢迎；②每个分公司都要遵守当地的方针政策，同时要努力使当地的员工理解松下公司的经营理念和经营方针；③在全球范围内，积极进行技术转移，同技术先进国家进行积极的技术交流；④竭尽一切可能向顾客提供富有更高价值的产品；⑤各地分公司在自主经营的基础上，自己解决持续发展的资金问题；⑥积极录用当地员工，培养本土化的管理人才，把分公司交到当地人手中。从中，我们可以清晰地看到松下幸之助一直坚持的自来水哲学思想：面对大众市场，为广大消费者创造价值。

在松下幸之助经营思想的统御下，到 2016 年 9 月，松下在全球 45 个国家和地区设有 228 家企业，其中 132 家在亚洲地区。在全球范围内从事销售的企业有 49 家，其中在中国有 4 家。它的经营范围几乎囊括所有的家电产品，已形成世界级知名品牌。自 1918 年创业以来，经过半个多世纪的发展，松下已发展成为世界级知名品牌。俗话说，有世界的眼光，才能做成全球的生意，松下幸之助对这句话做出了最好的印证。

因为在商业经营中的成就，松下幸之助备受各国的关注，他的一生有无数的光环。

在日本国内：

1965 年，日本政府给松下幸之助颁发了："二等旭日重光勋章"，奖励他在日本重建中所做的贡献。同年，松下幸之助还获得了日本著名学府早稻田大学的名誉法学博士学位。

1970 年 4 月，借万国博览会的契机，日本政府颁发"一等瑞宝奖章"给松下幸之助，表彰他在制造优异产品上做出的榜样。

1981 年，日本政府为松下幸之助颁发"一等旭日大绶勋章"，这是日本国最高的奖章。

在国外：

1958 年 6 月，松下幸之助从荷兰女王手中接过"奥伦治领导者声望"奖章，这是荷兰政府对他的高度赞誉。

1979 年，松下幸之助在马来西亚受到政府的表彰，并赠以荣誉勋章。

凭借一生的坚持不懈的奋斗、优秀的管理才能和举世瞩目的业绩，松下幸之助赢得无比辉煌的荣誉。纵观松下幸之助一生的成就与付出，这一切他都当之无愧。

有的人会在日常的琐碎中，遗忘梦想；有的人会在眼前的成就面前，看不到未来；有的人会在惯常的动作中，忘记改变……这些是大多数人的选择，而小部分看似另类的人，他们一直翘望着梦想，一直展望着未来，每一分钟都在做出改变，这种人必将取得极大的成功，井植薰就是这样的人。

1949 年的一天，经过多日深思熟虑的井植薰来到松下幸之助的办公室，他恭敬地递上准备多日的辞呈，"我郑重地向你提出辞职"。这句话让松下幸之助很受打击，井植岁男、井植薰兄弟俩从松下刚刚成立的时候就跟着自己，可以说，两人为松下的发展立下了汗马功劳，除了亲戚情谊外，两人更是他可以放心依赖的左膀右臂。前两年，井植岁男替他承担战争责任，被迫辞职，现在井植薰也要辞职，松下幸之助实在是难以接受。

"你是对现在的职位不满意吗？"

井植薰摇了摇头，他 14 岁进入松下公司，一干就是 24 年，从白纸一样的学徒到精通一隅的三等职员，然后成为主管一个分厂的厂长，现在成为公司常务董事兼制造部长，职位一步步上升，自己的价值也逐步得到体现，现在他已经成了松下公司内举足轻重的人物，他对现状并没有太多的不满。

"你对现在的薪资不满意吗？"井植薰又摇了摇头，松下幸之助不是一个吝啬的老板，尤其是对有能力的员工，他给出的薪资和福利是远远高于同行业的，对小舅子更是毫无保留，能多给的绝对不含糊。

"那你为什么一定要辞职呢？"松下幸之助进一步追问，井植薰郑重地说："我想像你一样，从零开始，闯荡出一份自己的事业。"松下幸之助怔住了，谁又能阻挡这种不惜一切，不断挑战，不断向上的决心呢？

1949 年 12 月 30 日，井植薰正式离开松下公司，他拿着个人物品，站在松下的办公大楼前，忍不住流下了泪水，这里记录着他的青春年华，有汗水也有欢乐，有失败更有成功，现在要离开了，心中有万般的舍不得，可为了追寻梦想，他只得擦干眼泪，毅然走了出去，踏上不可预知却充满可能的未来征程。

1950 年 4 月，井植薰与大哥井植岁男在松下幸之助的帮助下，投资 2 000 万日元，创立了三洋电机公司。在创立之始，井植薰就确立了三洋未来的发展方向：三洋是指太平洋、大西洋、印度洋，井植薰期望把三洋发展成为面向三大洋的大型国际性公司，他一开始就确定了一个高远的梦想。

如何实现梦想呢？在松下的时候，井植薰就对收音机业务极其熟悉，他决定先从最擅长的收音机起步，这得到了姐夫松下幸之助和哥哥井植岁男的支持，他们都认定收音机市场大有可为。

当时，收音机已呈现全面普及的趋势，市场前景十分广阔，但加上各项税赋，再加上生产成本，收音机的价格一直偏高，大大超出了老百姓可以接受的购买范围，他们宁愿买零件装配凑合着用也不愿意买好用的成品。井植薰很清楚，要想打开收音机市场，唯有在降低成本上做文章，生产出质量上乘又价格低廉的收音机来。怎么做呢？

井植薰四处拜访真空管的制造厂家，跟他们谈判，井植薰把规划说给对方听：真空管是收音机的关键部件，它的价格要占到收音机出厂价的 8% 左右，是决定售价的关键因素，如果能把真空管的价格调低一点，那收音机的价格也能随之降低，销售数量肯定能大大提升。量上去，单价利润虽然少了，但总体利润不但不会下降，反而还会上升。井植薰的设想很有前景，也非常可行，可真空管厂家一听说降价都有些难以接受。

碰壁了几次，井植薰决定改变谈判策略，进行迂回作战，他了解到有一家真空管制造商是一个思维很开放、很有长远眼光的人，他找到了这位片冈总裁，"我们三洋公司打算生产收音机，你能否把你的真空管按我收音机的出厂价的 10% 卖给我？"片冈总裁一听这个合作形式，感觉很新颖，"你的出厂价是多少啊？"井植薰没有直接回答："这是我们的企业秘密，我会在首批收音机上市前告诉你。""你的收音机出厂价格不会太低吧？"片冈总裁有点疑虑，井植薰笑了笑："太低，我不也没钱赚了吗，我们可不是那种会自寻死路的公司。"

按照市场上的既定规律，真空管的价格占到了收音机出厂价的 8%，井植薰却给到了 10%，虽然有点风险，但经过一番深思熟虑，片冈总裁同意了井植薰的合作要求。

井植薰开始寻觅收音机外壳的替代品，当时的收音机采用的是木质外壳，这种外壳的制作过程比较原始，大部分是手工操作，这决定了它很难上量，成本也很难降下来，有没有一个好的替代品呢？这时刚刚兴起的塑料工业进入了井植薰的视线，用塑料做外壳，不是又漂亮又便宜，又能轻松实现大规模的生产吗？井植薰找到一家塑料制造厂，然后跟他们一起实验、开发，就这样，塑料外壳收音机终于制造出来了。

1952 年 3 月，三洋公司生产的收音机正式面市，零售价格大大低于日本国内同类型收音机，而且塑料外壳时尚又轻便，一经推入市场，就受到了广泛的欢迎，当年，三洋新型收音机的销售量就达到了 7.7 万台，第二年又猛增一倍，达到了 15.8 万台，市场占有率跃居日本第二，仅次于松下公司。

三洋初战告捷、一炮打响，井植薰并没有就此满足。1953 年 8 月，三洋推出了日本第一台喷流式洗衣机，这种新型的洗衣机售价只有搅拌式洗衣机的一半，且具有占地面积小、洗涤时间短、省水、省电等明显的优点，推向市场后，又创造出一个新的销售奇迹。

这两次的成功带给井植薰成就和利润的同时，更让他对实现"三大洋"的梦想有了明确的策略：一是通过技术改进，降低成本，让用户享受到真正的实惠；二是敏锐地把握市场，依据市场需求不断创新，出奇就能制胜；三是牢记使命，要丰富人们生活，为创造丰富多彩、舒适便捷的新生活而努力。

在这种理念下，三洋进一步推出了电视机、洗衣机、电冰箱和空调机，这些产品全都遵循着三洋改进技术、降低成本、出奇制胜的思路。比如，在推出电冰箱之前，三洋聘请了一大批电机、冶金、化学和物理专家以及技术人员，花费了一年多的时间，终于开创性地推出了磁性门封，它代替了之前的插销，使用起来更方便，也更安全，有效防止了闷死人的悲剧发生。更值得强调的是，三洋很爽快地把这项专利技术向社会公开，这一举措得到了顾客和同行的很高评价。

就这样，在十年内，三洋就跃升到了全日本家电行业中领先的地位。紧接着，三洋开始在全世界布局。1959 年，三洋进入美国市场，并很快为美国人接受，成了最受欢迎的产品之一。1960 年，井植薰在香港建立了三洋分公司，这是三洋在海外的第一家子公司。这个子公司成功后，三洋又先后在中国台湾、新加坡、加纳、加拿大、巴西、马来西亚、印度尼西亚、肯尼亚等地建立了分公司。到 20 世纪 80 年代末，三洋在世界各地已经拥有 101 家关联的子公司及孙公司。井植薰横跨三大洋的跨国集团公司的梦想在他一步步脚踏实地的努力中实现了。

在世界市场经济趋于一体化、经济全球化的进程中，日本跨国公司推进的全球化经营战略，表现出以下几个特征：

一是以美国为跳板，获得技术和市场，避免贸易摩擦。以发展中国家，尤其是亚洲的发展中国家为产生基地，利用当地廉价劳动力和原材料。索尼、松下、三洋等公司都是遵循着这一路线。

二是在技术研究与产品开发方面实现国际化，制造真正意义上的

"国际产品"，适应当地市场的需求。

三是通过研修制度实现文化、理念等无形资产的转移。据有关资料统计，日本设在欧美的子公司中超过 70% 都曾派遣经理到日本研修，当地管理人员借助研修的机会亲身体验日本独特的社会文化背景，学习运用日本独特的经营资源的能力，这成为日本很多企业国际化道路的保障。

日本经济战后提速的时期，其他资本主义国家的经济也在如火如荼地发展壮大，以欧美为主的发达资本主义国家纷纷从货币、关税、贸易等方面调整自身的市场关系，再加上跨国公司的大量涌现，国际贸易快速发展。1952 年，日本加入国际货币基金组织，1955 年加入《关税与贸易总协定》，贸易壁垒被取消，日本开启自由通商的道路。通过频繁的商贸往来，日本在钢铁、汽车、船舶、家用电器等领域逐渐形成具备国际竞争力的优势。1955 年日本出口总额为 20.11 亿美元，到 20 世纪 60 年代之后增长到 40 多亿美元，到 1970 年已飙升到 193.18 亿美元，15 年增长 8.6 倍。伴随着出口结构的优化，日本的国际收支状况得到极大缓解。海外市场的日渐扩大，为日本经济发展提供了强劲的动力。

第9章

顺势腾飞

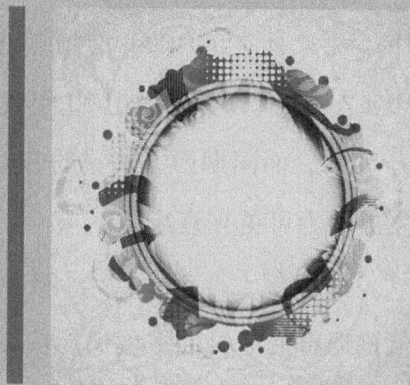

1970年是日本值得纪念的伟大年份。这一年，日本成功举办万国博览会，不仅国内的大众消费时代由此到来，展会上琳琅满目的产品也很快在全球流行。1968年日本对外贸易差额在25亿美元左右，到1971年已增长到70亿美元，实现大幅度的贸易顺差。

然而，1973年10月，震动世界的中东石油危机爆发，欧美国家遭到猛烈打击，高度依赖于美国的日本经济也遭受严重损失。所有工业化国家物价飞涨，美国工业生产下降14%，日本工业生产下降高达20%以上。到1976年，日本原油进口价格比危机爆发之前的1972年上涨4倍以上。日本自然资源匮乏，严重依赖海外进口，又处在经济高速发展时期，石油价格飞涨导致矿石、煤炭等资源及工业品价格大幅增长。1974年夏天，日本电费价格上涨57%，1976年夏天上涨23%，这两年的电价涨幅均创下第二次世界大战以来的新高。

不过，遭受石油危机冲击的日本经济仍保持增长势头。从 1973 年至 1976 年，日本 GDP 年均增长率保持在 8% 以上，此前几年都维持在 10%。另外，从 20 世纪 60 年代中期到 70 年代期间，日本劳动生产率提升 60%，而同期西方国家的劳动生产率却下降 10%，一升一降中，经济发展动力可见兴衰成败。

20 世纪七八十年代，日本经济依然延续前 20 年高速增长的势头，即便遭遇石油危机的重创仍能快速发展，令世界各国瞩目。

"如果事业仅侧重于某一技术领域，那么，企业的业绩肯定会受到行业景气与否的影响。对此我深感不安。"20 世纪 70 年代，京都陶瓷在电子陶瓷元件的生产做到了业内的绝对领先地位，这时的稻盛和夫为了确保企业未来的发展和稳定，开始摸索多元化发展的道路。

稻盛和夫很清楚，企业多元化势必会分散企业有限的经营资源，一不小心，就会拖垮整个公司的发展，于是，他决定，驾轻就熟，从公司比较擅长的精密陶瓷技术和结晶技术的延伸领域入手，开展多元化经营。

他首先想到就是制造人工再结晶宝石。经过五年的艰苦努力，在不断失败之后，京瓷终于在 1975 年成功开发出最高品质的人工再结晶宝石，这种宝石与天然宝石别无二致，它开创了一个新宝石时代。

1971 年，一个偶然的机会，稻盛和夫参观了戴姆勒－奔驰公司，在参观过程中，他发现，在柴油发动机的制造工序中，奔驰公司全部使用的是精密陶瓷材料的刀片作为切割工具，而这时日本的切割工具大多使用的超硬合金材料，这种材料在使用过程中会产生热量，因此使用一段时间后，磨损就非常严重，而陶瓷刀片耐热且不易磨损，可谓是最佳的替代材料。回到公司后，稻盛和夫就立刻着手陶瓷切削工具的研发，两年后，成功推出了"尚乐特"牌的精密陶瓷刀具系列和"萨美特"牌系列，受到了广泛的欢迎。

1972 年，大阪齿科大学的川原教授找到稻盛和夫，向他提了一个问题："能否用陶瓷制造人工牙根"，川原教授的这个提议让稻盛和夫豁然开朗，他意识到，陶瓷还有应用到医疗领域的可能性，于是开始致力于生物陶瓷材料的研究上。在他的努力下，陶瓷牙根、陶瓷骨头、陶瓷关节等相继问世了。

1973 年，受世界性石油危机的影响，日本推行了一个名为"阳光计划"的国家项目，大力发展能源相关产业。稻盛想到，京瓷公司研发的结晶技术可以用于生产硅太阳能电池。1975 年 10 月，他成立了日本太阳能源公司，开始利用业内先进的单晶硅特殊制法试制太阳能电池。

就这样，基于京瓷具有优势的精密陶瓷技术和结晶技术，京瓷不断开发不同用途的新产品，在企业现有技术的延长线上推进企业经营的多元化。这种做法充分利用了企业经营资源，有利于进行内部协作和开展，每一个延伸产品都顺利地成功了。稻盛和夫用围棋比喻这种多元化道路：下围棋的时候，即便己方占据了优势，可是如果一旦过于贪心，将下一步战线拉得过长的话，反而会被对手切断己方的大龙。只有一步一个活子，最终将整个局面连成一片，这种手法才能减少失败的概率。

1979 年，京瓷进入了一个发展的转折点，在这一年，生产电子计算器的三叉戟公司因为海外市场的急剧萎缩，导致经营状况恶化，找上门来，请求稻盛和夫收购。紧接着，生产车载对讲机的塞巴尼特公司因为美国市场情况的变化，销售量大幅度下滑，亏损情况严重，请求稻盛和夫援助。

这两家公司都属于电子设备终端的制造，这是京瓷从来没有涉及的领域，对他们的并购重组意味着京瓷要承担很大的未知风险，并且要打破稻盛和夫一直贯彻的：多元化过程中不宜将战线拉得过长的规划，但后来，稻盛和夫禁不住别人的期待，也考虑到拯救一家濒临破产的企业同样也等于是在为公众服务，就义无反顾地承担起了重建这两家企业的重担。

当然，稻盛和夫之所以同意并购并不是盲目的，他是综合考量企业高层的人格、公司的企业文化，以及合并后对双方的影响等因素才同意的。在收购塞巴尼特公司之前，稻盛和夫就把以友纳春树社长为首的原塞巴尼特公司的 10 名高层人员请到了京瓷总部的日式房间里，还准备了酒和火锅，他招呼大家就座，然后直接开门见山地说："这就是京瓷知名的联谊会，在这里，我们没有等级、没有利益，大家想什么就说什么，不要有任何的隐瞒。"几轮酒之后，在场人员原本僵硬的身体完全放松了，大家推心置腹地畅谈起来。在交谈中，稻盛和夫发现，塞巴尼特的高层人员都很有激情和奉献精神，这一发现让他当场下了决定："让我们联姻吧，或许我们现在有很多不足，但我相信只要我们团结一心、互相协作，下决心努力，一定能追求到共同的繁荣。"

达成合作意向后，稻盛和夫很快就把京瓷的核心干部派驻进了塞巴尼特，随后把三叉戟公司整合进了塞巴尼特。1982 年，为了进一步提高经营效率，稻盛和夫进一步把塞巴尼特、新型医疗等四家公司合并，出乎意料地，电子技术与陶瓷技术的跨界组合，使得京瓷诞生了很多创新性的产品。比如，安装了非晶硅硒鼓的"ECOSYS"打印机，无须更换光鼓，这受到了市场的广泛欢迎，大家争相推荐这种"只需要更换碳粉"的打印机环保、好用。有了塞巴尼特技术人员的支持，京瓷还成功开发出了移动通信终端的手机、小灵通，以及两家公司所需的基站设备，而且，这些产品也被应用到了京瓷生产的电子零部件上，丰富了京瓷的产品内容。

稻盛和夫说："要想让并购取得成功，就必须让这些棋子互为相连，发挥共同的综合实力。"京瓷将既有业务与新拓展的业务巧妙地连接起来，催生了相互之间的协作，从而有效发挥了京瓷集团的综合实力，实现了灵活多样而又健康的多元化发展。

就这样，京瓷的多元化道路又多了一个途径：通过对其他企业和公司的并购重组来实现企业的快速扩张。

1983 年，京瓷并购光学机器行业领先的雅西卡公司，进军照相机行业。推出了京瓷品牌的袖珍照相机、APS 照相机及"康太克斯"牌高级专业照相机等产品群，确立了它在照相机行业中的地位。

1990 年，京瓷并购美国 AVX 公司，它是当时世界上最大的电容器生产厂家。10 年后，该公司销售额达到 2 800 亿日元，成为京瓷集团中举足轻重的核心企业。

如今的京瓷，早已从元件业进入了完成品领域，在它的产品群中，手提计算机、台式计算机、无绳电话、移动电话、PHS 电话、激光打印机、复印机等新品种林林总总，成为真正的综合性多元化的企业。

虽然创造了一个又一个重建的奇迹，可稻盛和夫却在时刻提醒自己和京瓷的所有高层人员：谦虚为怀，戒骄戒躁。他认为，那些能力突出、能够卓有成效地推动企业实现多元化经营的管理者很容易陷入自负的旋涡，无意间产生"所有这些成绩的取得都归功于我领导有方"这样的过度自信。这种态度是非常致命的，它会把原来为了企业的多元化殚精竭虑、努力奋斗、谦虚谨慎的经营者变成趾高气扬、不可一世的暴君。经营者的改变会失去周边人的信赖，整个团队会一盘散沙，不攻自破。

"作为企业的经营者，即便是在跨越了企业经营多元化这个陡峭的山峰、并因此获得了自信时，也决不能忘掉谦虚。为了让自己的企业能够不断向前发展，经营者不管取得过怎样的成功，都必须戒骄戒躁，全力提高自身的品性。"稻盛和夫的这种真知灼见让很多人受益匪浅。

日本经济腾飞的奇迹震惊世界，究其原因，日本企业家们的贡献举足轻重。正是这些企业家亲手造就了日本企业腾飞的神话，并成就了日本领先于世界上的企业经营管理制度。群星闪耀中，与松下幸之助并称为"经营双雄"的坪内寿夫无疑是最耀眼的一颗，他创造的经营管理模式使得企业经久不衰，财富滚滚而来，同时也为现代企业经营者们提供有益借鉴。

坪内寿夫其貌不扬，既被人批评为"笑脸暴君""吸血鬼"，也被赞誉成"企业之神""重建大王"。如此极端、毁誉参半的评价集于一身，这与坪内寿夫的经营手腕密切相关。

"企业要勇于承担自己的责任，企业经营者也是一样，要最大限度地保证债权人的权利。"这是坪内寿夫获得债权人长期信赖与支持的法宝。日本于 1952 年修改了《破产法》的部分条款，引入了现今资本主义国家的破产免责制度。这一制度一经实施，坪内寿夫接手的濒临倒闭的企业可以援引该法相关条款，免除部分负债，促进这些企业更加顺利地进行再建、更生。但是，这种免责制度是在认为债权人对企业更生有着不可推卸的责任基础之上的，债权人的收益必然会受到一定的影响，坪内寿夫为了使债权人的利益不受损害，毅然选择"自主重整"的办法来进行企业重整，尽管这一行为加大了企业重整、振兴的难度，却赢得了债权人的极大好感，加上经营有方，又有更多债权人的鼎力相助，坪内寿夫"重建大王"的名号越来越响。

20 世纪 70 年代初，日本爱媛县内的东邦相互银行经营困难，濒临破产边缘，了解到这一情况的坪内寿夫再一次发挥了他的敢于挑战、敢于冒险的精神——接手即将破产的这家银行。然而，坪内寿夫接手的实际上是 32 家处在绝境的银行。东邦相互银行下辖的这 32 家分行让坪内寿夫必须决定从哪里入手开始整顿。一番深思熟虑之后，坪内决定挑选效益最差的一家作为切入点。整顿之初，首先就是裁减员工，员工数量精简为原来的一半，但是下达的任务却是要求存款额增加一倍。逼得留下的员工纷纷寻找各个路子来吸收各处的存款，甚至一些原来被忽视的小额存款都成为银行职员们攻关的重点。这项看似严苛的政策却获得了巨大的成功，不到四个月就达成了一年的存款目标，其他家分行纷纷仿效，东邦相互银行迅速复兴。

在坪内寿夫的企业重建理念中，类似的企业裁员和员工福利削减是重要内容，包括缩短员工休息时间，减少甚至不发奖金等，这些严苛的措施不仅造成了员工的经济损失，也使得员工的不满情绪日益高涨。在坪内寿夫的重建生涯中，甚至发生过大规模工人罢工，千余名员工集体辞职等各类事件。但是，坪内寿夫认为，企业的兴衰人人有责，每个人都应该与企业共患难，这也是企业发展不可或缺的凝聚力。

一般来说，濒临破产的公司从高层管理到基层员工，都处于沮丧、低落期，毫无进取心和对企业发展的信心，而坪内寿夫要做的就是最大限度激发这些人的奋斗热情，将企业重建的信心和勇气注入每个员工身上，从而使企业由内而外焕发新的活力。尽管这些对待员工的措施看似严苛，但是，坪内寿夫以身作则，将为企业服务的精神发扬光大，进而上升为独特的企业文化。当然，坪内寿夫并不真的是"吸血魔王"，这种降低员工福利的行为只是坪内寿夫为使企业共渡难关的一时折中的办法，企业恢复获利之后，相应的员工福利也会得到弥补。这也是坪内寿夫能够创造重建神话的重要原因：为企业服务，不亏待员工。

企业重建的秘诀是什么？坪内寿夫认为非常简单，只有七个字：让员工正常工作。那么究竟如何才能让员工的潜力得到最充分的发挥呢？经过长期摸索，坪内寿夫总结出一套理论，这就是"少数精锐主义"，即以最少的人员投入换取最大的利润。正是抱有这样的理念，即使被人咒骂为"吸血鬼"，坪内寿夫大刀阔斧的整顿进程依旧不受影响。当然，坪内寿夫也十分看重人才的培养和任用。员工不仅要正常工作，更要有目标、有动力、有效率地工作。

在这种先进的管理模式之下，首先是凭借个人真实实力招录员工，然后管理者负责进行人员的调配，发挥个人所长。尽管新员工的文化程度都很高，但是没有实践经验。因而需要管理者通过观察他们在工作中的种种表现进而准确决定他们在公司中的位置。

同时，在员工的培养中，他将员工以素质为参照分为上、中、下三个层次，并将层次最低的员工作为培养的重点。坪内寿夫认为："我从不放弃任何一名员工，而是要教育他们，使他们充分发挥潜力，做好自己的工作。一个企业经营管理者的本分，就是教导员工树立自己的目标。也许有人认为教导资质差的人要花费大量的人力物力，是一种资源浪费，但是，从企业长远发展的角度来看，它的好处是无限的。"坪内寿夫重视高效率人才的同时，也不歧视低效率员工，这一举措使得他的企业网聚了更多的人才，企业的向心力也得到了极大的提升，将企业的整体经营目标内化为员工的个人工作目标，变被动接受任务为主动实现目标，这一模式成为日本在这一时期企业经营管理的特色之一。

坪内寿夫事业上的巨大成功离不开他的妻子纪美江无微不至的照顾。尽管两人没有孩子，但仍旧非常恩爱，对于这位贤内助和事业上的好帮手，坪内寿夫十分敬重，并且将这种和谐的夫妻关系引入企业管理。因为坪内寿夫发现，工作情绪欠佳的员工，通常都是妻子在家的态度不太好。而工作情绪欠佳就会影响工作表现和工作效率。如何才能有效地进行疏导呢？坪内是这样做的，每年发给员工奖金的同时，都会给他们的妻子也发一份金额相同的奖金，并附上一封信，感谢他们一年以来对先生的悉心照顾，使得他们的先生可以安心工作。还建议这些太太要笑着送丈夫出门上班，最好还为他们的先生准备早餐……坪内寿夫的信言辞十分恳切，情真意切，使得许多家庭的夫妻关系都得到了改善，这种人性化的管理模式，为坪内寿夫个人及企业都赢得良好的口碑。

在坪内寿夫的领导之下，他的产业不断扩大，不仅掌握着日本最大的造船厂和钢铁厂，还涉猎食品、金融、旅游、观光、机械、电机、运输等多种行业，坪内寿夫认为，企业经营管理有共通之处，因而可以不必只局限于单一行业，完全可以确立一业为主、多业为辅、相互扶持、多领域涉猎，确保公司屹立不倒。

企业复苏离不开坪内寿夫辛勤的劳动。重建企业期间，坪内寿夫每天早上 5 点起床，连续工作将近 20 个小时，解决重重困难的同时，还要承受来自多方面的压力。有人说，成了富翁应该要好好享福了吧，但是坪内寿夫仍然每天都在工作，丝毫没有节假日可言，几十年如一日仍旧如此。为什么年过花甲，仍然要如此辛勤的工作呢？坪内寿夫认为，这是他生存的责任，他的工作不是为财富增加，不是为企业规模扩大而做，而是为了十几万员工的饭碗而做，为十几万个家庭的未来而做。坪内寿夫已经与他的企业融为一体，一荣俱荣，一损俱损，正是这种负责任的态度，这种强烈的责任心才使得坪内寿夫依旧走在企业发展的攀登之路上，并且一直在努力前行！

这个时期的八佰伴在国内的发展达到了顶峰，它也开始向海外拓展。

1971 年 9 月，八佰伴海外的第一号店在巴西开业，短短 3 年时间就创下了 100 亿日元的年销售额。

1973 年八佰伴在新加坡开设百货店。随后，八佰伴先后在美国、哥斯达黎加、中国香港、马来西亚、文莱、泰国、中国澳门、加拿大温哥华、英国等地开店，八佰伴以不可阻挡之势迅速扩张。全盛时期，八佰伴在美国、加拿大等 16 个国家和地区设有 450 家分店，被誉为"世界流通之王"。

在所有店铺开张时，和田加津不管多忙，不管身体多么不适，她都会亲自对当地职员进行培训教育，她把八佰伴"奉献与爱"的精神传达给每一个八佰伴员工，这成为八佰伴扩张的根基。

1973 年，鉴于新加坡的政治稳定、经济增长态势明显、发展潜力巨大，八佰伴提出要进军新加坡，可当时的新加坡还存在强烈的反日情绪，经过一番考虑后，和田加津还是觉得不应该放弃："如果八佰伴真心以办店奉献赤诚之心，那么新加坡人就会通过八佰伴理解日本人。"

1973 年 10 月 24 日，丈夫猝然离世，67 岁的和田加津压下哀痛，代替丈夫，投入了更多精力到员工教育工作上。1974 年 7 月，她坐飞机到新加坡，为那里的新店员工讲课，传授"奉献与爱"的八佰伴精神，她说："无论新加坡人如何看待我们，八佰伴开店的使命就是要让新加坡国民幸福，当地的每一个新加坡人与八佰伴都是命运共同体，如果他们不幸福，八佰伴也不会幸福。怎样才能得到真正的幸福？首先要懂得爱父母、爱家庭、爱国家，才能懂得爱顾客。把全身心投入职工教育就是我的使命。"

在培训之前，和田加津了解到新加坡的主要人口是华人，它是一个多民族、多宗教的国家。和田加津提醒自己，一定要小心应对。

经过一番前期的准备后，8 月 6 日，和田加津的员工教育开始了，新加坡店铺招收的 650 名员工全部参加了这次培训。和田加津先从"感恩父母"讲起，在场的人都很为这个朴实、亲切的开场白吸引，因为这是一个很让大家触动的话题，和田加津一下就卸下了大家抵触的心理，拉近了彼此的距离。接下来，和田加津讲到"为顾客服务"的公司精神，和田加津把前半生的经营经验一点点地跟大家分享，在场的人都很觉得受益良多。

和田加津在新加坡度过了 75 天。这 75 天里，她每天用四个小时向新店员们灌输正确的人生哲学，她的语言平实而不失活泼，她的内容通俗却很激荡人心，她的教育赢得了新店员们的信服，大家目标一致，全身心地投入到了八佰伴的发展建设中。1974 年 9 月，八佰伴在新加坡的第一号店"果园店"开业了。不到一年的时间，"果园店"就开始盈利。八佰伴在新加坡初战告捷之后，便开始向中国香港、东南亚等国家和地区进军，进一步地把八佰伴开到了美国，乃至世界各地。

随着八佰伴海外事业的发展，将八佰伴精神的种子撒在了全球各地，尽管各地的民族、历史、语言、生活习惯等不同，但在和田加津的努力下，八佰伴精神逐步在全球各地扎根发芽。

当然，八佰伴的海外扩张也并非是一路凯歌，当遇到挫折时，和田加津身上的"阿信"精神使得八佰伴渡过了一个个难关。

作为海外扩张的第一站，和田加津对巴西期望很高，在三年里，她曾 13 次亲自到巴西分店进行职工教育，也正是这种强化的职工教育，巴西创造了销售的奇迹。可事情的发展并不是一帆风顺。

1973 年 10 月 16 日，第一次石油危机爆发。巴西的通货膨胀率从 10% 飞速上升到 60%。巴西八佰伴在开业前购买商店店铺时，在银行里申请了巨额贷款，这时还有 600 万美元的贷款没有还完，高达 80% 的年利率，把它压得有点喘不过气来，雪上加霜的是，巴西政府为限制进口大幅度提高关税，进口税率由原来的 400% 上升至 600%，物价也随之大幅度上涨，当地员工纷纷提出提高工资。这一系列外部因素的变化，使八佰伴在巴西的努力猝然结束，只得宣告破产。

1977 年年底，巴西的经济形势开始好转，和田加津筹划着重建八佰伴。这时的八佰伴还有 1300 家债主的债务没有偿还，和田加津不顾儿子、孙子的劝说，坚持亲自去拜访每一位债主。对于每一位债主，她都会温婉而和蔼地向他们阐述八佰伴的精神，八佰伴的使命，她会强调，

"我们认真地对待问题就是解决问题最有效方法"，在她的推动下，巴西八佰伴跟大多数债主间都达成了还债协议。

接下来是店面问题了。在八佰伴最窘迫时，曾租用保罗的店面，保罗是一个脾气倔犟、特别记仇的人，当时八佰伴曾经拖欠了他两个月的租金，后来，八佰伴虽然想方设法还清了所欠租金，但保罗死活不肯再出租店铺给八佰伴了。而八佰伴在店铺所在位置已经有了一定的群众基础，如果重新找新位置的话，对店铺重建是极其不利的。前去与保罗谈判的人都被轰了回来，大家纷纷反映，他态度恶劣、毫无商量余地。

知道事情真相后，和田加津决定去试一试。她找到保罗，先从容地给保罗鞠了一躬，赔罪说："都怪我们做得不对，令你生气了，你大人有大量，原谅我们，让我们继续租用吧！"看着一个七旬的老妇人诚恳地鞠躬道歉，保罗也不好生气，但他也没有答应，他别转过头去，对和田加津漠然地置之不理。和田加津等了一会儿后，并不恼火，而是平静地说："我知道你贵人事忙，就不打扰了，明天再来拜访你。"

说完这些，和田加津就离开了。第二天，和田加津照样去拜访保罗，情形跟第二天一样，诚恳道歉后，对方置若罔闻，她坐了一会，平静地离开，并承诺明天会继续来拜访。第三天、第四天、第五天、第六天……和田加津天天去拜访，可一无所获。第七天，和田加津照例又来拜访保罗，这一次，她还没有说话，一直沉着脸闭着嘴的保罗竟然面带微笑开口了："老婆婆，你老人家一片诚心使我硬不起心肠来，好吧，我答应你继续跟八佰伴合作！"和田加津深深欠身向对方鞠了个 90°深躬！别人嘴里"不可能"的事儿就这样被和田加津从容笃定地拿下了。

和田加津的坚强信念与顽强精神如春雨润物般化解着困难与焦虑情绪，在八佰伴遭遇危机时替八佰伴解除了重大围困，重建后，八佰伴经过艰苦努力终于恢复了正常经营，再次成为巴西最大百货企业集团。

20 世纪 80 年代，电视连续剧《阿信》红遍了全亚洲，主人公阿信白手起家、从无到有艰苦创业，最终取得了耀眼的成功，成为亚洲人心目中传奇式的英雄。阿信的原型和田加津也因此成为了众人追捧的英雄。有了明星的光环，和田加津愈加认定有着传播幸福和爱的使命，"为了职工的幸福，为了八佰伴的繁荣，愿以世界光明化运动为使命，奉献终生"。

1987 年，80 岁高龄的和田加津，又亲自赶到文莱、马来西亚、中国香港、美国纽约，从事职工教育。

1988 年，82 岁的和田加津夫人，久治不愈的脊髓疼痛复发了，疼痛时时折磨着她。在拄着拐杖艰难行走的情况下，她去公司参加新职工大会，到场的是 100 名高中毕业生，他们满腹期盼地望着和田加津，看到这些热情的脸孔，和田加津把身体的疼痛遗忘了，她一口气讲了两个小时。1993 年 4 月 28 日，和田加津因突发心肌梗死猝然逝世，她圆满结束了传奇而精彩的一生。

在和田加津去世后的四年，在扩展过速、1997 年亚洲金融风暴，及日本泡沫经济爆破后的调整等多项因素影响下，1997 年 9 月 18 日，日本八佰伴破产了，牵连着世界各地的八佰伴也或破产，或被收购，辉煌一时的八佰伴如烟花般逝去了。

对于八佰伴的失败，除了外界因素外，业界一致认为，"八佰伴日本"仍然沿用着家族企业的经营形态，管理人才培育落后是一个关键。它的失败提醒后人，在国际化和多元化的过程，在每一个环节都必须以专业化姿态参与竞争的环境里，个人力量终究是有限的。八佰伴的失败带给人们无限思考和警醒。

值得一提的是，和田加津的儿子、八佰伴总裁和田一夫一夕之间从亿万总裁成了穷光蛋。在日本，人们对失败者的态度是非常严苛的。失败者经常会受到种种歧视，很多人为了免受歧视，失败后往往会毅然自杀或流落他乡。而和田一夫却表现得很坚强，经过短暂的调整后，六七十岁的和田一夫从头开始，重新创业。他身上的"阿信"精神让人感动不已。

可以说，八佰伴的不幸正是在于和田加津的离世、管理人才的缺乏，与之相比，丰田是非常幸运的，1967 年 10 月，担任多年副社长的丰田英二接任丰田公司的社长，在他的领导下，七八十年代，丰田开始了真正的扩张。

丰田英二有句名言："满足是人生的大敌。"随着丰田公司在日本发展的成熟和完善，丰田英二把目光放在了美国市场上。众所周知，美国是全球最大的汽车市场，要想在"汽车王国"里卖车，无疑是"鲁班门前卖斧子""关公门前耍大刀"，可丰田英二偏偏不信邪，他始终有着一个不死的美国梦。

其实，丰田决定渗入美国市场，这个计划早在 1957 年就酝酿好了。该年，当丰田的首批皇冠车正式着陆加利福尼亚时，引起了美国媒体的广泛报道，而且很多消费者也很热情地打电话咨询。当时丰田认为形势大好，他们准备在国内开足马力生产，可一等再等，就是不见订单下来。叫好不叫卖的原因在于当时的皇冠车虽然在细节上优势独具，但硬伤是不符合美国消费者的习惯和需求。据相关资料显示，丰田在进军美国的第一年只卖出 287 辆汽车，这远远低于丰田英二的期望。因此，撑到 1960 年，丰田英二只好暂时搁浅了进军美国市场的计划。

"美国是通用、福特等美国汽车的天下，丰田公司进军美国无异于以卵击石"，有人劝说丰田英二放弃进军美国的野心，对于这些"良言"，丰田英二一律不加理会，他卧薪尝胆地密谋着。

接下来很长一段时间，丰田把心思重点放在了针对美国汽车市场的研究上，为此，他们开展了翔实的市场调查。在调查中，丰田发现，在汽车市场竞争激烈的美国，汽车不再是身份地位的象征，而沦为了一种普通的交通工具，消费者更重视它的实用性、经济性、便利性等。可当时美国的一些大公司却无视消费者要求的这种变化，他们坚持认为汽车就应该是豪华的象征。丰田英二认定，满足了消费者的这块被美国高高在上的汽车公司忽视的需求，丰田就有可能打入美国市场。

根据市场调研得来的结论，丰田公司精准地圈定目标客群，并针对性地设计出满足其真实需求的改良小轿车——花冠车（CORNA）。花冠车凭借迷你车身，可以灵活地在交通日益拥挤的美国，自由转弯、方便停靠。而且，根据 1970 年美国政府新颁布的汽车排气限制法令——《马斯基法》，花冠车不仅满足了排放限制，还能节约燃料 25% ~ 30%，这对遭受石油危机渴望开上经济型轿车的美国人来说，是一件再理想不过的事情了。不少美国人对外国车排斥的一大原因在于维修麻烦，为此，丰田还推出了高效、优质的服务网络，让美国人享受到国内汽车公司都没有的便利。

就是这样，丰田硬是凭借着集经济、实用、小巧、便利等优势于一身的花冠车，在名声显赫、实力雄厚的美国大牌车垄断的当地市场敲开了大门。第二次登陆的十年时间，丰田汽车占据了美国进口汽车四分之一的市场份额。

先是废气排放限制，紧接着是石油危机，在美国汽车市场，所有汽车厂商的销售都受到了冲击，呈现出下滑的优势，丰田车的销售量却接连翻番，以满足客户的具体需求入手，丰田赢得了一大批顾客的青睐。

20 世纪 80 年代是一个精简成风的年代，两次石油危机与企业平均燃油经济性法规的颁布迫使美国汽车走上节约之路。面对严峻形势，通用汽车准备生产低油耗的车辆，这个时候，丰田成了它不可替代的合作伙伴。早在 1964 年，在所有汽车大佬们对省油不屑一顾的时候，丰田率先重拳出击，先后花费七年时间，投资 1 000 亿日元，集合万人团队力量，终于研制出废气再循环装置和催化剂转换器，在省油和净化技术领域，获得绝对优势。于是，在丰田英二向通用汽车提出创立合资企业的建议后，时任通用汽车 CEO 的罗杰·史密斯欣然同意。事实上，早在 20 世纪六七十年代，丰田英二曾先后两次向另一个汽车大佬——福特公司抛出创立合资公司的绣球，均被拒绝。说实话，当时福特汽车有点"看不上"丰田这个小老弟。这次，丰田和通用汽车达成合作，丰田英二可算是出了一口气。

1982 年，丰田和通用汽车联手，在通用位于加州弗里蒙特（Fremont，Calif.）的一家停产的工厂中设立了新联合汽车制造公司（New United Motor Manufacturing Inc），这成为丰田汽车国际化道路上的一个标杆。

丰田英二的野心并没有就此止步。1983 年 8 月，他再次召开了一次充满神秘意味的董事会。一开始，外界都以为这不过是企业的一个内部例行总结和鼓舞士气的寻常会议，等媒体都正要姗姗离去的时候，会议室的门突然关上了，大家才知道，丰田又要有大动作了！

果然，丰田英二这一次的胃口更大了：打造豪华汽车，进军高端市场。

面对丰田英二的"野心"，丰田高层的第一反应是太难了，他们提出了各种各样的困难：

首先，一直以来，丰田的品牌定位就是"为每个人生产可以负担得起的汽车"，所有的消费者也这样相信着，接下去让高端人士去花数万美元购买来自生产廉价花冠车的企业推出来的新产品，他们甘心吗？

其次，丰田进军豪华车市场的同时，就意味着直接和宝马、奔驰这些顶级对手为敌。在如此强大的竞争对手碗里分一杯羹，丰田真的有这个底气吗？另外，要生产顶级的豪华车，丰田还必须去挑战做不擅长的事情，比如研发更先进的发动机和底盘，去研究高端人士充满挑剔的品位，要花很多心思从硬件和软件打造精品，这些一直都不是丰田最拿手的。

针对这些困难，丰田英二一一表示认可，紧接着，他抛出原因。

一直以来，丰田从没放松过对美国市场的关注和研究，在最近的研发中，丰田发现，美国市场正在悄悄地发生变化。丰田汽车的第一批消费者，已经成长起来并在社会立稳脚跟，这群出生于 1945—1955 年的人，正逐步发展成为社会的主流消费力量，他们的消费能力将越来越强，他们购买高档汽车的需求将越来越大，而他们的内心十分开放，更容易接受新的奢侈品牌。这些人的潜在需求，为丰田挑战高端市场提供了良机。

虽然董事会的很多人都有点犹豫不决，但"野心"巨大的丰田英二果断拍板进军美国豪华车市场。

于是，历经 6 年、斥资 5 亿美元打造的丰田第一款豪华车雷克萨斯问世了。1989 年，雷克萨斯在美国正式上市，即引发不同凡响的追捧。到了 2000 年，雷克萨斯完胜凯迪拉克，成为北美最畅销豪华车。

试想，如果当初没有丰田英二的"胆大妄为"，就不存在"雷克萨斯"神话，丰田最终也会沦为一个"泯然众人矣"的汽车品牌。由此，我们不得不佩服丰田英二的高瞻远瞩和英明睿智。

同一时期，任天堂的山内溥把一个普通的纸牌企业打造成为世界级游戏帝国，他所推出的"超级玛丽""大力水手"等经典游戏也沸腾了一个时代。

成立于 1889 年的任天堂至今已经有 100 多年的历史。鲜为人知的是，其前身是一个专门做日本手制纸牌的小公司。经过了山内家族两代创始人的资本原始积累，任天堂已经成为一家有影响力的株式会社。

任天堂的故事，得先从山内积良说起。这位在任天堂奠定家底的人，有一个遗憾，就是没有生出继承家业的儿子，只好立外孙山内溥为接班人。山内溥小时候是在祖父母身边长大的，因为祖父对他给予厚望，希望百年之后能够将江山传给这个唯一的后人，所以常常亲自栽培。家庭教育对一个人的影响非常深远，在如此成功的商人教导下，山内溥也迅速成长为优秀的管理人才。

不过，山内溥一开始并不是一个志向远大的人，第二次世界大战结束后，他还是靠山内积良的后门，到早稻田大学研读法律。在上大学时，他也一直浑浑噩噩地度过。这段轻松的日子随着新婚和山内积良的离世很快就结束了。

1949 年，年迈的山内积良突发脑中风，不久便撒手人寰。于是，山内溥被迫马上终止学业，接管任天堂。

当年仅 22 岁的山内溥第一次跨入任天堂大门的时候，并没有多少人真正欢迎他。很多任天堂的员工打心眼里看不上这个"纨绔子弟"。那些手握大权的重臣更是担心，任天堂会败在这个乳臭未干的浪荡子手里。

然而，山内溥的强硬做派很快让这些人不寒而栗。他上任后的第一件事，就是雷厉风行地将不中意的公司元老、高级经理逐个辞退，取而代之的是，高薪聘用早稻田大学、东京帝大的高才生。从此，任天堂开启"山内溥时代"。

事实上，山内溥换血的想法蓄谋已久。还在山内积良弥留之际，他已经表达立志从家族企业转型现代管理的计划，最终也征得了祖父的许可。所以，当那些不适应形势的管理高层和亲戚员工表示不服的时候，山内溥便搬出了祖父的遗命，所以这次换血基本上没有太大的波澜。

具有前瞻性的山内溥，不希望任天堂在自己的手里还是没有创新活力的家族企业，在他的规划里，任天堂必须是一家有更大影响力的现代公司。功夫不负有心人。20 世纪 60 年代初，任天堂在京都证券交易所正式挂牌上市。

说到大的转变，1977 年才是任天堂的分水岭。日本的研究者一致把此前的创业期称为"旧任天堂"时代，把此后转型的时代称为"新任天堂"时代。

让我们从一个小插曲开始说起，这一年，山内溥不理会母亲的激烈反对，擅自改名为今天的名字。

山内溥的原名是山内博。母亲反对的原因是，这个外祖父为他取的名字，是有着特定的寄望，老山内积良一直希望他能够继承家业，把手工花牌发扬光大。然而，山内溥从骨子里排斥这种"老式"游戏道具。时代在变，年轻人的喜好也在变，山内溥在把公司改制后，进一步想把业务也"变种"。改名，就是一种甩开祖业包袱、追逐抱负的决心象征。

山内溥改名后，任天堂也跟着脱胎换骨。同样都是生产供人娱乐的产品，这一次任天堂把主力聚焦在了电子娱乐产品。在一些与时俱进的员工的研发配合下，公司很快推出了家用彩色游戏机，上市后，便成为一度畅销品。

在那个游戏机横行的年代里，市场排名仅次于美国游戏机的任天堂面临着机遇，也面临着挑战。此时，山内溥再次显示出其商业禀赋：首先，他说服部下，要根据目标群体研发产品，既然玩游戏的多数是孩子，他们本身没有多少零花钱，在研发产品的时候，首先必须得保证他们买得起才行。

其次，他认为游戏机的关键在于软件而非硬件，硬件做得再好，不好玩就白瞎。所以，他从一开始就强调重心要放在视频游戏软件的开发上。

接着，山内溥开始进行游戏机市场的整顿。他希望通过整顿可以优化市场份额，取得更大的经济效益。在他的推动下，任天堂成为产业联合营销的发起者。任天堂先后拉拢 17 家软件厂商合作，任天堂红白机一度将自家热销的《大力水手》《超级玛丽》等经典游戏和原竞争对手开发的新游戏一起打包，供玩家自由选择，尽情体验。这种做法，颇类似于时下手机厂商和软件开发商的合作。

在山内溥大刀阔斧的改革下，任天堂从一家原本濒临破产的传统纸牌作坊变身为全球知名的大型娱乐集团。在辉煌期，公司资产突破了一万亿日元。在业界看来，山内溥的改革，不仅挽救了任天堂自身，也挽救了原来土崩瓦解的视频游戏产业。正是在任天堂的带动下，整个日本网络游戏产业得以重新崛起。

但任天堂也并非因此一直如鱼得水。随着转型成功，任天堂新的规模越做越大，企业内部的官僚主义也跟着盛行。同时，在联动营销阵营内部，也不断起摩擦。跟着任天堂成长起来的软件商，也渐渐开始不满足现状，彼此之间也不断有竞争冲突。雪上加霜的是，索尼公司此时也开始推出 PS 主机，终结了任天堂的"霸者时代"。除了掌上游戏市场份额被抢占之外，在其他领域也被索尼和微软不断蚕食。在这种形势下，山内溥没有固执地坚持，而是选择了退位让贤。2002 年，古稀之年的山内溥主动退休，山内溥时代宣告结束。山内溥的退位，也标志着任天堂家族企业的彻底终结。此后，任天堂采取了以多个核心干部民主决策的现代管理制度。

这种新陈代谢的经营模式很快开始发挥功效并得到市场验证。在不到两年的时间里，任天堂迎来后山内溥时代的第一个高峰，公司市值一度提升到 790 亿美元，而山内溥凭借自身拥有的任天堂 10% 的股份也跻身财富榜，坐拥近 80 亿美元的身价，让人不得不佩服他的英明睿智。

20 世纪七八十年代，日本经济飞速发展，企业界生机勃勃，呈现出一种超乎常规的繁荣。1980 年，日本汽车产量达到 1 090 万辆，超过美国的 800 万辆位居世界第一。1980 年，日本钢铁产量为 11 150 万吨，超过美国的 1 亿吨位居西方国家第一位，而 10 年前日本的汽车、钢铁产量均不足美国的一半。据 1981 年度统计数据显示，日本的法人公司已达 1 498 888 家，企业倒闭 17 610 家，新生企业超过倒闭企业 49 339 家。1982 年美国《幸福》杂志统计表明，1981 年全球排名前 50 位的大企业中，日本有 5 家公司入围，排名位次比上年有所上升。另外，在美国以外的 500 家最大工业企业中，排名前 130 位中日本企业数量最多，而 1957 年前 100 家中只有两家日本公司入围。

繁荣的另一面是泡沫。在重建东芝时，土光敏夫最常说的一句话就是："世上没有永远不沉没的航空母舰，也绝没有永远不倒闭的企业。"他借此提醒东芝人要时刻保持危机意识，尤其是在繁荣时，更是不能有丝毫的懈怠。的确，不管是对于一个企业，还是对于一个国家，贫困固然可怕，但繁荣更加可怕，因为繁荣的表象下，很可能掩盖的是巨大的危机。

危机悄然来临，当泡沫破灭时，日本企业家们又该如何在狂风暴雨中寻找避难之地，并迎来新一天的暖阳？

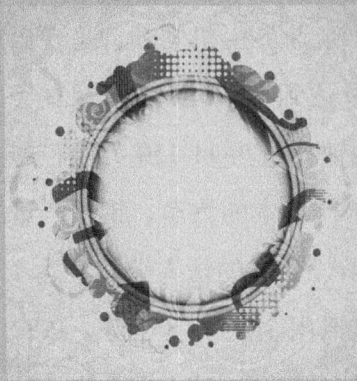

第10章

逆风飞扬

1985年，因为汇率过高，美元造成大量的贸易赤字，陷入困境的美国会同当时世界经济强国——日本、联邦德国、英国和法国，在纽约广场饭店达成"广场协议"，即五国政府联手干预外汇市场，使美元有秩序地贬值。"广场协议"的初衷是解决美国巨额贸易赤字问题，但日本却由此被推入万劫不复的深渊。

自1985年9月22日"广场协议"签订后，先是五国政府大量抛售美元，紧接着，市场投资者开始疯狂抛售，美元开始持续大幅度贬值。相对应地，日元兑美元汇率从1985年9月的250日元兑换1美元飙升到1987年的120日元兑换1美元，3年间日元兑美元升值超过100%，如此大幅度的快速升值对于日本的出口业务是一场灾难。

为了缓解日元升值的影响，日本政府加大资金投放规模，实行金融缓和政策，市场上涌现大量过剩的流通资金，这些资金大量涌入土地市场和股票市场，整个日本陷入投机的狂热中。当时日本各项经济指标达到前所未有的高水平，但是由于资产价格上升却没能得到实业的支撑，整体经济呈现出泡沫式发展。

从 1985 年到 1989 年，日本股市持续上扬，东京证券交易所成为全球最大市值股票交易所，其巅峰时段拥有相当于同期日本 GDP1.3 倍的总市值。而在房地产领域，从 1980 年到 1985 年，日本商业用地价格上涨20%；从 1985 年到 1988 年，上涨额度达到 200%，泡沫化严重到全球无可比拟的地步。

1990 年 3 月，日本大藏省发布《关于控制土地相关融资的规定》，日本政府期望通过对土地金融进行总量控制的方式遏制经济泡沫的进一步膨胀。然而，这种行政干预方式迅速捅破已经膨胀到极限的经济泡沫。土地价格急速下跌，以此引发由土地作为担保的贷款失效，日本各大银行的不良贷款数量激增，日本经济核心的长期信用体系彻底崩溃，日本金融行业从发展的最高峰骤然跌入谷底。

在这段时期内，日本企业家展现出智慧的应变能力和坚韧的精神意志，他们在逆境中寻找机会，化危为机，将日元升值作为转型突破口，由出口贸易模式向海外投资模式转型，加大海外收购和投资规模，既化解了日元升值危机，又缓解了与美国的贸易摩擦，并顺利完成国际化扩张。

20 世纪 90 年代初，孙正义迎来事业腾飞的关键期。

1995 年投资雅虎，软银创始人孙正义一战成名。在此之前，孙正义刚刚豪掷 21 亿美元收购美国最大电子出版公司 Ziff - Davis，成为全球最大的计算机出版商。雄心万丈的孙正义还打算在互联网领域孵化梦想，就向 Ziff - Davis 征求意见，对方推荐雅虎。

20 世纪 90 年代初，美国互联网方兴未艾，看好雅虎的远不止这位总裁与孙正义，微软、网景、美国在线等互联网巨头都踊跃投资，希望将雅虎收入囊中，这令创始人杨致远顾虑重重。1995 年 6 月，孙正义凭一句"这是我们自己的事业"打动对方，以 200 万美元拿到雅虎 5% 的股份，此时雅虎只有 6 个人。孙正义投资雅虎只花了五分钟时间，回忆当时情形，他说："和杨致远他们一聊，我就知道这事非他们莫属，所以决定赌上一切。"

9 个月之后，1996 年 3 月，孙正义在毫无征兆的情况下，突然提出要增持雅虎股份，他希望成为一名合伙人而不只是投资者，他认为合伙人与投资者的界限是持股超过 30%。孙正义追加投资 1 亿美元，换取雅虎 35% 的控股权，当时雅虎还不到 20 人。杨致远回忆说："我们当时大多数人都认为孙正义疯了。在 1996 年 3 月，在一个新兴公司投资 100 万美元都是具有相当风险性的。"

一个月之后，4 月 12 日，星期五，雅虎登陆纳斯达克，原定 13 美元的股价开盘直接跳到 24.5 美元，最高价飙到 43 美元，最终以 33 美元收盘，市值高达 8.5 亿美元。雅虎上市后，孙正义在合适时机套现 5% 的股票，狂赚 4.5 亿美元，但仍然是雅虎最大股东。从雅虎开始，孙正义投资互联网的风格和战略基本形成：投资之后会不断追加，而且排斥别人投。如果不是急需资金，他会长期持有，做个一屁股坐下去就不肯起身的"铁杆庄家"。

到 2000 年，孙正义在全球投资的互联网公司超过 450 家，巅峰时刻身家超过比尔·盖茨。但是此后全球互联网泡沫破灭，资本市场犹如雪崩之灾，漫长的寒冬里遍地哀号。2000 年孙正义当选《福布斯》杂志"年度风云人物"时就被质疑，他的一系列互联网投资可能无法产生利润。随着股价下跌，孙正义的资产大量蒸发，进入投资生涯最难熬的困局，但是五年过后，他挺过来了，熬过严冬，他后来说："企业家要有足够的热情，要足够专注于自己所从事的行业，当然也要有耐心。"

可是，资本游戏残酷而血腥，长线投资更需要一颗坚韧不拔的强大心脏。冒险家从来都是疯狂的。回望孙正义的成长历程，就是一场疯狂大冒险。

孙正义祖籍中国，后迁至韩国，到祖父时从韩国大邱移民日本九州，先做矿工后务农，父亲靠卖鱼、养猪、酿酒致富。1957 年 8 月 11 日，孙正义出生于佐贺县鸟栖市，虽然取了个日本名字安本正义，却一直保留韩国国籍，结婚后才入日本国籍。

少年时代，孙正义梦想的职业是小学教师、企业家和政治家。在日本，小学老师属于公务员，需要日本国籍才能担任，孙正义只有企业家可选。为了接受更好的教育，父母为孙正义上学连续搬家，他居然从中发现商机，开出高薪聘请校长和老师，打算自办一所私塾，结果被校长批评。

高中时期，孙正义读到《犹太人经商法》深受感动，作者藤田田是日本麦当劳经理，他将这家快餐连锁店开遍日本。孙正义给藤田田打过几十次电话请求见面取经，为此独自一人专程坐飞机赶到东京，藤田田告诉他："我如果还年轻，才不会搞食品销售，而是去做和电脑相关的生意。"这是孙正义的商业启蒙，他由此确立在计算机乃至互联网领域开创事业的理想。

16 岁那年，孙正义回到故土韩国旅游，又到美国加州住了四个星期，回到日本后做出一个疯狂的决定：退学，去美国。1974 年 2 月，孙正义飞到旧金山，进入塞拉蒙提高中（四年制）二年级就读，他只用三个星期就修完全部课程，顺利考入霍利大学。这还得益于美国宽松的教育环境。当时孙正义英文很差，连试卷都看不懂，他竟然提出延长考试时间、携带日英词典的要求，校方特意向教育部门转达申请并获得通过，这才有孙正义创造奇迹的机会。从另一个角度，也可看出他打破常规的反叛精神。

大学生活是一段疯狂岁月，据《信仰：孙正义传》一书描述："无论吃饭时还是洗澡时，他都不忘学习。就是泡在浴缸里的时刻，眼睛也没离开教科书。开车的时候也坚持学习。把讲义录制到磁带里，用耳机收听……漫步校园时，孙正义的打扮也很奇怪。肩背黄色背包，里面装着所有的教科书。棉裤也是自己动手改的。他在裤子上缝了一个大口袋，里面插上了 15 支笔、尺子乃至袖珍计算器也全塞在里面。"

大三那年，孙正义制定出"人生 50 年规划"，看起来更像痴人说梦："无论如何，20 多岁的时候，正式开创事业、扬名立业的大好时光；30 多岁的时候，至少要赚到 1 000 亿日元；40 岁的时候，一决胜负，为干出一番大事业，开始出击；50 多岁的时候，成就大业；60 多岁，交棒给下任管理者。"在此后 20 多年里，他竟然按照这张蓝图逐个实现愿望，令人匪夷所思。

理想是用来实现的，否则就是空想。为了训练思维能力，孙正义每天花五分钟想出一个新创意，在一年内想出 250 个可以申请专利的想法，语音电子翻译机就是其中之一，他说："一直思考，直到你的大脑似乎快要裂开为止。"孙正义并不精通电子，他找到世界语音合成领域权威、教授莫泽尔博士，以"天下独步"的谈判水平说服老师合作开发，然后把这项发明专利卖给夏普中央研究所所长、"日本电子产业之父"佐佐木，当场拿到 4 000 万日元的专利合同资金，用以继续开发德语版、法语版翻译软件。据孙正义自述："我一直推进到开发出原型，并由此赚到 1.7 亿日元（合 110 万美元）。"

孙正义狂野而生猛的商业生涯由此开启。1980 年 3 月大学毕业后，孙正义回到日本，在此后一年半时间内，他对 40 个行业按照 25 项标准进行调查、评估、筛选，写出的调查报告高 34 厘米，宽 10 米。1981 年 9 月，孙正义最终确立做软件分销，在福冈大野创立软银公司，注册资金 1 000 万日元。

创业之初，激情难抑，他跳到箱子上振臂宣称公司会发展到"几兆亿日元、几万人规模"，最早的两名员工当场被吓跑。与所有创业者一样，孙正义一路跌跌撞撞，此后十年屡遭败绩，历经艰辛，他却始终信仰 19 岁时播种的理想。1991 年，软银引进网威系统产品，占领日本市场。1994 年软银上市，次年收购美国 ziff – davis，孙正义由此发现雅虎及整个互联网产业，他自称花重金买的是"藏宝图"。

有一则故事孙正义讲了很多遍："把你送到珍珠岛，给你枪、食物、药品，你选什么？"他自问自答："我什么都不选，我选藏宝图。"

没有人会怀疑，孙正义手握互联网世界的"藏宝图"，却无人能破解，连"对自己的能力极为自负"的阿里巴巴创始人马云都感叹："至今我都在研究：他锐利的投资眼光，是否来自神灵的赋予？"

与孙正义不同，同处于经济动荡期的柳井正走了一条截然不同的路线，他巧妙地把整体经济形势上的萎靡转化成自己的立身之本。

1984 年，柳井正子承父业成为小郡商事的社长的时候，日本正处于经济泡沫的酝酿期，服装领域奢华之风盛行，柳井正却反其道而行之，把发展重点聚焦在廉价、日常服装的销售上，店铺选址也选在价格低廉的郊区。因为定位明确，优衣库发展还算顺利，三年后，门店数量达到了 22 家。

柳井正知道，在现有模式下，优衣库必然会进入一个瓶颈，虽然有 22 家门店，但它仍旧只是一个"乡镇"企业，仍旧只是一个"低廉"品牌。优衣库如何进一步的发展呢？

1987 年，正当柳井正一筹莫展的时候，一个词进入了他的视线——

"Fast Retailing（迅销）"，他偶然间看到了这样一则新闻，中国的佐丹奴通过应用"Fast Retailing"系统，即定时定量快速交货的运作系统，正创造着零售业界的传奇。好似在一片迷雾中看到了一道阳光，柳井正眼前一亮，他专程赶到中国香港，拜会佐丹奴创始人黎智英，并虚心向他求教。听了黎智英的介绍，柳井正如醍醐灌顶，他深信"Fast Retailing"理念运用好了，将能直接引爆日本的销售革命。

1991 年 9 月 1 日，在优衣库的总部，柳井正郑重地召集了总公司的所有员工，做出了一项决议："即日起，小郡商事改名为 Fast Retailing，未来三年我们要以每年 30 个新店铺开业的速度快速扩张，并于三年后上市。"

"老板又异想天开了。"优衣库的员工私下讨论着，他们对老板"痴人说梦"的做法并不陌生，每年过新年的时候，公司员工都会收到柳井正亲自写的一封信，信里憧憬着未来三年公司将是怎样一幅景象。几乎没有人把它当真，这个时候的他们还不敢想象，柳井正口中的远大规划真的能如期实现。

"我们三年开了不到 30 个店，以后每年 30 个，怎么可能做到呢？""市场开拓是一个大问题，资金周转又是一个大问题，要想实现这个计划，太难了。"来自四面八方的质疑传到了柳井正的耳朵，他一概忽视，在他的观念里，安定才是风险，不成长跟死了没两样。既然未来的计划已经列了出来，那就不去想困难，不去想可能的失败，而是应该一心想着如何去完成每一步的计划。

公司名字改了只是表面的，随之改变的还有公司的经营理念。"Fast Retailing"，迅速零售实现的核心是"将顾客的要求迅速商品化、迅速提供商品"，如何做到这点呢？柳井正把 UNIQLO 服饰定位为"适合任何年龄的人穿着"，并通过多种渠道宣扬了这样一种观念："个性并不存在于服装，而是由穿着的人来体现的"，"我们追求的休闲服是一种超越种族、国籍、职业、学历等各种界限的、永远面向大众的服装"，与大多品牌服饰的路线截然相反，UNIQLO 不突出个性，通过赋予多变色彩的大众服装来征服消费者，这种方式使得"将顾客的要求迅速商品化"成为可能，另外，柳井正开始慢慢地把服装的加工制造移植到中国，仅仅把设计环节抓在手中，这使得"迅速提供商品"成为可能。"Fast Retailing"概念的推出，标志着优衣库"高品位低价位快时尚"的模式的成型。

当时日本刚刚从繁荣的巅峰跌到谷底，日本国民收入大幅度减少，人们开始在服装上压缩开支。另外，刚刚经历繁荣期的奢侈生活，他们对成衣有很高的要求，也有成熟的品位，优衣库"高品位低价位快时尚"的特征恰恰满足了他们的需求，顺应了当时的潮流，优衣库迅速占据了日本的主流市场。

有市场是好事，但要实现迅速扩张，资金是必然要跨越的一道坎。

1991 年 9 月，柳井正向银行提交了贷款申请，他手里拿着未来三年企业发展的详细规划，还拿着自己和父亲所有的固定资产，将全部身家都押上去，对于未来的决心和信心已充分表现出来。柳井正觉得，银行一定会痛痛快快地借贷足够的资金，他万万没想到的是，银行竟然会给他吃闭门羹。

"我认为，在这一时期还是不要再开新店为妙吧！"银行的工作人员委婉地向柳井正建议，柳井正很不理解："优衣库的营业额已经达到了143 亿日元，发展形势一片大好，我还有固定资产的抵押，你们应该无条件地支持我啊，为什么要干涉我们的发展大计呢。"经过一番沟通，他了解到，原来，银行还没从经济泡沫的破裂中回过神来，他们贷款的好几家实力雄厚的企业一夕之间倒闭了，一朝被蛇咬十年怕井绳，虽然他们也很看好柳井正的规划和优衣库表现出来的强大生命力，但他们不敢去冒险。

"所有的商业行为其实都是冒险，只有承受越大的风险，才有可能获得越多的利益。"柳井正开始一家银行一家银行地去谈，历时半年不间断的交涉，终于找到肯贷款给他的银行。虽然凭空多出从没想到过的磨难，让人很不痛快，可柳井正却对这次波折充满感激，因为这件事更让他坚定了上市的决心。

说到上市，就不得不提及财经作家安本隆晴，他根据所学和实践写出一本关于公开招股的书，没想到的是，这本恰恰被柳井正看到了，当时他为了适应公司规模的迅速扩大，正在恶补各方面的知识，安本隆晴的这本书让他感觉受益匪浅，他想与作家当面沟通一下书中没有阐述清的问题点。就这样，两人见面了。

1990 年 9 月的一天，在优衣库总部的办公室里，第一眼看到坐在面前的文弱书生，柳井正有点失望。这一年，柳井正已经 41 岁了，而安本隆晴却只有 36 岁，"年纪轻就代表着阅历不够，他能帮助自己什么呢？"柳井正的这种想法很快就改变了。两人先是一起详细回顾了一下优衣库的发展历史，这个过程中，柳井正并没有透露丝毫准备上市的信息，安本隆晴却一针见血地指出：优衣库不应该满足于做一家普普通通的销售连锁店，而是应该积极上市，然后努力把公司发展成为一家日本国内从来还没有出现过的国际大企业。

从这个年轻人嘴里听到他的心声，并且是常人想都不敢想的野心，柳井正很震撼，生出惺惺相惜之情。两人继续谈下去，柳井正又一次为安本隆晴的见识折服。安本隆晴的才学是书本里学不到的，他综合了古今中外企业家的成功之道，并把这些成功故事依据经验进行总结和升华，然后将所有的知识融会贯通，最终根据优衣库的实际情况给出解决方案。

原本 1 个小时的会谈延长到 4 个小时，两人的这次谈话让柳井正下定决心，一定要把安本隆晴招致麾下，也是在这次畅谈中，优衣库的上市道路慢慢清晰。

在柳井正的全力邀请下，安本隆晴同意在优衣库任职，他的加入意味着一场激烈的革命在优衣库全面展开。优衣库的革命牵涉很多方面，包括各个分店要完全自负盈亏，在财政上严格执行按月结算的程序，周详的内部员工管理政策，等等。改革和整顿像一道狂风席卷了公司上上下下，从柳井正到普通员工，所有人的心理舒适区都为改革触动了，但大家都齐心协力地坚持下来。

1994 年的 3 月，优衣库总部的办公楼搬到了宇部市的郊外，之前，总部的办公地点在一座狭长的写字楼里面，公司占据了四层楼，为了沟通的需要，公司的职员要在四个楼层之间跑上跑下，大大影响办公效率。现在他们搬到属于自己的办公楼，它标志着优衣库正式以全新的面目重生了。

1994 年 7 月，优衣库在广岛证券交易所上市，首次公开发行的股票价格高达 7 200 万日元，仅仅在一夜之间就有近 130 亿日元的资金进入了公司的账户上。从此，优衣库再也不用发愁资金周转的问题了。

至此，柳井正成功完成当初的所有规划，原本认为他"痴人说梦"的人也彻底服气。

1991 年，日本经济增长率由上年度的 5.5% 下跌到了 2.9%，经济形势整体衰退，而这个阶段优衣库却保持着 300% 的增长速度。有人说柳井正的成功是偶然，他恰恰迎合了人们"节衣缩食"的需求，并且在关键时候遇到关键的人。换一个角度看，这种偶然背后又有着必然，柳井正特立独行的性格、不屈不挠的韧性、高瞻远瞩的眼光、征服天下的野心，这让他得以走得更远。

逆境可能是压死骆驼的稻草，也可能是历练梅花的严寒，越是经济不景气的时候，越能凸显大佬们的不凡，孙正义如此，柳井正如此，吉野家的安部修仁更是如此。

1980 年，面临破产的吉野家申请了公司更生法，这是公司重生的最后一线希望，社长松田瑞穗希望全体员工能齐心合力共同渡过这个难关，可在"公司要倒闭"的担心中，店员们一个个都丧失了信心，他们相继提出辞职。安部修仁临危受命，被当时的财产管理人增冈章三任命去做说客的工作。于是，1980—1987 年，与下面类似的对话出现过很多次。

"你为什么要辞职呢？"安部修仁问，"公司眼看就倒闭了，我得为自己找好退路啊"，提出辞职的员工回答。"公司不会倒闭的，让我们一起为吉野家牛肉饭证明价值！重整旗鼓，让抛弃吉野家的人后悔去吧！"安部修仁总是一副激情万丈的样子，也因此赢得"吉野家头号热血员工"的称号，他用热情影响了对吉野家失去信心的同事，让他们慢慢沉下心来。

在公司重整之初，大家都在为吉野家的未来献计献策。吉野家的投资方旧 SEZONN 集团的和田繁明认为吉野家应该转换商业运作模式，把目标群定位为女性，取消牛肉饭、铁火饭、亲子饭的销售，以咖啡和清酒这些女性客人喜欢的食物为主。

对于这个规划，安部修仁认为不妥，虽然和田是吉野家的救命稻草，而自己只是吉野家的营业部长，但安部修仁还是真诚地向和田表达异议，"给予顾客保证同一时间提供同一商品，是关系到顾客对吉野家信任与否的基础，如果动摇了这个基础的话，吉野家永远不可能重整旗鼓了"。和田看着真诚的安部修仁，最终接受了他的建议。

安部修仁对未来的坚定影响了他接触到的每一个人，就这样，公司慢慢走上重建的轨道。1987 年 3 月，吉野家偿还所有的贷款，1990 年，吉野家挂牌上市，正式复活。

1992 年 9 月 1 日，年仅 42 岁的安部修仁就任吉野家的社长，和田是他的举荐人，"一定要选一个工作认真，威望高的人。安部君从不说大话，也从不哗众取宠，从不说让大家泄气的话，认准一件事就认真、踏实地持之以恒，是个能和员工真诚交流、务实的人，除了安部我想不到其他合适人选。"和田这样说。

"只要向前看不退缩，没有什么不可以"，经过这次从破产边沿重新爬起来的经历，安部修仁对吉野家的未来更加地充满了信心，这段经历也为他后来能从更大的绝境中突围出来打下了基础。

在泡沫经济高潮期，日本企业大量购买国外不动产，在很多企业家心目中，收购外国企业，尤其是美国企业，是为日本争光，可以洗脱第二次世界大战中战败的耻辱，盛田昭夫也是其中一员。

盛田昭夫认为，随着索尼的迷你电视和录像带播放机"Watchman"和 8 毫米摄像机等产品进入美国市场，拥有一个电影库和磁带库将非常重要。在 1988 年，索尼买下 CBS 唱片公司后，盛田昭夫便开始谋划购买一家电影制片公司。哥伦比亚凭借着 2 700 部库存影片版权，260 部电视版权成为盛田昭夫的首要目标。于是，20 年来跨国并购案中，最为跌宕起伏和意味深长的并购经典就此发生。

1989 年 9 月 25 日，索尼宣布斥资 32 亿美元，此外还引入 16 亿美元贷款，对哥伦比亚电影公司、哥伦比亚图文电视公司、三星电影公司及其在全球的 180 个地方的 820 家电影院进行并购。

好莱坞是美国人心中的圣地，哥伦比亚是美国影视文化的象征，它的注册商标就是美国的自由女神像，索尼收购哥伦比亚的消息引起了美国人民的强烈反感，举国上下一片惊呼：日本人打算连美国的文化都要夺取吗？《新闻周刊》在并购成交的那一期的封面上做了这样的设计：一个贴着哥伦比亚标记的雕塑女郎身上穿着日本和服站在中央，女郎头上是大大的标题："日本人入侵好莱坞!?"

面对极为不利的舆论环境，索尼公司为了缓解美国公众敌对情绪，不得不专门做出保证，电影公司将完全作为一个独立的美国公司来运作。这说法在当时的含义就是电影公司将聘请美国人经营，且他享有充分的自主权。

在随后的发展过程中，为了缓和美国公众的敌对情绪，索尼一味迁就不太称职的美国管理团队，这让索尼吃尽了苦头。1994 年 11 月 17 日索尼不得不在发布季度财务报告时宣布，哥伦比亚电影公司的账面资产减少了 27 亿美元。这个亏损额是日本经营史上前所未有的。

1995 年，出井伸之接替大贺典雄成为索尼 CEO，他认为，哥伦比亚电影公司亏损的根本在于内部管理的不适当。他发现，索尼美国业务负责人形成了"共谋关系"，他们享用美国管理层的高薪，却没有按照美国公司的绩效考核制度来行事，而对于这些问题，日本总公司却视而不见，"必须把索尼美国作为美国公众公司来管理"。出井伸之把盛田昭夫原来的"全球本地化"概念进一步引申，他认为"全球本地化"不应该仅仅是聘请并把经营活动管理权授予当地管理人员，还要保证当地的管理人员按照当地的公司治理结构来治理公司。

很快，出井伸之就将在索尼美国关系复杂的米基·舒尔霍夫和彼得·古柏免职了，他极力邀请了霍华德·斯特林格出任索尼美国公司董事长。出井伸之给斯特林格的任命是：在索尼电子和娱乐产业之间建立起一种战略性的合作关系，并将娱乐产业整合进索尼的新价值链中。霍华德·斯特林不负众望，他上台后，推出了《黑衣人》《第五元素》和《精灵鼠小弟》等几部高票房的影片，票房收入让索尼很快就由亏损转为盈利，同时，每一部重头电影都成为索尼硬件产品的销售卖点，索尼开始享受到这次收购带来的好处。

有了哥伦比亚的成功，2004 年，索尼又成功并购米高梅，索尼成功实现了从制造业向以知识为基础的全球文化产业的转型。这个时候，大家才真正明白了盛田昭夫商业直觉的锐利，在其他人为一时的利益得失而指摘不已的时候，唯有盛田昭夫洞见了未来索尼赖以存活的根基——视听娱乐，并不惜一切代价硬是咬下了哥伦比亚这块铁板。

在创造并购奇迹的同时，索尼公司还在不断调整着整个集团的"战斗力"。

在泡沫经济时期，企业的成本与日俱增，泡沫破灭后，虚高的经营成本需要得到消化和压缩，而庞大的集团公司如何把"内耗"降到最低呢？

对于人员冗余，信息传递失效等"大企业病"，索尼公司认为无论是直线职能制，还是事业部制组织结构，都是无能为力的。1994 年 4 月，索尼内部掀起了一场场轰轰烈烈的组织结构变革，在集团内实行模拟公司制，将集团的主要经营业务划分为 8 个部分，每个部分由一个独立的公司来运作。各公司设总裁 1 人，直接属总经理、董事长管辖。董事长是最高决策人，总经理则在董事长之下负责公司整体的指挥。

为提高总公司的功能运转情况，索尼分别在 1996 年、1997 年对模拟公司的具体运转情况进行了两次调整。最终确定了模拟公司制运营的具体细节：索尼公司规定每年召开 1 次"公司"总会，由 8 个"公司"报告一年的经营成绩。董事长、总经理以及董事等出席会议，对各公司的经营状况以及各总裁的经营能力作评价。若经营成绩不好，将追究总裁的责任。各公司现有资产的一半算作公司总部的投资，各公司要以这个金额为基数每年上缴 10% 的利润。

市场普遍对索尼公司的内部调整持积极的态度，每次变革的消息发布时，股价都会大涨。最终，索尼不断上涨的业绩没有辜负投资者的期待。

随着日本经济在 20 世纪 90 年代初陷入衰退，丰田的全线业务也受到了很大的冲击。在日本本土市场，丰田以 43.2% 的市场份额在 1987 年达到了巅峰，可到了 1993 年，市场份额下滑至 39.2%，跌破了丰田高层认为至关重要的 40% 的警戒线。在美国，丰田也仍处于亏损状态，市场份额由 1991 年的 8.2% 跌到了 1995 年的 7.2%。

在 1990 年之前，丰田的全球化战略很清晰：在日本市场稳步增长，在美国市场略有盈利，在欧洲市场有钱可赚，在东南亚市场独占鳌头。到了 20 世纪 90 年代中期，一切都脱离了方向，日本国内市场日益萎缩，美国市场全线低迷，而欧洲和东南亚的市场则全面停顿。有专家开始预言，丰田在国外扩张中迷失了方向。

1995 年，奥田硕出任丰田总裁，在丰田内部掀起了颇具历史意义的变革。

奥田硕是个地地道道的"丰田人"，他大学毕业后，就进入了丰田汽车销售股份公司，凭借出色的表现，他一路平步青云，1988 年任专务董事，1995 年升任社长。在丰田多年的工作经历让他在丰田得以拥有扎实的群众基础，也让他能更清楚地诊断、改变丰田，这成为他变革成功的保障。

奥田硕认为，丰田陷入发展困局的关键不是大的经济形势的冲击，而是丰田管理层对市场的错误认知。20 世纪七八十年代，丰田的飞速发展，管理层们尽尝成功的荣耀，以至于他们变得傲慢而不切实际起来，他们开始认为消费者会买丰田所提供的一切东西，而并没有意识到消费者的需求在变化。比如，在美国，市场潮流由轿车转向了利润丰厚的微型面包车以及轻卡，丰田却忽视这种改变，而在日本，年轻人掀起了SUV 热潮，丰田却视而不见。

丰田变革的第一步就是卸下高高在上的成功光环，走到消费者中去。为了丰田的车型更符合每个市场的不同需要，丰田安排各个不同国家当地设计师和工程师参与产品的开发流程，专门为每个不同国家设计出价格更低廉、更适合当地用户的汽车，而且这种汽车只限在当地销售，如印度尼西亚的吉祥车、泰国的索露娜、欧洲的歌露娜。

奥田硕认为："产品开发是丰田重新树起战胜他人的宏大战略的一个重要方面。"幸运的是，丰田当时有着近 300 亿美元的雄厚现金储备。为了推出极致的产品，丰田几乎动用了最好的开发团队，并动用了大笔资金，研发比现有成本低三分之一的发动机。在 1997 年，丰田革命性地研发出了以电瓶和汽油为混合动力的轿车 Prius。

奥田硕的变革很快获得了回报，丰田的产品线得到强有力的扩充，在产能上也加入 "500 万俱乐部"，在日本和美国的市场份额都开始上升。另外，奥田硕开始全力进军中国市场。当时中国汽车市场的主角是美国车和德国车，奥田硕认为相比欧美市场，中国市场未来的市场空间更加庞大，为此，丰田喊出了 "尽丰田集团之全力，助中国汽车之发展" 的口号，后来丰田在中国市场盆钵爆满的销售数据证明奥田硕的中国策略是非常正确的。

在全球发力的同时，奥田硕不忘企业内部的变革。他认为过去的成功让丰田患了严重的大企业病，只有根治了，丰田才可能前进。

为了让丰田恢复创造力，奥田硕向在战后经济发展中立下汗马功劳的终身雇佣制、年功序列制发起了攻击。1995 年，丰田宣布，旗下的所有设计师都将实行一年聘用合同制，来年根据业绩续约。此举在日本企业界引起轰动，很多权威杂志撰文批评丰田的这种做法，对此，奥田硕一针见血地指出 "丰田不是一家慈善机构"。

很快，丰田改革了薪酬政策，彻底理清了它的等级架构，每一位员工的薪酬是依据业绩，而非年资来确定。员工的事业发展以能力来决定，而不能靠论资排辈来升职。"我们的重点已由论资排辈转向业绩，以便更恰当地奖励员工的贡献"，奥田硕说，"同时，员工有更大的自由追求自己的事业发展目标和新的业务设想"。

另外，奥田硕认为"只有年轻人才有创造力"，他大力提拔了一大批 30 岁左右的经理，而许多年纪较大的经理则被调整到责任较小的岗位上。

紧接着，奥田硕对业务流程也挥起了改革之刀。在 20 世纪 90 年代初，单单一项管理决策传达到当事人就需要一周的时间，这是奥田硕不能容忍的。奥田硕细察了从生产到销售的每一个运作流程，以便发现在哪些环节可以削减开支、减少浪费、加快流程，然后有针对性地补足，最终，使得所有流程都更精练、更高效。经过这番变革，丰田有了"改变世界的精练机器"的美誉，以超高效地消除浪费而著称。

这一系列的变革使得丰田上下回到了公司初创时期的心态，富有冲劲、行动快捷，这成为丰田在很长一段时间里保持赢利的根本。

1999 年，《财富》杂志评出的"全球最大的 500 家企业排行榜"中，美国企业达 185 家，而日本企业只有 99 家，相对于美国企业的生机勃勃，日本企业 20 世纪 80 年代的财富光环正在逐渐褪去。

虽然饱受泡沫经济破灭之苦，可日本企业家从没停止过追赶。他们或者通过并购为企业发展提速，以规模经济效益博得一己之地；或者临危突变，通过发现新的市场需求，找到新的市场缝隙和生机；或者进行组织结构变革，回归创业心态，以适应大环境的变化。他们在努力，在奋斗，在成就自己的同时，也为日本经济从泥潭中拔出双腿奉献一分力量。

第11章
互联网与全球化

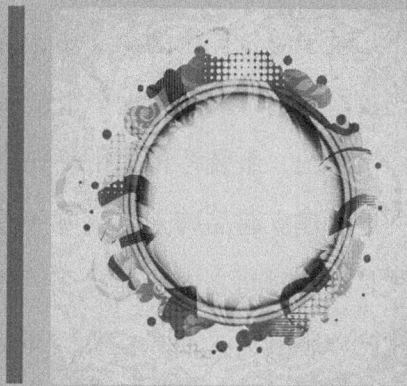

　　泡沫经济后日本的经济成长率一蹶不振，在新千年交际之际虽小有回温现象，但失业率并没有显著回升，大多数日本产业都出现了不少的缩水。而社会经济中大多数的成长率还是来自大企业的资方获利。加之2000年之后地震、海啸的频繁发生，也给日本农业、工业、第三产业带来不同程度的灾难性打击。

　　可喜的是，在重大自然灾害与经济长期萎靡不振的社会背景下，仍然有一些日本企业家以独特经营方略保持稳定增长，无论财富还是事业都不断成功。

　　柳井正常说："只在日本做销售的公司，最终无法在日本销售。"进入21世纪之后，柳井正依然在忙碌。经过十几年的发展，优衣库在日本市场已近饱和，要想有更长远的发展，必须打开海外市场尤其是亚洲市场。2000年6月，UNIQLO的子公司"Fast RETAILING（U. K）LTD"在伦敦成立，优衣库吹响了进军海外市场的号角。

对于海外扩张的第一步，优衣库是极其谨慎的。一开始，柳井正对伦敦、纽约以及巴黎三个服装市场进行了充分的比较。

纽约，服装零售的市场非常庞大，但竞争也非常的激烈，想要在这一地区建立起品牌知名度并不是一件容易的事情。其中最常见的成功路线是在短时间之内快速扩张，通过足够多的店铺数量，争取到最大的关注度和影响力。这条道路是非常有效的，可也非常能考验公司的实力，因为无法在三年之内开设 200 家以上的店铺，就很难形成足够的竞争力，这对一个公司的资金、人才、运营能力都是很大的考验。

巴黎，世界的时尚潮流中心，如果能在巴黎形成一定的品牌影响力，以此为辐射点，优衣库在其他国家的扩张道路将非常顺畅。可是，巴黎又是非常保守的，他们对自己的品牌极为推崇，有很深的自豪感，对国外的企业则很难接受。

伦敦，在政治、经济、人文、科技等领域都有着卓越的成就，是不亚于纽约的庞大市场，最主要的，它是一个开放的城市，伦敦地区的外国企业非常多。

进行了多方面的分析比较后，柳井正最后把角逐国际市场的第一步选在伦敦。对于伦敦市场，他充满了期待。可是，在这第一次的尝试中，他却犯了一个严重的错误：直接把国内成功的经验放到了对国际市场的开发上。

按照柳井正的规划，一年后，伦敦市场的优衣库销售额应该突破 3 000 亿日元。可直到 2001 年 8 月，伦敦优衣库的销售额仅仅 2 200 亿日元。柳井正坚持着原有的规划，结果，到了 2003 年 3 月份，当店铺发展到 21 家的时候，伦敦优衣库的账面开始亏损。无奈之下，优衣库新开的店铺只得陆续关闭，最后，只剩下伦敦近郊的 5 家店铺。

在后来出版的描述创业体验的图书《一胜九败》中，柳井正强调："创业不需要有什么特别的资质。我认为几乎所有人都能创业，重要的是自己做做看。不论失败几次都不气馁地持续调整，在这样的过程中，就能培养出一位经营者。"他认为，做十次新的尝试，会有九次失败，但"重点在于尝试，错了也没有关系，错九次，就有九次经验"。

伦敦市场出师不利，这对柳井正来说是一次不可多得的经验，他吸取经验，并不断做出调整。柳井正认为，优衣库在国外市场受挫的根本原因是，在潜意识中，大部分消费者都认同便宜没好货的观念，他们总会把平价和平常挂钩，如何把优衣库打造成一个平价却高档的品牌呢？

经历了伦敦市场的扩张然后收缩后，柳井正为优衣库海外扩张制定一个选址原则：一是选在商业活动频繁的闹市区，人流量一定要大；第二，一定要处于聚居的公共场所附近；第三，店铺面积最小 500 平方米。在这种原则下，优衣库先后在美国、伦敦、巴黎豪华时尚地段建立全球旗舰店，这些店铺都与一线奢侈品牌为邻，这种做法一方面提升了品牌影响力，无形中为优衣库带来巨大的品牌价值。

另一方面，优衣库相继在世界各地建立起设计工作室，紧跟各地的时尚元素，加快速度推陈出新。除此之外，优衣库还积极地引进大牌时尚设计师，保证优衣库服装从一开始就站在一个高的起点上。

吉尔·桑达是 PRADA 的王牌设计师，在业内有时尚女王之称。其作品简洁大方，很有格调。之前因为与 PARDA 的设计理念不合而隐退时尚界。2009 年，被无所不能的柳井正重新挖了回来，加盟优衣库任创意总监。

一开始，人们对于这次任命普遍都抱有一种反感。觉得柳井正这种搭配简直是在自掘坟墓。欧洲的时尚与日系是两种不同的风格。这种百搭带来的效果是非常具有风险性的。

但柳井正还是在争议中坚持自己。他并没有因为大多数人的反对就放弃与桑达的合作。事实上，这次合作进行得非常顺利。而实践证明，合作的效果也是非常成功的。在吉尔·桑达入主迅销之后，迅销株式会社的股价也因为这位时尚女王大涨了 8.6%。

对于零售行业来说，快速扩张往往会带来这样的隐患：资金难以为继、人才储备不足、生产力跟不上等问题。对于优衣库来说，因为有了一定基础的销售业绩的支撑，再加上股票市场的不错表现，资金不是问题。人的元素成为制约发展的最主要问题，"人才的培养和急速成长等于是车的两个轮，二者不可或缺"。柳井正很早就意识到了这个问题，针对这个问题，他推出了"优衣库大学"系统，投入巨资建立起一套十分严格的人才培训系统，并在全球各个分公司都设有培训点，以此保证人才的供应。

在加快全世界的跑马圈地的过程中，柳井正很细心地捕捉到，互联网市场将有无限商机。2000 年 10 月，UNIQLO 开始在网上直销。员工们又一次不明白老板的良苦用心：实体店的业绩明明保持得很好，为什么要跑到互联网上去冒险呢？

虽然年过半百，柳井正却比普通人更早地嗅到互联网不可限量的前景。只能说，快销这个领域与互联网实在是天作之合的搭档。而为它们比翼双飞搭上翅膀的正是柳井正。他迅速找到互联网的经营公司，"你们务必帮我做好网上直销的环节，只能说，我们的公司需要这个。也许不是现在，但肯定是在不久的未来。谢谢，请务必"。在中国，优衣库淘宝旗舰店开业 10 天，销售额即成淘宝店铺第一名，并且显现出极高的增长潜力。乐观的销售业绩让人不得不佩服柳井正的眼界。

"要替自己设定高目标，如果只求安定，成长必然停滞。"柳井正一直把这句话当作座右铭。成长不能停滞，那就必须得一步一步往前奔跑。

在日本，柳井正没有强敌，他不用去追赶别人，那就只能不断挑战自己。

2005 年 9—10 月，优衣库多间海外店铺先后开业，包括美国（3 家）、韩国（3 家）；在中国，北京设有 2 家，香港也开设了 1 家。2008 年，柳井正凭借在服装快销领域的多年打拼，跻身日本富豪榜第六位。2009 年，日本百货衰退率达 10.1%，优衣库却逆势成长，年利润达 1 086 亿日元，达到了历史新高。柳井正也在这一年成为日本首富。2011 年 9 月 14 日，日本迅销公司公布优衣库的大规模扩张计划，公司计划在海外每年新开 200～300 间店铺，其中大部分处于蓬勃发展阶段的亚洲市场……经过不断的失败、总结、调整，优衣库的海外扩张道路越走越顺畅。

我们很难相信，在这个互联网与石油等行业垄断财富的时代，单凭廉价的服装销售就能荣登富豪榜首的神话。而柳井正做到了。在 2016 年的一次报表中，柳井正以资产净值 155 亿美元再次夺得日本首富的桂冠。柳井正财富的光环背后是一个成功商人在奋斗过程中点点滴滴的量变积累。

糸山英太郎是比柳井正更年长的企业家，他 1942 年出生于东京，父亲佐佐木真太郎在 1969 年曾成为日本首富，此人堪称"富二代"。不过，糸山英太郎被视作依靠个人奋斗而成功的典范，有"日本巴菲特"的美誉。他身兼新日本观光集团、糸山画廊集团、食物管理集团、财产服务集团等大型企业的社长，并在包括 TV 东京及野村证券在内的大型集团担任大股东，同时还是日本航空、三菱重工等日本著名企业的最大个人股东，旗下产业囊括从高尔夫球场到连锁餐馆等诸多领域。

2002 年，在与日本航空的世纪大战中，糸山英太郎凭借高超的经济手腕在新世纪征程中先拔头筹，一夜之间成为日本经济界膜拜的传奇。事情的起源还得从日航当时的管理层说起。日航的社长兼子勋与公司第二大股东密谋，趁着糸山英太郎出让 1 000 万股之际，合谋把糸山英太郎从最大股东的位置上挤下去。糸山英太郎早就通过耳目对此了如指掌，他按兵不动，等待对方主动出击。

这一天，兼子勋早早来到糸山英太郎家中做客。待他寒酸一套之后，糸山英太郎平静地听完他事先编好的谎言，然后提出条件，以交换对方"请他出山"的交易筹码：想要让我接受你们的委任，必须遵从我的整合要求，无论是公司架构还是股票改革，都要给予我充分的权利进行改革。

兼子勋万没有想到糸山英太郎居然会提出这样苛刻的要求，但是，计划早已制订，为了获得糸山英太郎手中的委托书，他只得咬着牙接受对方提出的条件。

没想到这些条款居然给兼子勋等人带来灭顶之灾。糸山英太郎虽然出让了一部分股份，却获得了日航的绝对领导权，对手没有从中得到一丝好处。对于糸山英太郎来说，反而增加了对日航的实际控制力，通过上任之后的多方增持股份等手段，糸山英太郎进一步巩固在日航的地位。

2006 年 4 月，日航爆发了严重的亏损危机，年报显示上一财年亏损高达 470 亿日元，糸山英太郎决定不能沉默下去，他认为，造成亏损的根本原因在于领导层的无能，预见性差、闯劲不足。经过一番深思熟虑后，他不畏各种批评和指责，果断行使第一股东的权力，辞退当时的社长新町敏行，重新构建领导阵营，当时任日航主管财务和采购业务的高级副总裁西松遥升任社长。根据糸山英太郎的主张，西松遥着手在日航掀起一系列变革。

首先，调整航线。日航开始把主要资源投放在高利润、高增长的航线上，暂时停飞或取消了一些利润不高的定期航班，同时在市场需求旺盛的目的地，公司增加了包机业务。

其次，加强盈利项目的建设，提高服务质量。比如，日航在飞往美国的航线上推出了头等舱"日航套房"和商务舱"贝壳式平躺座椅"，"日航套房"与日航目前的头等舱空间相比，宽敞了 20%，舒适性得到了很大的提高。

最后，通过缩小管理层和员工之间的距离，加深全体员工对安全的认识和了解，加强对安全问题的监控等多项措施，提高航行安全。

日航是一个极其尊重传统的公司，想要中途对公司实施变革，困难可想而知。在三年时间里，通过正常的人才流动和提前退休计划等措施，2006 年末日航的员工总数是 5.31 万人，2009 年减少到 4.88 万人，其中牵涉的变革之剧烈可见一斑。很幸运的是，糸山英太郎和西松遥都是很坚定的人。变革的结果也很立竿见影，三年里，日航慢慢由亏损转为增长，糸山英太郎危机中力挽狂澜，凭借铁腕带领这家百年老店成功渡过难关。

糸山英太郎手中持有多家公司的股票，与一般的投资者不同的是，他不是简单的持股，业绩好时就增持，业绩差时就抛售，他对于那些有志长期增长的公司十分关心，当这些企业陷入经营困境时，他会利用手中的权限把经营者敲醒，"利用股东的力量改变自身不变的经营者才是保护日本资本主义经济的不二选择"，他的目标不仅仅是手中资产的升值，更多的是通过一己之力提升所持股票的价值，为日本经济贡献一分力量。

到 2000 年，孙正义在全球投资的互联网公司超过 450 家，但此后全球互联网泡沫破灭，资本市场犹如雪崩之灾，即便在 2000 年孙正义当选《福布斯》杂志"年度风云人物"时，他仍就被质疑，他的一系列互联网投资与产生利润的关系。

随着股价下跌，孙正义的资产进入投资生涯最难熬的困局，但是五年过后，他挺过来了。他后来说："企业家要有足够的热情，要足够专注于自己所从事的行业，当然也要有耐心。"

2001 年，孙正义一手举打火机，一手拎汽油桶，冲进日本总务省谈判，要求修改 NTT 独占光纤网络的规则。以命相搏，彪悍至极，他如愿以偿。在随后的几年中，孙正义对互联网领域的投资不断追加，到 2008 年他已经投资 800 多家互联网公司，所占比例由当初的 1% 增长到 99%，软银也成为全球互联网行业最重要的幕后推手，市值达到 195.3 亿美元。正因为在互联网投资领域的巨大影响力，他被誉为"互联网大帝"。

孙正义说："我已经投资了 800 多家互联网企业，其中有 700 多家是盈利的，而中国企业占了不少。"这些企业在中国互联网界如雷贯耳，除阿里巴巴和淘宝网之外，还有 UT 斯达康、网易、新浪、盛大、分众传媒、携程、当当等，更多不引人注目的交易尚未浮出水面。软银在中国的布局，涵盖互联网、无线、宽带、媒体、计算机软硬件等所有相关领域。

也是在 2008 年，孙正义与乔布斯合作，将 iPhone 引入日本，这是他津津乐道的趣事之一。据孙正义讲述，在 2007 年苹果发布初代 iPhone 的一个月之前，他因为需要一款新设备飞到苹果总部，他说："我带了一张小草图，草图上画着给 iPod 加上手机功能之后的效果。当我准备把草图给他看时，史蒂夫对我说'正义，别给我你的画了，我自己有。'"孙正义单刀直入："假如你做好了这款产品，让我在日本卖它吧。"当时他在日本连一个移动运营商都没有，乔布斯认为他疯了。这次谈话的几个月之后，孙正义斥资超过 150 亿美元收购沃达丰集团日本子公司，成为日本第三大移动运营商，由此获得 iPhone 在日本的独家销售权。

这还不是孙正义最疯狂的收购交易。2013 年 7 月 10 日，他以 216 亿美元收购美国第三大移动运营商斯普林特 72% 的股份，并且对美国 T - Mobile 虎视眈眈，他将颠覆美国移动行业，改变美国信息产业格局，这是一场豪赌。

孙正义与中国企业界相关的传奇故事发生在 1999 年。这年 10 月，中国互联网精英悉数参加孙正义秘密组织的项目评估会，当时新浪已估值 6 亿美元，即将上市，春风得意，牛气冲天，孙正义有些不高兴："我一定要扶持一个公司把它打垮。"他的中国伙伴认为这不是气话："他是很愿意较真的这么一个人。"

就是在这次项目评估会上，孙正义与马云第一次见面。马云穿一件破夹克，拿了半张纸，是所有人中最不起眼的一个。孙正义说的第一句话是："说说你的阿里巴巴吧！"马云英文不错，准备口若悬河讲一个小时，结果第六分钟就被打断："我决定投资你的公司，你要多少钱？"马云后来回忆当时的反应是"一下子蒙了"，然后四目对视，"不约而同地呵呵笑了起来"。因为不久前拿到高盛为首的投资者 500 万美元，马云觉得"世界上所有的钱全加起来也就这么多"，没有接受孙正义的"好意"。

孙正义多少有些出乎意料，深受刺激，要知道，每年有 700 家公司向软银申请投资，获得青睐的只有 70 家，而他只选一家亲自谈判，竟然遭到拒绝。孙正义把马云拖到日本详谈，再次施展"天下独步"的谈判技能，成功说服马云接受投资 3 000 万美元换取 30% 股份的条件，马云当面点头，回国后肠子都悔青了，他嫌钱太多股份会减少，几度交涉，最终达成 2 000 万美元的投资额度。

人生若只如初见。这是孙正义和马云最早的相遇，也是最美好的回忆。马云说："我见过聪明的人物有很多，孙正义却是其中最特别的。他神色木讷，说很古怪的英语，但是几乎没有一句多余的话，像金庸笔下的乔峰，有点大智若愚。"

2004 年 2 月，软银率富达投资、华盈创投等投资机构向阿里巴巴再投 8 200 万美元，其中软银为 6 000 万美元。此时马云刚熬过互联网寒冬，正是最低谷的时期，他还准备向国际大鳄 eBay 发起攻击，急需真金白银作炮弹，一年后胜负分明。淘宝称王，孙正义功不可没。

而且，就在 2005 年 8 月 11 日，阿里巴巴与另一国际巨头雅虎合作，收购雅虎中国全部资产，并得到雅虎 10 亿美元投资，置换阿里巴巴约 40% 普通股。为此，孙正义让出 450 万淘宝股份，套现 3.5 亿美元。"阿雅"联姻的"红娘"，正是孙正义。这是中国互联网史上当时最大的一笔并购，直到 2011 年年初京东拿到 15 亿美元融资才打破纪录。

两年之后，2007 年 11 月 6 日，阿里巴巴在香港联交所挂牌上市，当日市值 248 亿美元，孙正义手中软银和雅虎所占阿里巴巴股票价值，至少超过 100 亿美元，投资回报率令人艳羡，他却并未套现，继续持股。这是孙正义一贯的投资策略，他并不追求尽快退出，而是上市前后套现部分股票，保证现金及盈利，以规避风险，但依然持有大部分股票，做长线战略投资。孙正义就此成为阿里巴巴大股东，这为后来的兄弟反目埋下隐患。

2009 年年中，双方开始就支付宝股权问题产生分歧，此后两年都在争吵和交锋中谋求共识，马云评价："他永远不出牌，他谈判的战术就是不出牌，逼死你。他把你逼到墙角上，他不出牌。"马云说："一谈及支付宝便说我还有事，待一分钟就要走。"他说孙正义是一毛不拔的铁公鸡，并形象比喻成"蚊子大腿上找肉吃"。"问他拿 1%，就像活老虎拔牙一样，每一次吵架都不开心，好像你拿到股份等于把他皮活剥了，"马云说，"他有两招是天下第一，我佩服他。第一是谈判天下第一，第二是铁公鸡天下第一"。

直到 2011 年 7 月 29 日双方才握手言和，孙正义同意支付宝独立，阿里巴巴支付的回报额为支付宝上市时总市值的 37.5%，具体为不低于 20 亿美元且不超过 60 亿美元。这场股权之争以孙正义妥协告终，这是他极其罕见的退让。阿里巴巴上市之路由此荡平，这是他们共同的胜利。

2014 年 9 月 19 日，中国的阿里巴巴在美国上市，股市超级 IPO 的历史纪录诞生，马云成为新科"中国首富"。不过，马云并不是最大的赢家。上市当天暴涨 38%，市值超 2 300 亿美元，可持有 34.4% 股份的大股东是日本软银，排第二位的雅虎持有 22.6%，马云只有 8.9%，排名第三。按照 2 300 亿美元计算，软银持股价值 791.2 亿美元，是投资额 8 000 万美元的将近 1 000 倍。

软银的主人孙正义，这个与马云一样其貌不扬的小个子，却被称作"互联网大帝"，听起来像拿破仑一样勇猛好斗，野心勃勃。事实也是如此，他累计投资了包括 Facebook、雅虎、阿里巴巴在内的一千多家互联网公司，恨不得拿下整个互联网世界。他的身家曾超过比尔·盖茨，当过一天的"全球首富"；他声称"当年是我提议乔布斯做 iPhone"，还当仁不让地拿到日本独家代理权。

这是另一个乔布斯，尽管他常被人比作巴菲特。无论在互联网还是投资界，孙正义注定震惊世界。

作为日本商界的新兴贵子，在孙正义这些老一辈辛勤创业的时候，三木谷浩史还在校园里辛勤耕读。然而，2000 年的一则重大新闻让所有人都记住了这个年轻人。

21 世纪的第一年，经营日本著名门户网站的三木谷浩史将佛西克股份公司子公司化，创立的乐天商业服务公司在日本纳斯达克上市。一夜之间，年轻帅气的董事三木谷浩史身价倍增，而且家喻户晓。

三木谷浩史打破了日本商人一贯的谦恭内敛、隐忍低调的经商传统，以一种特立独行、颇具侵略性的行事风格而备受关注。他是如何带领乐天商业服务公司攀登职业高峰的呢？

从美国哈佛学成归来的三木谷浩史原本是兴业银行的一名有着"海龟"标签的普通员工。1995 年日本关西地区 7.3 级的阪神大地震改变了他的一生。

在这次地震中，三木谷浩史的至亲之人遇害了。这次自然灾害彻底颠覆了他的人生观。三木谷浩史感受到了命运的无常与生命的脆弱。"我必须要在有生之年做出一点事情，试一试人生的可能性，"三木谷浩史后来回忆说，"如果你一直保持原状，也许永远都会是这个样子。突然有一天，你就会离开这个世界，无声无息。"

尽管还不知道将要做什么，但是直觉告诉他不能再继续待在银行了。于是，三木谷浩史毅然决然地辞职了。那一年，三木谷浩史只有 30 岁。

辞职之后的三木谷浩史很快找到了发展方向，他选择了互联网创业。在那个年代，互联网方兴未艾，还没有被很多人熟识。凭借超前的眼光，三木谷浩史行动了。1997 年 5 月，三木谷浩史带领着团队自主研发了一种叫作 RMS 的商用服务器，以此为基础，三木谷浩史搭建起了一个在线购物平台。这个网站一开始只有十来家商店，店主多数是三木谷浩史的朋友。

三木谷浩史带着员工沿街去拜访家庭式的小店，只不过，他对下属有一个特别要求：在拜访之前，每个人都要先在店门口做一做俯卧撑，然后再敲门进去，这样乐天员工呈现给客户的就是一个个勤勤恳恳工作的普通人，而不是穿着体面的销售人员。乐天的这种做法很轻易地赢得商家内心的共鸣，接下来的销售工作事半功倍。在这种"勤恳"攻势下，到第二年，乐天的商家就从 13 家激增到 320 家，到 1999 年年底这个数字变成 1 800 家。

稳住脚跟的三木谷浩史，接下来选择的不是按部就班的道路，而是通过上市为乐天插上快速腾飞的翅膀。

2001 年，乐天上市，股市上的不凡表现为乐天的发展提供了充足的资金储备，更为重要的是，乐天的商业模式越来越清晰了：乐天公司80% 的营收来自于销售佣金和商户的会员费，10% 来自于广告商，还有10% 来自于拍卖。因为省却了层层批发所导致的昂贵成本，乐天在线商品的价格较实体零售商有明显的优势，其商业模式运作得格外顺畅。

"No VC，No grey hair"，是三木谷浩史建立公司时的座右铭，意思是没有风险的投资就没有成熟的管理，三木谷浩史把充满激情、敢于冒险的创业者特色发挥得淋漓尽致。

在股票市场有所斩获的乐天，开始了一轮疯狂的收购。2003 年，三木谷浩史从瑞士信贷第一波士顿银行（Credit Suisse First Boston）手中购买了一家经纪公司，2004 年，他又以 1.09 亿美元的价格购买了旅游网站携程网22% 的股份。2005 年，乐天公司又投入4.25 亿美元收购了美国的一家在线广告网络公司——Link Share。乐天之所以能够成功达成多项收购，除了资金实力外，三木谷浩史的个人魅力还是一个不小的砝码，"我们对那种志在必得的人非常感兴趣，我感觉他的计划相当具有闯劲"。Link Share 的联合创始人梅瑟坦承，Link Share 创造了美国电子商务交易中2% 的交易量，它有多个买家可供选择，而最终他们选择了乐天，正是被三木谷浩史的冲劲所感动。

2010 年 5 月，三木谷浩史提出了一条让人摸不着头脑的管理策略——"企业英语化"，他要求公司所有员工必须在两年内学会英语，否则将被降级或辞退。另外，公司日常事务：星期一上午的会议，公司的所有文件，餐厅内的菜单，甚至电梯出口的标志必须使用英文。

对于他的这一决定，日本企业界的大佬级人物或者表示不理解，或者指责不已，三木谷浩史却很坚持："一门外语可以让你的思维和国际接轨，可以让你挣脱日本的传统观念。英语是一个让人改变的全球化工具。"他认为，语言是日本企业全球化过程中最重要的障碍，而企业英语化将成为乐天全球化的重要一环，也是最关键的一环。

很快，乐天的一系列动作为三木谷浩史"企业英语化"策略做出了最好的解释。首先是收购英国 Buy.com，然后是法国的 Price Minister，巴西的 Ikeda，德国的 Tradoria 和英国的 Play.com。在乐天公司新一轮的海外收购中，英语找到用武之地。在乐天员工以熟练的英语在谈判桌上谈判时，所有人才恍然大悟，三木谷浩史目光一直放眼全球。

在 2011 年的收购狂潮进行的中期，三木谷浩史做出了一项让人大跌眼镜的举动。他在推特网上发布了一条信息："我想脱离日本经济团体联合会。你们怎么看？"日本经济团体联合会是一家颇具影响力的日本行业团体，其中不乏索尼、松下等日本企业界的神话。

三木谷浩史公开声称脱离日本经济团体联合会，并明确谴责日本大部分企业保守、目光狭隘，发展停滞而不自省。"我们缺乏开放性，而且都只盯着国内，"他说，"所有这些日本产品的质量都已经相当出色，但那并不是真的符合国际标准。"在谴责他们的同时，三木谷浩史加入了一个由特立独行的日本亿万富豪们组成的小群体，他认为他们代表着日本的未来，其成员包括我们上文提到的优衣库的创始人柳井正和日本社交游戏网络巨头 Gree 的创始人田中良和。

在 2012 年 7 月的东京书展上，三木谷浩史携团队高调展示一款印有"打败亚马逊"日文字样的 T 恤。这个时候的乐天已占据日本零售商总数的 48.9%，成为日本最大的互联网服务公司。但很明显，三木谷浩史的目标绝不止于成为"日本第一"，他将全球电商巨头亚马逊作为乐天的竞争对手，"力争成为世界第一大互联网服务公司"。

许多人批评三木谷浩史异想天开，甚至有人暗指他借机炒作，毕竟过去五年间，乐天的年平均营收增长率为 13%，而亚马逊则保持年均

35%的增长速度，两者的差距依然很大。对此，三木谷浩史却很有自信，他认为乐天倡导的电子商务理念与亚马逊不同：亚马逊更像一个超级市场，以产品为中心；而强调"购物体验"的乐天想要打造的是一个以店铺为中心的交易平台，为消费者营造一种类似在隔壁便利店买生活用品的亲切氛围。

在三木谷浩史看来，乐天比亚马逊更有优势：亚马逊公司注重于让顾客开心，而乐天公司致力于让商户满意。乐天有 4 万名卖家，销售品类从鸡蛋到音乐会门票等五花八门，他们每月平均向乐天公司支付 630 美元的固定租金以及销售额 3%的佣金。乐天特意聘请 500 名电子商务顾问，他们负责为这些合作商家提供市场营销、运营和招聘等方面的建议。商户与乐天之间是互惠共赢的友好关系，而亚马逊与合作商家之间则是一种竞争关系。三木谷浩史认为："亚马逊最大的敌人就是它自己的商业模式。"而乐天凭借着先进的商业模式在未来几年内很有可能打败亚马逊。

通过四面出击的并购交易，现在乐天已拥有媒体、网络金融、电子阅读、旅游娱乐等领域的十几家公司。在三木谷浩史的规划里，这些公司将串联起来，将乐天打造成一个集在线商店、书店、社交网站、银行和旅行社等于一身的复杂综合体，最终为消费者提供一站式的互联网服务。时至今日，乐天依然在顽强地向世界各国和地区急速扩张。谁也无法准确定义乐天的未来成就，只不过，三木谷浩史一直强调："我们必须在全球进行积极的发展，我认为我们目前的闯劲还不够。"这是个永不满足的斗士，他的商业边界只在于想象力和野心的边界。

老一辈的先行者已经远去，新一代的少年还在奋起直追。与三木谷浩史一样，GREE 网创始人兼 CEO 田中良和也是一位互联网新贵，近几年一直活跃在日本互联网产业的最前沿。

1977 年，田中良和出生于东京，同那个年代的许多日本男孩一样，任天堂的游戏陪伴田中良和度过了他的童年，他经常在父母睡觉之后躲在被窝里偷偷玩游戏，当时并没有想到未来的人生会和游戏有怎样的牵绊。

田中良和大学毕业后先是就职于索尼公司，后来又到了乐天任职，在此期间他对正萌芽的 SNS 网络爆发出浓厚的兴趣。2004 年的一天，田中良和随意翻阅新闻，一篇关于美国"Friendster"的报道让他眼前一亮，抱着好奇的心理，他利用业余时间试着用代码做出一个类似的网站。田中良和先邀请朋友们加入，没想到很受欢迎，在没有做任何推广的前提下，短短一个月内就获得 1 万名用户，并在 10 个月后增长到 10 万人。

用户的认可让田中良和看到了无限的希望，他果断从乐天辞职，决定自己创业。2004 年 12 月，GREE 在 Yahoo、乐天、Livedoor 聚集的东京六本木的一间公寓里正式成立。

很快，田中良和迎来爆发的机会。当时社交网络快速由 PC 向手机终端转移，日本第二大通信运营商 KDDI 想抓住这个发展时机。于是，时任 KDDI 内容媒体事业本部长（现任董事长执行役员专务）高桥诚找到田中良和，两人一拍即合，很快达成合作意向。

2006 年 7 月，KDDI 向 GREE 投资 3.64 亿日元（约 3 000 万人民币），GREE 开始进军移动版 SNS。KDDI 的入股不仅给 GREE 带来急需的资金，而且带来非常重要的用户。在日本年轻人的心目中，KDDI 是年轻、活力的象征，它有一群忠诚的学生和青年受众，KDDI 与 GREE 合作之后，KDDI 原有的品牌形象和用户延伸到 GREE 的移动平台上，这成为 GREE 快速发展的极大助力。

达成合作意向后，双方决定在 2006 年 11 月 15 日开始上线移动版 SNS 服务，准备期间只有短短 5 个半月。当时 GREE 只有 30 名员工，大部分人做的是 PC 版 SNS 的企划与开发。随着 GREE 移动版提上日程，所有的员工都投入到移动 SNS 部门。

在高层激烈的讨论后，GREE 决定引入社交游戏、flash 游戏、词典、FAQ（常见问题解答）以及新闻到社交网络中，这些小功能和 SNS 的基本功能密不可分。除此之外，田中良和敏锐地意识到，现有的 SNS 业务缺乏娱乐性，于是决定重点发展具有浓厚娱乐色彩的内容——社交游戏业务，也正是这一决定让 GREE 日后一冲飞天。

2006 年 11 月 16 日，GREE 移动版如期上线，当天就有 2 万新用户加入。不过，有了开业当天的用户爆发后，后面的两个月，GREE 的用户增长呈现出疲态，同所有社交网络一样，新用户的增长仍然是 GREE 最大的烦恼。

不过，田中良和始终以创新作为突围的最佳捷径。2007 年 5 月，GREE 推出一款社交游戏——"Fishing Star 钓鱼之星"，它被赞誉为世界上第一款手机社交游戏，这款游戏设计其实很简单，其玩法与现实中的钓鱼类似，将鱼钩扔到水里去，鱼咬钩之后拉起来，只不过，这款游戏设计增加了互动环节：如果想钓到更大的鱼，游戏者就需要去邀请朋友们，或者购买道具。当时还是功能手机时代，大部分手机游戏都只是简单的 Flash 小游戏，GREE 这种具有社交功能的钓鱼游戏很新颖，一下子吸引了很多人，越来越多的人邀请朋友一起来玩这款游戏，在很短的时间内，这款游戏就红遍了整个日本。伴随着这款钓鱼游戏的成功，GREE 一夜之间家喻户晓，从一天 5 000 人以下的新用户增长再次恢复到 1 万人的增长。

日本人平均下班回家路上花的时间长达 70 分钟，在电车上掏出手机玩社交游戏是他们打发时间的舒适选择。因此，日本用户在社交游戏上的花费远远高于其他任何国家。2007 年下半年，GREE 开始盈利，并计划借机在日本上市。一年之后，2008 年 12 月 17 日，GREE 正式登陆东京证券交易所创业板，首日开盘价超过发行价 51%，市值达到 1 070 亿日元，超过日本第一大社交网站 Mixi，跃居创业板市场首位。

上市为 GREE 募集 37 亿日元资金，田中良和有充足的资金做市场推广。与中国的网络游戏依赖网络推广渠道不同，田中良和选择了昂贵的电视媒体作为广告投放的主要方向。此后很长一段时间里，日本电视频道晚上 7—9 点的黄金时间都可以看到循环播放的 GREE 广告，铺天盖地的广告带动了新用户的快速增长。

一开始，GREE 在日本第一大社交网络 Mixi 的面前有点抬不起头来。2007 年 5 月，Mixi 的注册人数已经超过 1 000 万，而 GREE 还停留在 20 万。可在广告的轰炸下，2 年时间，GREE 完成大逆转。2009 年 7 月的流量统计显示，GREE 已经接近 240 亿，而 Mixi 只有 160 亿。

2012 年，田中良和以 35 亿美元的净资产位列福布斯日本富豪榜第 7 位，成为日本互联网行业的首富。这一年，GREE 的营业额攀升到 19 亿美元的新高度，在日本这个仅有 1 亿人口的小市场里，这个业绩非常突出，盈利能力甚至超过 facebook。也正因为如此，GREE 被认为是日本最成功的互联网公司之一，也被评为 2012 年度全球盈利能力最强的社交网络公司。

在日本市场做到第一以后，田中良和投入巨额资金在日本以外的市场扩张，目前来看，GREE 的海外扩张道路并不顺利，在中国、美国两大市场的战绩都不理想。全球化是所有企业都面临的一道难题，需要智慧和耐心。

新兴产业蓬勃兴起，老牌家电企业却走向衰落，然后绝境重生。

自 1915 年前后横空出世，20 世纪 60 年代享誉全球之后，经过将近一个世纪的洗礼冲刷，日本家电行业头顶的光环已消散殆尽，危机像传染病一样肆虐蔓延。在近几年中,"家电之死"成为日本政经两界无法回避却万分沉重的话题。

2013 年 10 月底、11 月初,日本各大家电巨头的财报纷纷出炉。据索尼第二季财报显示,7—9 月份净亏损为 193 亿日元,而二三季度累计净亏损达 158.07 亿日元。此外,索尼核心业务——电视机预期销量年初已从 1 600 万台下调 6.3%,第二财季再次缩减到 1 400 万台。松下的业绩非常漂亮,从 4 月 1 日至 9 月 30 日的营业利润为 1 466 亿日元,比去年同期增长 168%。但这不过是"纸面繁荣",第一季度仅企业退休金计划调整就获得一次性收益 798 亿日元,其实经营状况并没有根本性改善。夏普终于实现自 2011 财年第二季度以来的首次扭亏为盈,第二财季净利润为 136 亿日元。夏普在上半财年还净亏损 43.3 亿日元,2012 年同期净亏损高达 2 875.84 亿日元。尽管业绩差,但这已经是近两年来日本家电巨头最好的境况。

日本家电行业的整体性衰退并非轰然而至的"大败局",而是长期积累、纷繁复杂的原因所造成。冰冻三尺非一日之寒,回望日本家电产业兴衰,既有内忧外患的双重压力,也有行业周期性因素。

20 世纪 60 年代,家电行业集体崛起,日本成为全球经济增长最快的国家,连欧美精英都赞不绝口:"整个世界似乎都在被佳能复制、被尼康拍摄、被松下录影、被精工计时、被夏普的斑斓色彩魅惑。"到 20 世纪 80 年代,电视机逐渐取代钢铁,成为日本主要出口产品,十年后互联网兴起,电脑取代电视成为新的传播媒介和娱乐工具,再过十年,智能手机后来居上,电视机需求量日渐萎缩,但日本家电巨头对全球产业变革和消费潮流置若罔闻,依然在傲慢与偏见中坚守电视机制造,错过智能手机的鼎盛时代,国内外市场在苹果和三星的剿杀中节节败退。2012 年6 月接任松下总裁的津贺一宏也承认:"日本企业对自己曾在技术和生产方面创造的辉煌过于自信，我们忽视了从消费者的角度看待产品。"家电巨头 30 年间对年轻一代的消费需求转变毫无知觉，如今被抛弃亦不足为怪。

日本企业一直以硬件技术和设备创新著称，但如今的产业趋势已发展成为软件、系统和解决方案等能力的竞争，商品开发能力成为日本家电企业新的短板，缺乏为用户提供"新生活方式"的想象力和创新力，注重单品精细化而忽视产业信息化意识，这样始终无法突破传统家电的禁锢，个性化和多元化无法体现。

与此同时，中、韩两国家电企业迅速崛起，日本家电一统天下的局面荡然无存，尤其是进入液晶电视时代之后，大规模投资的企业获得定价权的后发优势，拥有最新组装生产线的中韩企业后来居上，空调、冰箱等技术壁垒逐渐被打破，日本家电由盛而衰。2008 年之后，日本家电全线败退，2009 年由家电出口国成为进口国，此后连年下滑，几乎退无可退，日本著名管理学家大前研一忧心忡忡地说："不排除日本国民家电品牌索尼、松下被收购的可能。"这绝非危言耸听，鸿海收购夏普已进行多轮谈判，2011 年海尔已并购三洋，可以预见，在未来三五年内，中日家电并购案将会更加密集。就像当年日本纺织、钢铁业一样，产业周期无法违逆，换句话说，日本国内环境已不再适合家电产业发展。

果然，三年之后，2016 年 3 月 30 日下午，中国台湾地区的鸿海集团宣布将投资 2 888 亿日元收购夏普普通股 66% 的股权，另外还将斥资999.999 亿日元购买夏普特别股，共计以 3 888 亿日元（约合 224.7 亿元人民币）取得夏普股权。

就在这年 3 月，中国广东佛山的美的集团披露，将以 514 亿日元（约 33 亿元人民币）的价格收购东芝家电业务子公司 80.1% 的股权。同时，美的还将会获得东芝品牌 40 年的全球授权以及超过 5 000 项与东芝白色家电相关的专利。3 个月之后，6 月 30 日下午，美的集团宣布这桩交易完成，美的由此获得东芝家电业务 80.1% 的股份。

此举意味着日本家电行业正全面转型，全球家电制造业格局重新划分，一个全新时代正在开启。

如果以积极的心态看待，日本家电企业退出家电领域并非坏事，产业转型与战略升级更利于增强老牌家电企业的全球竞争力。索尼在 2010 年收购美国伊利诺伊的生命科学公司，2011 年收购美国 Micronics 医疗诊断设备公司，2012 年与奥林巴斯密切接触，医疗设备市场无疑将成为索尼的新战场。松下则瞄准自动化零部件业务，将生产锂电池的能源部门和生产半导体、电容器、电路板的自动化设备业务部门视作新的战略重点。从某种意义上说，多元化经营的松下、索尼、夏普早已淡化"家电"的标签，只是如今已褪色到无法辨认，才引起业界更大关注。

时势造英雄，回望 2000 年以来 15 年的日本商业史，老牌企业完成蜕变、重生，新生代企业家正在崛起、腾飞，他们有的依仗父辈的基业起家，有的完全凭借双手从零起步。那些叱咤风云的商界精英们，有些人已经垂垂老矣，进入人生暮年；有些却朝气蓬勃，仿佛初升的骄阳。他们的事业无论是传统领域还是新兴产业，都充满创新精神，不断求变，顺势而为，无相无形。创新一直是这个国家的主流，它像滚烫的血液一样成为每个人生命的一部分，成为国家进步的重要力量。

未来属于新一代，未来属于每一代。

致　谢

在过去九年里，我长期阅读中外企业史和企业家传记，尤其是世界五百强企业和顶级商界领袖的史料。交叉对比阅读时，我发现目前国内还没有一本书来系统性梳理全球大企业的发展史，对纷繁复杂、割裂模糊的全球商业史变迁做完整描述，甚至连讲述商业史的著作都很少，除了财经作家吴晓波在中国商业史领域卓有建树的研究。想到这些，我突然冒出一个念头：立足当下，为全球商业史留下一些可供参考和研究的文字。

激情归于平静之后，我被自己的冲动和无知吓了一大跳。虽然这些年我写过近十部企业史和企业家传记作品，深入企业访谈、调研，查阅、搜寻、核实浩瀚企业史料，每天置身于喧嚣与浮华之外。不过置身于全球商业史浩繁史料的故纸堆中，我逐渐意识到这是项不可能完成的浩大工程。我非新闻、中文科班出身，没有人教过我如何从事专业写作，更无专业历史研究功底。豪情满怀地提笔之后，却无数次有过放弃、绝望的念头。

为了自我鼓励，我开始在《芭莎男士》（商业版）、《企业观察家》、《支点》、《中国民商》等杂志开设专栏，长期撰稿。一边研读企业史、企业家传记，一边进行商业史写作，前后两年有余。在此期间，我完成

第一部商业史作品——《全球商业一百年 1914 - 2014（上）：大商崛起》，这本书是一次大胆而成功的尝试，我因此信心倍增。不过，在创作过程中，我深刻感觉到全球商业史无法由一部书稿叙说详尽，需要扩大成"全球商业史"系列漫说开来。

我的写作方法是以国家为分类，以教父级企业家与代表性企业为主体，以时间为顺序、以史料为标准真实记录，融合国别体与编年体于一炉。选取国别的逻辑是从全球 GDP 排行榜入手，通过长期研究，我发现全球 GDP 国家排名与世界 500 强公司数量、全球有影响力企业家数量、全球富豪数量的各国排行次序高度正相关，换句话说，国家经济发展水平是企业竞争力和商业影响力的真实映照，国家的较量在于企业家的较量。

依此思路，我开始从事美国、日本、德国、法国这四个国家商业史的研究和写作。当然，我希望日后能将"全球商业史"系列不断完善，将更多国家在商业领域的有益探索和成功经验奉献给读者。

在这里，我不想用太多的文字来倾诉写作过程的艰辛与困苦，尽管这是我迄今为止耗费时日最长的一次写作经历。相较而言，我愿意多花点时间，对刘冰峰、王景超、王晶、王桂娟、胡世同、张晓义等诸位朋友表示感谢，你们为"全球商业史"系列图书的资料查找和初稿梳理付出颇多。

感谢"全球商业史"系列图书的策划编辑李红霞老师，你一如既往的耐心和热情令我十分感动。感谢责任编辑侯景华老师，你的严谨认真令我铭记于心。感谢封面设计师周琼同学，你的才华和创意常充满惊喜，为这套作品锦上添花。

为创作"全球商业史"系列图书，我查阅了大量杂志和报纸，包括网络资料，引用近百部企业史、人物传记图书中的史实，我要感谢所有精彩报道和图书著作的写作者。

坦白说，整个写作过程堪称一项不知天高地厚的冒险历程，甚至有些勉为其难，错漏之处难以避免。但我相信在认真、严谨、客观的努力创作中，每本书都有精彩、闪光、值得回味的故事和道理，无论写作还是阅读，面对浩瀚商史，全球巨擘，谦虚者总是收获更多。

商业本身就是一场冒险，失败的概率远高于成功，但正是所有冒险者的前赴后继，才共同书写出荡气回肠的全球商业史。这种向上、不屈的力量摄人心魄，催人奋进，让我更加坚定写作"全球商业史"系列作品的信念。

陈　润

2017 年 1 月 18 日凌晨于北京